字解人生

汉字中的生命智慧

文嘉　编著

中国纺织出版社

内 容 提 要

汉字，深沉而博大，古老而神秘，青山绿水中掩映着汉字的形，古刹庙宇间隐藏着汉字的义。本书于浩瀚的字海中择取三百多个常用汉字，用故事串起它们的演变，解释其形与义，辨其异同，与你一同走进汉字的王国，回顾汉字的前世今生，探寻汉字的起源，品味汉字的魅力与人生的智慧。

图书在版编目（CIP）数据

字解人生：汉字中的生命智慧/文嘉编著. —北京：中国纺织出版社，2015. 5（2024.1重印）

ISBN 978 - 7 - 5180 - 1404 - 0

Ⅰ. ①字… Ⅱ. ①文… Ⅲ. ①汉字—通俗读物 Ⅳ. ①H12 - 49

中国版本图书馆 CIP 数据核字（2015）第 033648 号

责任编辑：李伟楠　　责任印制：储志伟

中国纺织出版社出版发行
地址：北京市朝阳区百子湾东里 A407 号楼　邮政编码：100124
销售电话：010—67004422　传真：010—87155801
http：//www. c-textilep. com
E-mail：faxing@ c-textilep. com
中国纺织出版社天猫旗舰店
官方微博 http：//weibo. com/2119887771
北京兰星球彩色印刷有限公司印刷　各地新华书店经销
2015 年 5 月第 1 版　2024 年 4 月第 3 次印刷
开本：710 × 1000　1/16　印张：18
字数：304 千字　定价：58.00 元

凡购本书，如有缺页、倒页、脱页，由本社图书营销中心调换

前言

汉字对中国人来说，是溶于血脉的亲情。

古人敬畏汉字，认为它是神灵所造，乃“经艺之本，王政之始”，并非简单的记录，而是“载道之器”，以立德育人。所以，无论是希望找到“黄金屋”抑或摘取“乌纱帽”，都得从识字、写字开始。

那些如同“被刀耕火种出来的”方块字，每一枚都有一个故事，它们散发着原始图腾的气息，将汉文化千百年来的风俗礼仪、伦理道德、审美意识囊括其中，供人回味。

汉字，让中国人倍感亲切和温暖。从“关关雎鸠”到“学而时习之”，从“花间一壶酒”到“把酒问青天”……两千多年来，汉字始终被人们引用、传送，从未因为它古老、神秘而让人望而却步，不可亲近。今天，当英国人还须借助字典才能读懂五百年前的古英文时，我们已能与两千多年前的《诗经》优雅相遇，在简妙的语言里摇漾出自然的光华。

汉字的简单、朴素之美，便是这般，托得住任何凝视，稳定而内敛。它意境优美却不见雕琢，情意绵长却又不觉惊艳，你只须安静地看着它，纸间漫溢而出的诗意就会轻轻巧巧地来到眼前。

区别于拼音文字，汉字有一种“言有尽而意无穷”的静美。每一枚方块字都宛如宣纸上铺就的水墨丹青，行书运笔间，已晕开太多太多情韵相宜的历史残梦。因而，汉字也成为世界上表达最简洁的语言。一个形象的例子是，在被翻译成多种文字的联合国公文里，最薄的一本一定是汉语。

对于大多数中国人来说，汉字已远不止词句的精练之美，那一挥而就的满纸烟云里，人们用一种完美的艺术形式——书法，唤醒了它遒劲的生命。在西方人眼里，东方人之所以神秘，与汉字和中国书法不无关联。他们对这些“东方魔块”的喜爱甚至已超越其自身的含义，在他们眼中，汉字是最美的“洋文”，它们频繁出现在流行文化衫上、餐具店里。有些外国友人还将“爱”、“忠”、“耐心”等汉字刺在肩膀或手臂上，这其中不乏许多著名球星。

汉字对西方人而言就是神秘的图腾。曾有一位英国朋友练习写汉字，他认真细致的模样让人不禁觉得好笑。与其说他在字帖的方格里一点一横地写，不如说他在一笔一划地“画”，不仅讲究布局还严格构图，仿佛在勾勒一幅精美的图案。当得知一个中国人至少能认识1500个汉字时，他惊讶得连连摇头，觉得伟大而又不可思议：“你们如何能记下如此繁复的笔画和图形还能不混乱?”这或许就是他眼中东方人独特的智慧。

当然，真正对汉字情有独钟的还是中国人。那些在海外生活的华人，每每看到汉字都犹如在异乡遇见了故人。一位华裔新西兰人说，当她在南部小城的书店里看到一本繁体的《唐诗》时，竟然泪流满面，仿佛那两个汉字泛起了她内心的乡情，收留了她漂泊的灵魂。几位华人随团参观美国加州的一所中学，居然也在那里巧遇汉字。进门的大厅里悬挂着一副标准的楷体书法：“高山仰豪气，深宅养灵根”，让一群异乡的远行客动容不已。

文字是人类的故乡，汉字便是中国人的故乡。欣慰的是，它幸运地避开了20世纪初期一场“废除汉字”的险境，攀山涉水独走千里，终于来到我们身边。回顾汉字的前世今生，就是在回望我们的故乡，那是归家的感觉：暮色夕阳下，看袅袅炊烟，在一粥一饭的温暖里，做愉悦丰盈的故乡人。

编著者

2014年11月

目录

第一篇　方块字里的一缕墨香：汉字的起源与演变

第二篇　云日山川相辉映：汉字中的日月天地

第三篇 莺啼燕语草虫鸣：汉字中的花鸟虫鱼

第四篇 春来秋去忙如许：汉字中的气象万千

第五篇 一方水土一方人：汉字中的衣食住行

第六篇 一往情深深几许：汉字中的金玉良缘

第七篇　字字珠玑道忠言：汉字与人生启迪

第八篇 词渊拾零知荣辱：汉字与民间信仰

第九篇 文坛轶闻妙笔生：汉字中的典史漫谈

第一篇

方块字里的一缕墨香：汉字的起源与演变

第一章　汉字的起源是最大的未解之谜

▷ 仓颉造字，天降雨粟鬼夜吟

提到汉字的起源，首先要说的是仓颉造字的传说。相传，在我国陕西关中有个叫仓颉的人，他有四只眼睛，披着长发，留着长须，身穿兽皮，手里经常拿着一支笔。他的头形很奇特，头顶高高地隆起，像个奇形的头陀，显得特别聪颖过人。

仓颉经常骑着毛驴，跋山涉水，跨州过郡，去了解民间风俗习惯，收集民间流行的语言符号。他把收集来的资料写在芦苇的叶子上，装在口袋里，让毛驴驮着。后来，毛驴走到今天的陕西省岐山县就累死了。仓颉带着这批资料，没有毛驴不能再行走了，就在岐山县住下来。仓颉不断地观察天象，观察山水风雨的变化，辨识鸟兽的各式各样的脚印，或野兽、车辆经过后留下的痕迹，分清各种纹理的异同，并开始创造文字。

仓颉造出文字后，感动了神灵，神灵从天上投下粮食，夜里鬼也惊吓得哭起来了。不久，仓颉受命担任统一文字和领导文字改革的专职官员。他还成为黄帝的史官，记载史事、部族的重大档案也都由仓颉掌管。

对于仓颉造字这一传说，在东汉许慎的《说文解字·叙》里记述得最为全面："黄帝之史仓颉，见鸟兽蹄迒之迹（指鸟兽行走留下的痕迹），知分理之可相别异也，初造书契，百工以乂，万品以察。""仓颉之初作书，盖依类象形，故谓之文，其后形声相益，即谓之字。"这个传说已有两千多年了，而且也有文字记载，但是其可信度却非常低。历代学者普遍认为仓颉有可能是黄帝部族中极有影响力的巫师之类的人物。上古时期，巫师、史官是由同一个人担任的，仓颉在这方面作出过贡献，这样容易让人们把从事搜集整理文字工作的人误以为是汉字的创造者。鲁迅先生也曾经说过："要之汉字成就，所当绵历岁时，且由众手，全群共喻，乃得流行，谁为作者，殊难确指，归功一圣，亦凭臆之说也……在社会里，仓颉也不是一个，有的在刀柄上刻一点图，有的在门户上画一些画，心心相印，口口相传，文字就多起来了。"所以，汉字不可能是某一个人造出来的，应该是汉族先人集体创造的结果，是由千千万万个"仓颉"创造的。

▷ 文字图画，可以读出来的图画

在有关汉字起源的几种说法中，“书画同源说”是比较令人信服的。书画同源，就是说汉字起源于图画。汉字是为了记录汉语而出现的手段，一种可以用于在相当大的范围内传递较多信息的手段，必须使接受信息的人和给予信息的人想到同样的内容，写实性的图画可以起到这样的作用。

据说，清朝大臣曾国藩的部将鲍超曾被太平天国军队包围在某地，围城的太平军将领是陈玉成，外号叫“四眼狗”。鲍超是一个十足的大老粗，只认识他自己的姓，他画了一张画，叫人送给曾国藩。曾国藩打开一看，只见纸中间画了一个圆圈，圈里歪歪斜斜地写了一个“鲍”字，圈外画了一只四眼狗。看完以后，曾国藩大吃一惊，知道他的部下鲍超让“四眼狗”陈玉成包围了，立即下令派兵去解围。从这个故事中，我们可以体会到文字起源于图画的道理。

汉字的起源和图画是密不可分的，图画不仅可以帮助记忆，而且在一定程度上还可以帮助交流思想。鲁迅在谈到图画的记事作用时说：“画在西班牙的亚勒泰米拉洞里的野牛，是有名的原始人的遗迹，许多艺术史家说，这正是‘为艺术的艺术’，原始人画着玩玩的。但这解释未免过于‘摩登’，因为原始人没有19世纪的文艺家那么悠闲，他画一只牛，是有缘故的，为的是关于野牛，或者是猎取野牛、禁咒野牛的事。”

不过，图画毕竟只是图画，它与文字之间隔着一条非常深的鸿沟，从带有文字性质的图画转变为早期的象形文字还有一个漫长的过程，如果用来传递信息的图画只能识别，而无法读出声音，也就是说它还没有同语言建立对应的关系，那么这时它还只是图画。随着时间的发展，用图画记录下人类所要表达语言的形式，叫作图画文字。图画文字并不是真正的文字，它的个体图形和符号不能和语言的词语完全对应起来，它所记录的语言，只能是“近似值”。只有当它和语言结合起来，变得可识可读，并且它总体的直观性经过分析，变为一形即一词，这时我们才可以说它是文字了。

▷ 八卦符号、汉字的来源之一

伏羲氏用八卦符号来表示世界上的客观事物，因此八卦符号是汉字的来源之一。

八卦符号代表了八种自然存在。它运用的基本符号是“—”（代表阳）、

“——”（代表阴）。八卦中“☰”代表天，称作“乾”；“☷”代表地，称作“坤”；“☳”代表雷，称作“震”；“☶”代表山，称作“艮”；“☲”代表火，称作“离”；“☵”代表水，称作“坎”；“☱”代表泽，称作“兑”；“☴”代表风，称作“巽”。任意两卦相叠合，就可以得出八八六十四卦，从而揭示了宇宙万物的演变。八卦符号与后来的文字有相似的地方，比如用☵表示水的形象，和甲骨文、金文、小篆里“水”的字形是一致的。虽然汉字中确有个别文字或偏旁起源于八卦，但汉字与八卦是两种不同性质的符号系统。

对于八卦起源说，文字学家唐兰的意见是：“八卦的起源，既是巫者用算筹排列出来的方式，用来做事物的象征，就和文字无关，而且巫术的盛行，恐怕就在殷时，文字久已发生，所以八卦的卦画，绝不是文字所能取代的。”

关于汉字的起源众说纷纭，虽然每一种说法都不能准确地解释汉字的起源，但都给我们留下了很多的启示，正如郭沫若在《古代文字之辩证的发展》中所讲到的：“任何民族的文字，都和语言一样，是劳动人民在劳动生活中，从无到有，从少到多，从多头尝试到约定俗成，所逐步孕育、选练、发展出来的。它绝不是一人一时的产物……创造它们的是劳动人民……只要民族的生命还存在，或者没有受到强大外力的长期扼制，文字也和语言一样，总要不断地发展。”

▷ 结绳记事，结大小看出事儿大小

在汉字起源的传说中，“结绳说”是值得我们注意的一种说法。鲁迅《门外杂谈》里曾经提到过：“我们那里的乡下人，碰到明天要做一件紧要事，怕会忘记时，常常说：‘裤带上打一个结。’”鲁迅家乡是浙江绍兴，在浙东一带，农民请别人代办一件事情时，常说这句话，意思是请对方不要忘记。

2004年4月11日下午4时32分，河南新密市的郑煤集团超化矿突发透水事故，12名矿工和技术人员被困井下。经过多方紧急营救，4月16日9时30分，12个人全部获救。被困的矿工最后成功获救，就是因为他们用矿灯绳打结向矿外传递信息。他们打了两个绳结，一个绳结完整没有破坏，表示“1”，一个绳结分成两个头，表示“2”，合起来表示他们12人还在一起。大水把矿灯绳冲出来后，救援人员看到这个打着绳结的矿灯绳，并没有简单地认为这只是一个普通的灯绳，因为矿上有一个严格的规定：任何人在井下不得破坏矿灯。救援人员认为这根打了结的灯绳一定代表某种信息。于是，他们就朝井下人员想要表达的意思理解，从而信心倍增，加快了掘进的进度。

关于结绳记事，《周易·系辞》记载：“上古结绳而治，后世圣人易之以书契。”《说文解字·叙》中则说：“及神农氏结绳为治而统其事。”虽然没有明确说文字的起源与结绳有关，但确实告诉我们，历史上曾经有过一个结绳记事的漫长时期。所谓“结绳”，是用在绳子上打结的办法帮助人们记忆，处理日常生活中的一些事务，大大小小的绳子表示不同的意思。结绳是原始民族普遍采用的一种记事方法，中国的许多少数民族和国外的一些民族至今仍有用结绳法来帮助记忆事情的。因此有人认为文字就是从大大小小的绳子结发展而来的。

但是，从古人采用的结绳记事法看，结绳和文字毕竟是两回事，它们之间的关系不是相生相袭的，即结绳不可能直接发展成为文字。结绳只能帮助记忆或者作为表示某种简单事务的标记，不能用来表达感情、交流思想，不能成为记录语言的工具。因此，结绳只能算是原始的记事方法，同文字还是有根本区别的。

▷ 刻契记数，在木条上刻下的记号

在《周易·系辞》中除了提到结绳说外，还提到了与结绳说性质相近的契刻说。它是原始社会创始的以契刻某种物体，通过物体遗留痕迹，以反映客观经济活动及其数量关系的记录方式，它被原始的先民所广泛使用。古文字的“契”字，右边是一把刀形，左边的一竖三横表示用刀在一块小木条上刻下的三个记号，它形象地反映了契刻的记事方法。楷书的“契”字增加“木”旁则表示这种契刻记事是以木条为材料的。后来“木”误写成“大”，就成了今天的“契”字。

从古代文献记述和西南地区一些少数民族在创造文字以前存在的刻木记事现象分析，契刻的目的多数是“刻其数”以备忘，有契约、凭证的性质。按照刻契结果所留痕迹的不同，其记事有两种形式：一种形式为在某种物体上契制品或钻空孔洞，以缺口或孔洞的数目反映客观经济活动的数量关系；另一种形式为在某种物体上契刻抽象符号，以符号反映客观经济活动及其数量关系。旧石器时代晚期，距今1.8万多年的山顶洞人利用禽类腿骨钻孔以记事，马家窑文化距今五千多年的原始人使用刻缺口动物骨片以记事，都是第一种形式的典型代表。这种记事方式以刻契材料的差异而分为刻骨记事、刻木记事和刻竹记事等，因木和竹的质地易朽而无法保存至今。旧石器时代晚期的峙峪人利用动物骨片刻制划痕，仰韶文化距今约七千年左右的半坡人利用陶器刻制的符号，都是第二种形式的典型代表。

契刻因其刻在陶器或竹木片上，就有可能逐渐演化成类似青铜器上的族徽文或是竹简木牍这类的文书，从这一点上看，契刻比结绳更具有促进文字产生的条件。但是契刻只能记载一些较为简单的信息，不能满足日益复杂的社会生活的需要，所以，随着人们传递和记载的信息复杂程度的加深，契刻最终被图画和文字所取代。

第二章　汉字的构成法蕴藏天地奥秘

六书：奇妙的汉字造字用字方法

学习汉字，或多或少地都会接触到“六书”这样一个概念，它是人们分析周代以前的造字方法而归纳出来的六种条例。“六书”中的“书”不是书本或者书写的意思，而是指文字。“六书”一词最早见于《周礼·地官·保氏》：“保氏掌谏王恶，而养国子以道，乃教之六艺：一曰五礼，二曰六乐，三曰五射，四曰五驭，五曰六书，六曰九数。”但是，《周礼》对“六书”的记载也仅限于此，并未加以阐释。后来，西汉末年的古文经学家、目录学家刘歆在《七略》中也曾提到了“六书”，但不够详细与完备。直至东汉时期，班固在《汉书·艺文志》中才较为详尽地阐释了“六书”，他在著作中提到：“古者，八岁入小学，故周官保氏掌养国子，教之六书，谓象形、象事、象意、象声、转注、假借，造字之本也。”

而对“六书”解释最详尽的则是东汉的许慎，他在《说文解字·叙》中说：“周礼八岁入小学，保氏教国子，先以六书。一曰指事，指事者，视而可识，察而见意，上下是也。二曰象形，象形者，画成其物，随体诘诎，日月是也。三曰形声，形声者，以事为名，取譬相成，江河是也。四曰会意，会意者，比类合谊，以见指伪，武信是也。五曰转注，转注者，建类一首，同意相授，考老是也。六曰假借，假借者，本无其字，依声托事，令长是也。”后代学者研究和诠释六书，在次序上主要采用班固的说法，在称呼上采用许慎的说法。

“六书”所说的六种造字方法，互相联系、互相配合、互相补充，而又各有各的特点和作用，它们是一个系统，不能把它们分裂、孤立起来，也不能把它们等同、并列起来。它不是预先制定的造字原则，而是根据汉字的实际情况加以客观分析，总结出来的条例。清代著名学者戴震在《六书论》中说过：“指事、象形、形声、会意者，字之体也；转注、假借二者，字之用也。”意思是说，象形、指事、会意、形声是造字法，转注和假借是用字法。

“六书”理论也存在着某些缺陷和不足，有些学者在“六书”的基础上提出了各种新的理论，如“三书说”“新六书说”等，但对汉字而言，一切都还在发展之中，造字的理论也会随着时间的发展，而不断地完善。

▷ 象形，用线条或笔画勾画

北宋时，王安石和他的朋友王吉甫两人经常在一起谈诗论文，有时也对谜语。一天，王安石对王吉甫说：“我昨夜睡不着，做了一条字谜：‘画时圆，写时方，冬时短，夏时长。’你猜是什么字?”王吉甫也是一位文学功底深厚的学者，一听便知谜底是一“日”字。可他也不直接回答，也出了一则关于“日”字的谜语去解王安石的谜底：“东海有一鱼，无头又无尾，更除脊梁骨，便是这个谜。”王安石听了哈哈大笑说：“你猜中了。”原来他们的谜底都是“日”。

“画时圆，写时方”的“日”从最早的甲骨文到楷书均为象形字，像太阳之形。无论哪种字体的“日”字中均有一短横，学者们认为这一短横指太阳发光的黑子。从“日”字的构形，我们发现古人对太阳的观察十分细致，研究颇深。

古老的象形字是一种表形的文字，象形就是描摹实物形状的造字方法，许慎对此的解释是：“象形者，画成其物，随体诘诎，日月是也。”汉字中象形字为数不多，一千多年来只造了“伞、凹、凸”等少数象形字，但它是汉字造字的基础。鲁迅先生说，汉字的基础是象形。象形字就是画物像它的形状，以此形状表达它的含义。例如，“乌”与“鸟”字相比，正好切去鸟头上表示眼睛的一个点。画鸟不点睛，这是为什么？我们知道，古人在造字时，对于象形字，需要抓住形象的特征。乌通体黑色（颈下有一些白羽毛的，古人称鸦），乌的黑眼睛因和羽毛的颜色相同，看上去就不分明了。所以，“鸟”字点睛，“乌”则不见其睛。

象形字来自于图画文字，是一种最原始的造字方法。“象物之形”，本身就具有很大的局限性。且不说抽象的意义无形可象，就是具体的东西，也不是都可以“象形”出来的。用这种方法构造汉字没法满足记录语言的需要，汉字以象形字为基础，发展成了表意文字，从而增加了其他的造字方法，指事字和会意字应运而生。

▷ 指事，象形与抽象的符号相结合

有些事物难以描摹，有些抽象概念不能描摹。于是，古人就创造了一种用“指事”的符号或在象形字的基础上加“指事”符号表示字义的方法。

李汝珍《镜花缘》第九十三回谈到“众才女尽欢结酒令”，其中有关于古人造字的象形、指事方法：

春辉道：我说一个甘字，好像木匠用的刨子。

施艳春道：我说一个且字，像个神主牌。

褚月芳道：我说一个非字，好像篦子。

女武儿道：我说母字，好像书吏帽子。

书香道：我说山字，像个笔架。

秀英道：我说西字，像个风箱。

小春道：我说伞字，就像一把伞。

红叶道：我说册字，像一座栅栏。

紫芝道：我说一个出字，像两个笔架。

尹红萸道：我说皿字，像一顶纱帽。

印巧文道：我说乙字，像一条蛇。

柳瑞春道：我也说个一字，像一条扁担。

这则象形酒令说到的且、非、母、山、西、伞、册、出、皿、乙等都是象形字，“一”和“甘”为指事字。“甘”的甲骨文外形似口，中间一横表示衔着的甜美事物，故本义为甜。

许慎说：“指事者，视而可识，察而见意，上下是也。”通俗地讲，指事字就是利用象征符号来表示意义的造字法。指事离不开象形，如一、二、三、上、下等。但是，指事字又不同于象形字，象形字是一个独体实物的形象，它的特点是“象物之形”，表示的东西是具体的，一般可以单独画出来；指事字是在独体实物形象（象形字）上加指事符号，或者是纯粹的抽象符号，它的特点是“指点”，表示的东西是抽象的，或者虽不抽象，却是局部的，不便单独表示出来，表意没有象形字那么明显。用简单的符号表示抽象的、复杂的、不能象形的意义，终究是比较困难的，而且有很多抽象的意义是无法“指点”出来的，于是，会意字便产生了。

▷ 会意，不同意义的字组出新意义

从前，有一户人家，院子中央种了一棵桂花树，每当桂花盛开之时，香气四溢，沁人心脾。一天，儿子放学回家后，看到父亲正挥动斧头，准备将桂花树砍倒。儿子大惊，急忙上前制止，问父亲为何砍树？

父亲放下手中的斧子，叹息道：“这院子四四方方的，中间长着这么一棵树，看上去好像一个‘困’字，我怕不吉利，所以准备将它砍掉。”听了父亲的话，儿子笑道：“父亲，照您的说法，如果您将这棵桂花树砍掉，此院中就只有人了，那不又成了一个囚犯的‘囚’字，岂不是更不吉利吗？”儿子的回答，驱散了父亲心头的疑云，父亲一边收斧子，一边对儿子说：“你讲得有道理，任何事都要靠人去做，与字有什么关系呢？”随后就高高兴兴地回到屋里去了。

“困”和“囚”均为会意字，从“困”字可知种植在庭院中的树木，由于受到空间和范围的限制，不能自由生长，因而会意为“围困”、“受困”中的“困”字。“囚”字则是由人在围墙中引申出来。会意是指会合两个或两个以上的独体字以表示一种新的含义的造字方法，也是为了补救象形和指事的局限而创造出来的造字方法。和象形、指事相比，会意法具有明显的优越性：第一，它可以表示很多抽象的意义；第二，它的造字功能强。由于它是由两个或两个以上的形体组合而成，形式多种多样，自然会意字就比象形字和指事字多很多。

会意字有两种，一种是异体会意，是由两个或两个以上不同形体的字组合而成，如典、休、取、伐等；另一种是同体会意，如森、双、从、炎等。这种合体的造字方式比象形和指事有明显的进步，但它本身也有很大的局限性。第一，它所表示的意义是含混、不确定、不准确的。以“莫”为例，表示的是“日在草中”，那么“日暮”便可以理解为“日出东方”，但很明显这种理解是错误的；再以“休”为例，表示的是“人在树旁休息”，也可以理解为“人在树旁劳动”，但后一种理解又是错误的。第二，代词和虚词没法会意，很多抽象意义也没法会意。基于这种局限性，必然又有新的造字方法产生。

▷ 形声，一半出声一半出意

王安石是唐宋散文八大家之一。一天，苏东坡来看望他，他拿出自己新著的一部《字说》，向苏东坡请教。苏东坡翻了几页，就看出毛病来了。王安石的书上解释“笃”字说：“笃”就是用竹竿赶马的意思。苏东坡不禁发笑，于是就用开玩笑的口吻说：“照你这样解释，那么‘笑’就是用竹竿打犬的意思了。”王安石知道自己搞错了，于是接着问道：“那么‘鸠’字是‘九’、‘鸟’的会意，有没有根据呢？”苏东坡又故意说：“有啊，《诗经》上说‘鸤鸠在桑，其子七兮’，有小鸟七只，加上它们的爹娘，不正好是九鸟吗？”苏东坡说完后哈哈大笑。后来过了好久，王安石才知道苏东坡又跟他开了个大玩笑。

王安石把“竹”、“马”合起来取义，苏东坡为了取笑他，就用他解字的方法来解释“笑”、“鸠”两字的字义。其实，“笃”、“鸠”都应是形声字。许慎说：“形声者，以事为名，取譬相成，江河是也。”

形声，“形”即形旁，也叫形符或意符，形旁表示形声字的意义是属于哪一类的，它是形声字的表意成分；“声”即声旁，也叫声符或音符，声旁表示这个形声字该怎么读，它是形声字的表音成分。形声字是一种形旁和声旁并用的造字方法。例如“一唱一和”的“和”，“口”是形旁，表示“和”是口的动作；

“禾”是声旁，表示“和”的读音。

纯表意的象形字、指事字和会意字是形声字的造字素材。形旁的来源主要是象形字，如“口、心、衣”等；声旁的来源主要是象形字（如“禾”）、指事字（如“刃”）和会意字（如“旦”）。后起的形声字也有用原来的形声字作声旁的，例如“影”字的声旁“景”，本身就是个形声字，“日”是形旁，“京”是声旁。

形声字有两大优点：第一，它有表声成分；第二，它的造字方法简单。语言里的词是声音和意义的结合体，选择一个同音或近音字做声旁，再配上一个合适的形旁，就可以造出一个新字来，而且，同一个声旁加不同的形旁、同一个形旁加不同的声旁，就是不同的字，这种方法是很简便的。

▷ 转注，部首相同、读音有关的字间转换

相传，在清朝晚期，有一个童生虽有才华，但因家境贫困，无钱打通关节，年近不惑，仍然没有考中，为人嘲笑。

这年，童生的准备尤为充分，又去应试。主考大人见他仍不死心，于是出了个上联，加以奚落：

上钩为老，下钩为考，老考童生，童生考到老

童生觉得主考大人有失礼教，欺人太甚，当即属对，以抒怨愤：

二人成天，一人成大，天大人情，人情大如天

在古代，“老”字与“考”字是同一个字。“老”字甲骨文的写法像长发、屈背老人扶杖的样子，后来读音有了变化，为了反映这种变化，成为“考”。先有“老”，后有“考”，“考”是“老”的转注字，是从“老”分化、派生出来的。上联中的“考”、“老”反复交替使用，论其字形和本义，互为转注。

文字是记录语言的符号，而语言是发展变化的。一个词，读音变化了，或者各地方音不同，为了在字形上反映这种变化或不同，因而给本字加注或改换声符，这就是转注。许慎在《说文解字·叙》中说：“建类一首，同意相授，考老是也。”“建类一首”是说，转注出来的字和本字属于同一个部首；“同意相授”是说，转注字和本字意义相同，又可互作解释；从“考、老”的举例可见，“老、考”同属“老”部，意义相同，可以互相注释，声音相近，这就是转注的条件。

▷ 假借，用发音相同的字来“无中生有”

相传，一个齐国人有个女儿，两户人家同时前来求婚。东家的儿子长得丑陋

却很富有，西家的儿子长得俊美却很贫穷。父母犹豫不决，便征询女儿，要她自己决断嫁给谁。如果难于启齿指名确定，就袒露一只胳膊，让父母知道她的心思。

女儿听罢，便袒露出两只胳膊。父母亲感到奇怪，询问其中缘故，女儿回答说："想在东家吃饭，在西家住宿。"

现在，如果有人说起"东"的原意是口袋，西的原意是鸟入巢息止，听的人也许感到很新奇，但是，从文字学的观点来看，这样的解释是很正常的。"东"和"西"，都是象形字。东的本义是橐，后来假借为方位词；西的本义是鸟入巢息止，后假借为表方向的西，其本义很少为人注意。

汉字最初是从象形与象意发展而来的，有的可以依据其形象进行描绘，有的可以利用图像和笔画进行展现，但是仍有很多事物的概念是无法用象形与象意表达的，于是，人们便假借已有的音同或音近的字来代表，这种跟借用的字的形义完全不合的字就称为假借字。许慎对此的解释是："本无其字，依声托事，令长是也。"本无其字，指某种事物已经产生，但没有字来记录它；依声托事，指用一个同声的字来代替。

假借有以下几种借法：

1. 一个字被借，借而不还，本义另造新字，如"亦"字本义是两腋，借为虚词后，本字另造了一个"腋"字。

2. 一个字被借，借而又还，借义另造新字，如"解剖"的"解"（本字），借为表示水中动物的"解"（借字），后来加"虫"，为借字造了个新字"蟹"。

3. 一个字被借，身兼二职，本义和借义并行，如"会合"的"会"借为"会计"的"会"以后，没有另造新字，本义和借义一直并行至今。

4. 一个字被借，本义消失，借义独存，如"骗"字从"马"，本义是"跃而上马"，假借为"欺骗"的"骗"，本义消失，借义独存。

假借的主要条件是"依声"，就是音同或音近的字才能假借，可见，假借就是同音代替，旧字翻新。如"喋血"的"喋"，它是"蹀"的假借字，是"踩"的意思。喋血，即脚踩着血迹，意思是杀了很多人，血流满地。由于假借字的字形与借用它的词的词义没有任何关系，使汉字出现了以声表意的倾向。它与形声字的出现，从不同的角度促进了汉字由表意向标声的方向发展。

第三章 在经史子集中寻找文化渊源

▷ 卓越成就“经”久不衰

字 源

经，织也。

——（东汉）许慎《说文解字》

汉字履历

“唧唧复唧唧，木兰当户织。”古代民间有一种说法，家有一女，如得一宝。因为女儿在年纪很小的时候就可以织布赚钱，所以生女儿是好事。织布是古代妇女最常从事的劳动方式。织布的过程中，经纬线绝对分明，紧密相扣，才能织出又好又美的布匹。那么，什么叫作经线呢？“经”字是如何产生的？人们为什么要用“经”字来形容古代的智慧典籍呢？

金文的“经”本是“巠”的古体字。巠指的是水脉，一般是地下的水川。而小篆的“经”多了一个“糸（mì）”，表示与线丝有关，其读音随“巠”，所以它是个形声字。“经”的本义是织物的纵线，与“纬”相对。《说文解字》云：“经，织也。”在古代，织布时纵丝为经，横丝为纬，一般情况下经静而纬动，经正而后纬成。由于“经”有稳定这个特点，有了它其他的线才能织就，所以人们就把对传统文化起基础和启蒙作用的文学作品称为“经”。

由“经”的本义还引申出经历、经过等意思；因为“经”有条有理，所以也有治理的意思，如“经世之才”；除此之外，“经”还有表示正常、经常的意思，例如“正经”。

字里乾坤

“经”字在人们的日常生活中时常用到，可以说“经久不衰”。其实，如果一个文字适用，其经久不衰是文化的需要；一个东西适用，是人类日常生活的需要；但一个人肯定不能用“经久不衰”来形容，可是其精神贡献却是可以永久传承的。大凡著名的文学家、科学家、思想家，他们的文明和文化创造皆流芳百世。大多数人也许无法成为具有卓越贡献的名人，但却可以保持旺盛的精力和良好的品行，用以影响后人，给予他人鼓励。一个人如果能做到对他人有用，他就已经是一个伟大的人了。

历“史”面前，去粗取精

字　源

史，记事者也。从手持中；中，正也。

——（东汉）许慎《说文解字》

汉字履历

世间的万物总是在无休止地运动，而这一切运动和发展的过程，就是我们所说的“历史”。历史对于任何人、任何事物来说，都是公平、公正的，在它的面前，任何真善美和假恶丑都会被记录下来，没有人能够逃避。人们在造“史”字的时候，就考虑到历史的这种客观性。

甲骨文的“史”字，上面是一个放简策的容器，下面是手，合起来表示掌管文书记录。《说文解字》曾解：“史，记事者也。从手持中；中，正也。”而“史”的本义就是史官。从“史”的造字法可以看出它是一个会意字，其金文和小篆是甲骨文的演变，经过隶变之后，“史”字终于定型。

史官是很古老的官职，掌管历法，参加国家重要典礼、记载国家大事、搜集整理文化典籍。史官记事的原则是“君举必书，书法不隐”，意思是君主的言行，不论好坏都如实记录，不隐不瞒。汉代以前，史官虽然大多抱持这种原则，但是仍然略有偏颇，直到汉代司马迁，才真正做到正言。由于史官非常重视历史的真实性，所以历史对后人有很大的参考价值，给人以启发，这也是人们常把历史当作镜子的原因。

秦汉以前，造纸术未出之前，竹简制作的史书被称作“青史”。后来人们把史官所作的文献称为“史”，即是“史书”。史书的体例多种多样。我国第一部纪传体通史就是司马迁的《史记》，它不仅仅是史学著作，由于描写历史人物生动形象，在文学史上也有很高的地位，被誉为“史家之绝唱，无韵之离骚”。不过，大多数史书都按照时间编写，人们称之为“编年体”，历史上第一部编年体史书是《春秋》。史书有“正史”、“野史”之分。“正史”指政府组织编写的史书，“野史”指私人编撰的历史，带有一定传奇色彩和杜撰性质。

字里乾坤

前人有曰：以史为鉴，可以明得失。历史是一面镜子，世事在其中都无法遮掩其真相。与此同时，历史也是后人的借鉴，由于后人所做的事情总是会有某些方面与前人相同，所以看到过去的是好的，就可以效仿和学习；看到过去的是坏的，就可以摒弃和吸取教训。一个民族不忘记过去，才能对历史经验去粗取精，在现实的基础上更快更好地发展；一个人不能忘记过去，因为过去的好与坏皆是自己的经验，对于今后的做人处世皆有莫大的益处。

与其追求名留史“册”，不如踏实从小事做起

字　源

册，符命也，诸侯进受于王也。其札一长一短，中有二编。

——（东汉）许慎《说文解字》

汉字履历

现代人拍摄秦汉以前的古装剧，大多注意表现文字是书写在竹板上，然后用绳子编成一捆。原来，在纸还没有发明以前，我国古人是在龟甲、器皿、木片、竹片等物上刻字记事的。龟甲上的文字被称作甲骨文；钟鼎器皿上的文字通常叫金文，后来人们发现在竹片上可以刻字，文字的类型也就多了起来。而这些用来写字的竹片就叫做“竹简”。一般情况下，一条竹简只能从上到下写一列字，一篇文章要用多条竹简。文章写完以后，通过“简”上的小缺口，按顺序用绳子或皮条把它们串编在一起，“册”就这样出现了。而“册”字本身体现的就是这种编制法。

甲骨文的“册”字如一堆竹片串编起来的样子，金文、小篆的“册”字字形与甲骨文相似，而“册”的本义就是书简。在《说文解

字·册部》里，许慎对“册”的结构分析便是其造字的具体体现。但他说“册”乃“符命”，通常古代王者封赏诸侯之时，先把命辞写在简上，编成“册”的形式，以册书、册命的形式颁布册立、封赠、任命等事，宣读册的内容之后，连同印玺等物一起交与受封者。所谓“符命”即为“册”，应是“册”的某个引申义，表示“册封”。其实以册书写东西并不方便，古人一旦写错字，只能先用刀把竹简上的错字刮掉或者削去，然后重写。“删”字是在“册”边加“刀”，记录的正是这种修改的方法。因为竹子有制简书史，编而为册的功效，而竹子本身为青色，所以用它记载的历史就称青史或汗青。

字里乾坤

文天祥一句“留取丹心照汗青”，指的就是把自己的一片爱国之心留入史册，让后人警醒和继承。一个人要想名垂千古，恐怕不易，被载入史册，也不一定都是好事。古往今来史册上记载的好人坏人皆有不少，诸如岳飞、秦桧之类。现代人当然希望对社会有所贡献，千秋万载都被人记得，但是也有很多人的人生非常平凡。其实，不必去强求载入青史，但求无愧于心，才是做人的根本之道。

▷“文”质彬彬，然后君子

字　源

文，错画也。象交文。今字作纹。

——（东汉）许慎《说文解字》

汉字履历

“文身”是用带有颜色的针刺入皮肤底层而在皮肤上绘写一些图案或字，是可永久性保留的花纹。先秦时代以来的黥刑就是在犯人脸上刺字作警示。在古代典籍中，曾出现文身、镂身、扎青、点青、雕青等故事，比如“岳母刺字”。而四大名著之一的《水浒传》中，至少就有三个满身刺青的重要角色：花和尚鲁智深、九纹龙史进与浪子燕青。在国外，文身也是常见的事情。古埃及更利用刺青来表示社会地位。而最早的“文”字，其实就是根据文身这种风俗习惯创造的。

甲骨文和金文的“文”字均像一个张开双臂、叉开双腿的人，并且胸膛上还刺着倒三角花纹。说明它是个象形字。“文”字的小篆是由甲骨文和金文演变过来的，隶变之后字体定型。《说文解字》上讲：“文，错画也。象交文。今字作纹。”这里解释“文”是交错的笔画，而“文”字的本义即是“文身”。由“文”字引申出其他的含义，例如，“文”字与花纹有关，花纹是有纹理的，所以，“文”字被用来表示文章，因为“文章”大多是条理性的；又因为花纹赏心悦目，于是就引申出了文采的“文”；后来又因文字和文章都承载着一定的文明内涵，“文”字又用来指代文明和文化。此外，人们形容人和蔼可亲时，还用“温文尔雅”一词。

字里乾坤

人们只要听到“文”，必然认为其表示和谐，与“武”是相对的概念。古语有云：“君子动口不动手。”以文会友，以武交恶。温和地为人处世，谦逊地待人，当然容易赢得他人的好感。一切好说好商量，这是因为大多数人吃软不吃硬。不仅如此，和谐宽容地解决问题，能获得更好的效果。《伊索寓言》里就有这样一段话：“人需要温和，不要过度地生气，因为从愤怒中常会产生出对易怒的人的重大灾祸来。”以武力解决问题，始终是激进的，易为自己招来报复。除非逼不得已，才可诉诸武力。

▷ 尽信“书”不如无书，做人做事也要活泛

字　源

书，箸也。

——（东汉）许慎《说文解字》

汉字履历

书是智慧的钥匙；书是世代的生命；书是致富的信息；书是进步的阶梯；书是通向彼岸的船。书是人类用来记录一切成就的工具；是人类交融感情、习得知识、传承经验的重要媒介；是文明和文化的结晶，对

人类文明的开展和发展作出了无可比拟的贡献。人类许多伟大的创造，大都经过漫长岁月的发展过程，并聚合无数人的心力，书也不例外。书在中国至少已有三千五百年的发展历史。上古时代，有了语言的人类往往借助于记忆把听到的话延续下去。一切的经验、理想都是口承，牢牢记住，再对别人复述出来。有了文字之后，人们便开始将历史和现世发生的一切记录下来，“书”就这样产生了，而“书”字的造型就反映了人类这种生活背景。

甲骨文的“书”上面是一只手和一支笔，下面是一个口，表示口在说话，拿笔记录。“书”字本义是写，此后“书”字字形变化很大，意义越来越隐晦。繁体的“书”作“書”，其简化字是草书的楷化。“书”字的引申义有书籍、文件、信件、字体、书法等。

书是人类智慧的结晶，西汉刘向曾说：“书犹药也，善读可以医愚。”所谓书读百遍，其义自见，读书读得多了，书中之义就自然显现。而在书中所得的东西，可以拓展人的思维，书就像药能医治身体一般，“治疗”人的头脑。

字里乾坤

“书山有路勤为径，学海无涯苦作舟。”这是古人留给今人的告诫。世间万物变化无穷无尽，时刻有新事物产生，若想对世界进行及时地了解，便要不断地学习，这便是学无止境的道理。学习是不能停止的过程，只要开卷观书便能接触新事物，让自己获得益处；只要遇到能够传授自己知识的人，便要虚心求教。人不能满足于只读一本书、几本书，或是向几个人求教而已，应当不断地对问题进行深入挖掘，对所有的资源进行“竭泽而渔”的利用，才能学到更多的知识，对问题有更深的了解。

鲁迅先生就有自己的一套读书法。一是泛览，他提倡博采众家，取其所长，主张在休闲的时候，要“随便翻翻”。二是硬看，对较难懂的必读书就硬读，直到明白为止。三是专精，首先是“泛览”，然后选择自己喜爱的一门或几门，深入地研究下去。四是活读，鲁迅先生主张读书要独立思考，注意观察并重视实践。专读书有弊病，必须和社会接触，使所读的书“活”起来。不仅如此，他还主张用“自己的眼睛去读世间这一部活书”。五是参读，读书不但读选本，还参读作者传记、专集，以便了解其所处的时代和地位，由此深化对作品的理解，对自己有所启发。

▷ 人“言”可畏，担心祸从口出

字 源

直言曰言，论难曰语。

——（东汉）许慎《说文解字》

汉字履历

可以说，“言”是一个人一天当中必须要做的事情。“言”字就是根据这个特点而造就的。

甲骨文、金文的“言”字，下面是口舌的象形字，在舌头之上加一短横作为指示符号，表示人张口正在说话的意思，因此言字的本义是说话。金文和小篆的“言”字是甲骨文的进一步演化，隶变后就是我们今日所使用的字了。“言”字本是动用，引申之后可以作为名词，表示说话的内容。例如“言简意赅”，表示语言凝练，内容扼要。“言”还表示言论、议论，例如“广开言路”。“言”还可以作为量词，用来表示口语或文章中的字数或句子数，如“五言诗”、“七言绝句”等。

“言”字组成的四字词语也有很多，例如“言不及义”，形容只说些无聊的话，没有一句说到正经的道理；“言不由衷”，指所说的话不是发自内心，形容口是心非；“言多必失”，指话说多了就难免有说错的地方；“言过其实”，原指言语浮夸，超过实际才能，后亦指说话过分，不符合事实；“言归于好”，指保持友谊，重新成为好朋友。

字里乾坤

很多人都说，说话是一门艺术。善于用语言沟通的人，往往比言辞笨拙的人更容易办成事情；会运用说话方式、观察说话场合的人，则往往能为自己免除很多麻烦。语言虽然是很好的工具，但也是一柄双刃剑，人言“祸从口出”，嘴巴也是祸患的一个制造点。所以平时人们应多注意谈吐，培养自己的语言沟通能力，无论对自己还是对他人，皆是一件好事。

第四章　藏在汉字数字中的奥秘

▷“一”能幻化成天地之间的万物

字　源

惟初太始，道立于一，造分天地，化成万物。凡一之属皆从一。

——（东汉）许慎《说文解字》

汉字履历

汉字是以象形字为基础的。当古人想要表示一个具体的实物时，可以画出实物来，如想要表示一匹马时，可以画出一匹马来。但是，对于一些抽象的事务，则无法用这种方法表示，如想要表示一天时，就不知该如何是好了。古人经过长时间的探索后，用一横来表示比较抽象的概念。这一横便是“一”字。

“一”是一个神奇的汉字，从古至今，“一”的外形始终如一。我们可以看到，无论是甲骨文、金文，还是小篆、楷书中，“一”始终都是一横。清代学者段玉裁说：“一之形于六书为指事。”意思是“一”字按照六书的分析为指事字，“一”是古人的记数符号，可能是画的一道横杠，也可能是一个筹码。可见，“一”字的本义为最小的正整数。

不仅如此，“一”在汉字里是最简单的了，笔画最少，书写最便捷。俗话说：“扁担横在地下，不知是个一字。”那是形容一个人目不识丁，是“一字不识”的文盲。但“一”字的含义却不仅限于最小的正整数这个本义。随着社会的发展，“一”字延伸出了极其丰富的含义。

字里乾坤

“一”字丰富的含义不胜枚举，由于“一”字常用以表示人或事、物的最少数量，所以便有了“最少”的意义，由“最少”又可以引申出“偶然”的意思。

"一"字还可以表示序数，如"一不做，二不休"。此外，"一"字还有"专一"、"纯正"、"全部"等义。

在古人眼中，"一"是至高无上的，是万事万物的开端，由于有"一"，才派生出了整个世界。正如老子在《道德经》中所说："道生一，一生二，二生三，三生万物。"一切的道理、一切的事物，都是由"一"发端的。一是万物之母，看似结构简单，却是天地间万事万物最初的源头。在现实生活中，我们要开动脑筋，善于把握住关键的"一"，就等于扼住了成功的喉咙，达到以简制繁、一两拨千斤的奇妙效果。

▷ "二"不再那么完美、孤立

字 源

贰，副益也。

——（东汉）许慎《说文解字》

汉字履历

数字中，"一"的后面就是"二"；文字里，"一"是一条横杠，"二"是再加一条横杠。古人云"积画为数"，同"一"一样，古人也是用两个筹码或画的两道来表示"二"字。

我们可以看到，"二"字的写法，从古到今都没有多大的变化。从甲骨文开始，"二"字就是这么两横，如果非要追究其差别的话，也只不过是甲骨文中"二"字的两横一样长，而到了楷书时，上面的一横要略微短一些。

"二"为指事字，本义为数字"二"。一加一等于二，那便是数目。"二"字还表示序数，有"第二"的意思。二字加第，表示第二。有时不加第，也表示第二。"二"字由"第二"的解释还引申出"副"的意思，如京戏有二花脸，就是副净。二掌柜，也就是副掌柜。船上除了大副外，还有二副。此外，"二"有"再次、两次"的意思，如《宋史·吴璘传》："此孙膑三驷之法，一败而二胜也。"另外，"二"字还可作"匹敌，可比"解，也就是"天下无双"之意。《汉书》上说："天下少双，海内寡二。"这里，双就是二，二就是双。

在实际使用中，"二"字还有一个大写的"贰"字。其实"贰"当初并不是表数目的。《说文解字》云：“贰，副益也。”段玉裁作注时说：“当云副也，益也。”可见，“贰”的本义为“副”，“副”作为表数目“二”字的大写是一个假借。但是这个假借，让“二”引申出了有二心、背叛的意思。叛逆之人被称为“贰臣”。

《清史列传》中有一个部分名为《贰臣传》，其中所收录的均为降清的明朝官员，即便是李永芳、洪承畴等曾为清朝立下汗马功劳的降清之士也收录其中。另外，那些如龚鼎孳之辈，先投降了李自成，后又投降了清朝之人，按乾隆的说法，即为不只做了一次贰臣的人，自然也全部收录其中。乾隆指出：这些人“遭际时艰，不能为其主临危授命”，从封建道德出发，实在是“大节有亏”。这些人尽管为清朝作出了贡献，其子孙甚至还在清朝做官，但以“忠君”的标准衡量，他们是不完美的。在古代以忠君为标准的道德观念下，“贰”是一个永远都无法抹去的污点。

字里乾坤

“二”有数目成对的意思，它不再像“一”那样完美、孤立。老子在《道德经》中说：“有无相生，难易相成，长短相形，高下相倾，音声相和。”老子深刻地注意到事物正反两面相辅相成的哲理，没有长，也就无所谓短，同样，没有高，也就无所谓下，没有困难，也就无从去克服和超越。“二”辩证地表达了矛盾对立双方的依赖关系。

任何事物都存在着它的对立面，当我们在人生中遇到困难或对手时，大可以怀着感恩的心去看待，因为它们的出现，往往是我们前进的动力。

“三”为爆发前的静待时机

字　源

天地人之道也。从三数。

——（东汉）许慎《说文解字》

汉字履历

“三”是一个表示数目的字，和“一”字、“二”字一样，都是原始的记数符号，且古今的写法变化不大。

“三”字在甲骨文里的写法就是三条横杠，直到楷书中仍然如此，一写就是几千年不变。

中国人偏爱三或三的倍数，古今皆然。《说文解字·三部》：“三，天地人之道也。”人们观察天地、日月星辰及人类社会，常“以三为法”，来描述自然与社会。如“三才”指天、地、人；“三光”指太阳、月亮、星星；“三星”指福、禄、寿；“三友”指松、竹、梅；“三伏”指初伏、中伏、末伏；古代说“三军”，是指上军、中军、下军；今天说“三军”，则是说陆军、空军、海军。

道教和佛教也对“三”情有独钟。道教的最高神称为“三清”，即玉清元始天尊、上清灵宝天尊和太清道德天尊；道教将宇宙划分为上界、地界、水界三部分，将时间划分为无极界、太极界和现世界。佛教的经典分为三藏：经、律、论；佛教对信徒提出了“三皈依”，即皈依佛、皈依法、皈依僧。佛教中的“三生有幸”，说的是前生、今生和来生。以上的“三”皆是实指。

“三”还有虚指之意，泛指多。丹齐克的《数：科学的语言》一书指出，许多原始民族用于计数的名称只有一和二，他说：“南非洲的布须曼民族，除了一、二和多之外，再没有别的数字了。”列维·布留尔在《原始思维》一书中写道：“在非常多的原始民族中，用于数的单独名称只有一和二，间或还有三，三的意思实际上是多一个。”可见，“三”是人类早期所能认识的最高数了。

“三”代表多，在汉字的造字上得到了充分的体现。如三“木”成“森”，《说文解字》中说“森，木多也”；三“水”为“淼”，《说文解字》中说“淼，大水也”；三“火”为“焱”；三“人”为“众”……无不体现了“多”的含义。

平常所说的“三人行，必有我师”中的“三”，并非实指三个人，而是说，只要是几个人一块走，总有人可以做我的老师，我可以选择好的人向他学习，选择其中不好的人作为我的借鉴，不做人家做过的错事。成语“韦编三绝”，来源于孔子晚年常读《易经》，以致把编竹简的皮条都弄断了很多次。这里的“三”便是多的意思，故而“韦编三绝”用来形容人勤奋好学。

凡此种种，无论是实指的“三”，还是虚指的“三”，都是历来被人们所看重的一个数字符号。

字里乾坤

“三”字笔画简洁，既能实指，又能虚指，同时还能体现出“多”的含义，正因为“三”字具有这么多内在的优点，才会被人们喜爱。人也是一样，只有真正有才华、有品德、有准备的人，才能得到机遇的光顾，学会抓住它。

▷“四”要冲破思想的禁锢，望向远方

字　源

四，阴数也，象四分之形。凡四之属皆从四。

——（东汉）许慎《说文解字》

汉字履历

“四”是一个数目字，它也是在数目字里，写法古今变化最大的。

古时“四”跟“一”、“二”、“三”一样，都是叠起的横画，只是“四”到了小篆阶段，又借用了金文中发“四”时的口形，再经简化，才逐渐演变成目前的“四”字。

古希腊智者普罗泰戈拉最著名的哲学命题便是：“人是万物的尺度。”正如他所提出的理论，人有十根指头，所以世界各地都独立地发明了十进制的计数方法。人的眼睛、鼻孔、耳朵都各有两只，所以不少古民族都曾用过二进制。每个人都有两只手和两条腿，所以古人称人体各个部分为“四肢百骸”，摔上一跤便叫“四脚朝天”。不只是人，动物也大多是四条腿的，所以，在各个民族的语言当中，“四”是神奇的，都曾一度被重视过，中华民族也不例外。

在中国传统的文化里面，人们对双数总是格外地喜欢。古人并不认为世界是单的，是唯一的，完整的状态应该是双的，也许对立，也许并行。数字四是双的双，所以更有非凡的意义。如中国古代四大发明：造纸术、指南针、火药、印刷术；古代四大神兽：东方青龙、西方白虎、南方朱雀、北方玄武等。在天文历法中，冬至、夏至、春分、秋分即“黄帝四面”的内涵。佛教中，中国四大菩萨：观音菩萨、地藏菩萨、普贤菩萨、文殊菩萨。道教中也有四大名山：江西龙虎山、湖北武当

山、安徽齐云山、四川青城山。民间有四大美人：西施、王昭君、貂蝉和杨玉环；四大才子：祝枝山、唐寅、文征明、周文宾等。就连武侠的世界中，也有四大恶人：段延庆、叶二娘、南海鳄神和云中鹤；四大名捕：无情、铁手、追命和冷血。

字里乾坤

随着时间的发展，“四”逐渐变成了一个“不吉利”的数字，因为“四”和“死”谐音，于是，人们便把二者联系了起来。

在电话号码中，人们对“四”避之唯恐不及；在大楼里，没有“四”层，甚至连“十四层”都成了禁忌。这无疑是一种盲目的迷信，我们不知在何时摒弃了传统文化中富有哲学的认识，将其转换为一种毫无根据的文字游戏和民间迷信，这是一种文化的迷失。其实与其相信一些莫须有的东西，抱有莫须有的迷信思想，不如看清眼前和当下的事情，做好分内应该完成的事，人才会活得实际、活得充实。

▷“五”福临门，吉祥如意的象征

字　源

五，阴阳在天地之间交午也。

——（东汉）许慎《说文解字》

汉字履历

积画为数到“五”时，已经不能再用简单的几横来表示了，正如《说文解字》中所说的：“五行也。从二。阴阳在天地间交午也。凡五之属皆从五。”

甲骨文的“五”字，从二，从乂，像二物交错之形，“二”代表天地，“乂”表示互相交错，“五”的本义为交错。先民以结绳记事，用两根小枝斜插在第五个绳结上，这便是古文字中的“五”。“五”字在古籍中常与“午”字通用，本义为“交午、纵横交错”，后借用为数目名称。

数字“五”在中国传统文化中具有特殊的含义，它象征着吉祥、如意，比如“五福临门”等。其中，“五行”指古代称构成各种物质的五种元素，即水、火、木、金、土，福娃的创意便基于中国的五行之说；“五方”指东、西、南、北、中；“五音”指宫、商、角、徵、羽五种音调，也叫“五声”；“五经”指儒家的五部经典，即《周易》、《尚书》、《诗经》、《礼记》、《春秋》；“五常”指仁、义、礼、智、信；佛教称不杀生、不偷盗、不邪淫、不妄语、不饮酒为“五戒”。

此外，耳、目、口、鼻、身为“五官”；心、肝、脾、肺、肾为“五脏”；酸、辣、苦、甜、咸为“五味”；花椒、八角、桂皮、丁香、茴香为“五香”；青、黄、赤、白、黑为“五彩”；金、银、铜、铁、锡为“五金”；泰山、华山、衡山、恒山、嵩山为“五岳”；稻、黍、稷、麦、豆为“五谷”。

字里乾坤

无论是“五行”、“五常”，还是“五谷”，无不代表了人们对生活的一种希望，展现了人们对幸福的一种企盼。这个充满吉祥意味的数目字，以其特有的方式，从古到今，一步步地渗透到了社会生活的各个方面，表达了我们对生活最美好的祝愿，而“五”也就变成了幸福的引领者。

“六”六大顺，事事顺心才能吉星高照

字 源

易之数，阴变于六，正于八，从入，从八。

——（东汉）许慎《说文解字》

汉字履历

在中国的传统观念中，“六”一直以来都是一个备受喜爱的数字。

“六”的甲骨文和金文犹如一间结构简陋的房屋。“六”的本义是指草庐，是一种建于田间或郊野作为临时居所的房子。“六”为“庐”的本字，所以借“庐”的形状作“六”字，另造一个“庐”声的字来代替它的本义。

“六”在人们的观念中，只不过是一个数目字而已，其实它有一段

惊心动魄的历史，曾成为一些人身份的象征。早在远古时代，东夷部落首领的后代散居在江淮一带，于是，周王将安徽六安一带的土地分封给他们，并允许他们建立“六国”。到了春秋时期，六国被当时的楚国所灭，后代的国君便都以原来的国名“六”作为姓氏。

“六”在其发展的历程中，逐渐地丰满起来，成为了一个充满文化内涵的数目字。如“六合”指上下和东西南北四方，代指天下或宇宙；“六亲”指父、母、兄、弟、妻、子，又泛指亲属。佛家认为，眼、耳、鼻、舌、身、意六者是罪孽的根源，如悉皆消除，谓之“六根”清净。美术范畴中画忌“六气”，即俗气、匠气、火气、草气、闺阁气、蹴黑气；画有“六要”，指的是气、韵、思、景、笔、墨等。戏曲中有六场，即胡琴、月琴、南弦子、单皮鼓、大锣、小锣。

在中国人的传统观念中，三个“六”加在一起就代表吉祥与顺利，符合“六六大顺”之意，所以，三个“六”连在一起的日子，便成了新人喜结良缘的“黄道吉日”。但这样的时间在西方人的眼中会引起恐慌，因为在《新约圣经》的最后一章《启示录》中，提到“666”这个数字与魔鬼撒旦有关，所以，他们总是竭尽全力地想要避开这样的日子。

字里乾坤

同一个数字，在不同的文化中，代表着不同的含义；同一个事件，在不同的人眼中，具有不同的意义。在别人看来毫不起眼的事物，也可能会让我们的人生发生翻天覆地的变化。

面对突如其来的变故，我们总是会变得“六”神无主，手足无措。明代陈眉公的《小窗幽记》中有一副抒情志联，虽然是描写为官之人应有的态度，但也适用于人生中的起起落落，即“宠辱不惊，看庭前花开花落；去留无意，望天上云卷云舒”。与其让自己的人生在慌乱中度过，不如以一种宠辱不惊的心态去面对现实，以一种博大的胸怀去看待人生路上的悲与喜，那样才算得上是真正的风流人物。

▷“七”是事物的关键点，凡事先从弱点改善

字　源

七，阳之正也。从一，微阴从中斜出也。

——（东汉）许慎《说文解字》

汉字履历

在甲骨文和金文中，“七”字是在一横画中间加一竖画，表示划物为二，从中切断之义，“七”为“切”的本字。后来借用为数目字，于是在“七”字的基础上再加刀旁，作为切断的专字。《广雅·释诂》：“切，断也，割也。”“七”的形、义都有“切”的意思，所以古人便把七月作为处斩犯人的月份。

随着金文的出现，甲骨文和金文的“七”字，与金文的“甲”字和小篆的“十”字非常相像，容易混淆。为了避免这种现象，到了小篆阶段，便把甲骨文和金文“十”字的竖笔的下半截变成了“竖弯竖”，于是以小篆为基础，便相沿发展而成为现在的“七”字。

“七”是一个神秘的数目字，它既深入于中国的传统文化当中，又存在着一种莫名的禁忌。在中国文化中，与“七”有关的很多，如古诗多以七言为主体。战国有七雄，汉有建安七子，晋有竹林七贤。太阳的光线有七色：红、橙、黄、绿、青、蓝、紫。人有七情：喜、怒、哀、惧、爱、恶、欲。这些应该归源于“七”在人体及天地万物中的规律性。《易经》曰：“反复其道，七日来复，天行也。”王弼注：“阳气始剥尽至来复，时凡七日。”孔颖达疏：“天之阳气绝灭之后，不过七日阳气复生，此乃天之自然之理，故曰天行。”“七日来复”之说，揭示了天地阴阳的循环规律及人体的节律变化。就连西方也以七天为一个星期。

但同时，汉人对“七”又有着一定的忌讳，如福建闽南、河南部分地方有逢七不出门的说法；与丧事相关联的经常是“七”，有些地方人死后七天、十四天、四十九天都会举行一些活动，以悼念死者。这些大概始于古时对“切”的理解。

字里乾坤

在中国远古神话传说和古史记载里，有着对数字“七”的崇拜。这可能源于月亮周期，月初、上弦月、满月、下弦月，以七日为周期，而人的生理周期也与数字七有多种关联。除了日月和五大行星外，北斗七星也与重要的数字七有关。而在中国传统文化里，七其实是阴阳与五行之和，即儒家强调的“和”的状态，也是道家所谓的“道”或“气”，与“善”和“美”相关。

▷“八”是兴旺发达，勤劳创造财富

字 源

八，别也。象分别相背之形。

——（东汉）许慎《说文解字》

汉字履历

偶数当中“八”是近年来最受中国人喜爱的。由于“八”与粤语的“发”谐音，人们于做生意、开店、给汽车上牌照等涉及数字的事，都要挑“八”，因而“八”便成了生意兴旺发达之数，所以民间有“要得发，不离八”的说法。“八”更深受商业界、企业界人士的青睐。他们给商品定价几乎离不开“八”。有的单位开业择日时，也要选择带有“八”的日子。

“八”是“五”以后的数目字变化最小的，无论是甲骨文、金文、小篆，还是楷书，从古到今，“八”字的形体基本相同，均是由两条相背、分开的曲线构成，像分别、相背的形状，是一种近似符号性质的指事字，借“背”为“八”之声。《说文解字》：“八，别也。象分别相背之形。”“八”字的本义为将物分开，与古代民俗“七不出门，八不还家”的说法相吻合。“八不还家”，意思是说所有逢八的日子，凡是游历在外的人都不宜归家，因为这一天是分离的日子。这种民俗的形成，或许是古人造“八”字时的心理的一种反映。

“八”假借为表数目的字以后，便失去它的本义，变成了一个与财富相关的数目字，这其中蕴含着一个民族的文化内涵。世界各地华人在一九八八年八月八日隆重地庆祝“八八八八”节，就连北京的奥运会也定于二〇〇八年八月八日晚八时举行开幕仪式。

字里乾坤

中国人似乎格外偏爱“八”，这一点可以从古代追根溯源。在中国古代，10以内的数字都与天地对应，奇数象征“天”，偶数代表“地”。“普天之下，莫非王土”，天子喜爱土地，而八就是“数之大者”。古代天子祭祀用“八簋”，用车需“八鸾”，驭臣用“八柄”，统率万民用“八统”，治理国家用“八政”。

“八”在今人心中身价倍增，虽然是一种主观的臆想，但是表现出了一种对美好的向往与追求，无论是古人还是今人，都有一种远离悲伤、靠近幸福的愿望。

▷“九”五虽尊，但人都可以追求幸福

字源

天地之数，始于一，终于九。

——《素问》

汉字履历

“九”是十以内奇数中最大的数，即为单数之至也，数字到了这里，就上不去了，故表示“多”。刘师培在《古书疑义举例补》一书中写道：“凡数指其极者，皆得称之为‘九’。”《素问》中说：“天地之数，始于一，终于九。”八卦阳爻用“九”，“九”为太阳，也就是“大”阳。九九重阳，阳之至也。阳寓意生命，阳寿就是有生之年，所以九九重阳为老人节，祝愿老人阳寿绵长。九九八十一，更是大吉大利的数字。“九”因其达到了一个极致，逐渐演化为“神圣”，古代皇帝为了表示自己的尊贵，便把自己跟“九”联系在一起，如皇帝称为“九五至尊”；紫禁城里的房屋有九千九百九十九间；天安门城楼正面宽九间，门上装有九路门钉；传说中上古有九个行政区，所以用“九州”代表中国；“九鼎”，相传是夏禹铸造，象征九州，是夏、商、周三代的传国之宝。

“九”最初产生之时并不是用来表示数目的。甲骨文和金文中，“九”像屈曲了的手和肘的形状，指手肘，“九”原为“肘”的本字。古人造数目字是从一开始，他们认为数到最终会发生变化，就借用“肘”的弯节变化之形来表示“九”字。

关于“九”有这样一个故事。有位老汉小名九，故家人都回避“九”以示尊敬。老汉的儿媳妇非常聪明，不只避开“九”字，连“九”的音也会一并避开。同村有九个老头要和老九打赌，说如果他儿媳果真不说“九”，他们便输一桌酒菜；若他儿媳沾上了“九”的音，

老九就得输一桌酒菜。老九欣然答应。次日，九个老头趁老九不在家，每人左手提一个小酒壶，右手拿一把韭菜，来到老九门前，要他儿媳务必转告老九，说他们今天几个人来，每人拿着什么东西。说完后便假装离开，藏在墙角处偷听。一会儿，老九回来后，听到儿媳说："公公，刚才来了四公加五公，每人左手提把扁扁壶，右手拿着把扁叶葱，要请公公到对面小楼上去喝几盅。"九个老头听了，赞叹不已。

字里乾坤

"九"是一个尊贵的数字，单是"九五至尊"便展示无疑。尊贵的人总是难免自大，就如同贫穷的人难免自卑一样，其实早在法国大革命时的《人权宣言》中便已经明确地提到了"人生而平等"，你拥有了生命，便拥有了追求幸福的权利，这与尊贵与否毫无关系，放下心中的包袱，勇敢地去追求你想要的。

▷"十"分完美源于细致专注

字　源

十，数之具也。一为东西，丨为南北，则四方中央备矣。

——（东汉）许慎《说文解字》

汉字履历

"十"为数目字，由于"十"是十以内自然数中最大的、最末的一个数，因此古人称之为满贯之数，所以"十"又引申为"完满"的意思。《说文解字·十部》云："十，数之具也。一为东西，丨为南北，则四方中央备矣。"许慎的这段阐释，把"十"的形体看成囊括四面八方的地，又包含着东西南北中五个方位。基于对"十"的理解，中国人向来便对"十"特别青睐，关于"十"的成语和事物也特别多，例如，"十全十美"、"十面埋伏"、"十口相传"、"十万火急"等；各种评选活动也离不开"十"，例如十大名曲、十大元帅、十大上将等。这些都是我们民族的一种心理习惯，人们喜欢追求"十全十美"。

"十"在形体上经历了三个阶段的变化，在甲骨文时期，"十"字为一竖画，是个指事字。这一竖画反映了古人的计数方法。先民以一横（一）作为数字的开始，以一竖（丨）作为数字的结束，满了“十”，又从“一”开始，说明夏商时代先民已有了十进位的概念。后来，为了区别于“一”（因“一”也写成“丨”），在金文中，便在竖画中间加点以区别于一般竖画。到了小篆时期，将加在中间的点改为短横，才逐渐演变成了楷书中的“十”。

“十”具有完备的含义，在其他国家中也有所体现。古希腊的毕达哥拉斯学派认为“十”是最完美的数字；但丁的《神曲》把“十”视为“完全”的化身。在西方宗教界，“十”字是基督教的徽号。基督教认为，耶稣是为了替世人赎罪而被钉死在十字架上的，故尊十字架为信仰标记，基督教徒在胸前画十字的仪式，也是由此而来的。这一礼仪象征基督在十字架上受罚死亡，以拯救世人的功德。国际红十字会中的“十”字是伤兵救护的徽号，代表着中立和人道主义，成为医疗救护事业的标志。绿十字是国际通用的劳动安全卫生标志。蓝十字是国家医疗机构的统一标志。“十”所表达的圆满已经遍及世界各地。

字里乾坤

“一”与“丨”是所有的笔画中最简单的两个，将这二者结合起来却构成了人们心目中的完美。究竟何为“完美”？每个人心中都有一个自己的定义，正如“一百个读者就有一百个哈姆雷特”一样，其实它也可以像“十”字一样简单。

“百”字寓意多，删繁就简须找方法

字　源

百，十十也。从一，从白。数，十百为一贯。相章也。

——（东汉）许慎《说文解字》

汉字履历

关于“百”有这样一个故事。

有位老先生过寿诞，有人送来一副寿联：

人生不满公今满，世上难逢我独逢。

老寿星看了十分高兴，寿联中只字未提他的岁数，却又清楚地道出了他的年龄。

这副对联巧妙地省掉了熟语中的后面一部分，第一句是“人生不满百”，省了个“百”字，再加一个“公今满”，便知老先生有百岁高龄了。第二句是“世上难逢百岁人”，省了“百岁人”，加上“我独逢”，还是道出了老先生的百岁之龄。两句都含了百岁难得的赞美之意，故而很得老寿星的欢心。

“百”字在甲骨文时代就有了。汉代许慎在《说文解字》里解释说：“十十也。”“百”就是十个十。又说：“百，白也。”古人祭祀时用一百只羊、一百头牛，为了方便记录，古人便用同音的“白”字来代替。

“白”本是个象形字，像一粒两头尖尖的白米，米身上还有一两道线纹。“百”便是在“白”基础上演变而来的。

甲骨文的“百”字是在这粒尖尖的“白”米的顶上加一横为基数符号，以表示“十十”之数，是数词。这个字发展到周代中期时，金文里的“百”字下部的“米粒”已失去尖形，渐趋方形了。这时的金文为以后“百”字的形体结构定了型，逐渐发展成了后来的小篆和楷书。

一般来说，“百”多作数词使用。比如百子图，上面确实画着一百个小孩子；百寿图，写的确实是一百个寿字。后又引申出“所有的”、“众多的”意思，如《孙子兵法》“知己知彼，百战不殆”的“百”，便是众多之意。

字里乾坤

“百”是“一”字加“白”字，“白”记录口语里的“百”的声音，加上“一”表示一百。“百”表示数目繁多，而“一”笔画简洁，代表数目纯一；将“一”稍作变通，就变成了“百”字，我们不能不惊叹古人化繁为简的智慧。一种最简单的方式，表达了一个抽象的数字概念，将复杂的问题简单化了，将抽象的东西具体化了。其实世事也是如此，有时最简单的方法可能最有效。

▷“千”山万水始于足下，千秋万代以人为本

字 源

千，十百也。

——（东汉）许慎《说文解字》

汉字履历

千字和百字一样，都是记音的字。千是一个“人”加上一个“一”字，“人”记录着语言里“千”这个声音，和“一”字加起来表示一千。

“千”字的构形，在甲骨文里，是“亻”（人）腰上加一横。古代“人”“千”二字同一音部，因为“千”这个数字不可能用积画来表示，所以便借“人”来表音，在人腰上加一横以表示“一千”的基数，表示成千上万，极言数目之多。所以，表示“数目众多”便是这个指事字的本义。安子介先生认为“千”是个重要的数目字，因此先民们总是用人来表示，这一横则是画在人的肚子上的。这个字和金文、小篆里“亻”（人）的形体变异不大，但隶书“千”却把人身和指事符号变为“十”字了，于是发展成为现在的楷书。但“数目众多”的原义，仍至今不变。也有学者认为，“千”很可能是受早期人类文身现象的启发所创造。《诗经・周颂・噫嘻》：“亦服尔耕，十千维耦。”这两句话所描写的是古代万人致力于耕作的浩大场面，其中的“千”就是十个百。

千，常用于虚指，千秋万代、千古兴亡、千方百计，都是极言其多。千虑一得，出自《史记》，原话是：“智者千虑，必有一失；愚者千虑，必有一得。”意思是说：“聪明人再精明也难免百密一疏，有个考虑不周到之处。愚笨的人呢，再不成偶尔也有可取的意见。”千虑一得常常用来作为人们的自谦之辞。我们平时称呼人家的女儿，常用“千金”一词，千金本是“千金市骨”的“千金”，后来富有人家的孩子被称作“千金之子”，再后来，专门用来称呼人家的女儿，含有尊贵之意思。

字里乾坤

一个积画为数无法表示的数目字，古人用简单的“一人一横”便轻松地解决了。“千”字是在“人”的基础上诞生的数目字，其实不只是“千”，所有的数目字，无一不是在“人”的基础上产生的。从“千”字的造字法可以看到，在很大程度上，古人是以人自身作为标准和尺度来造字，“以人为本”是被现代社会普遍认同的理念，但它早就被古人认识到了，从“千”字上就可以看出。

▷“万”化千变，变通为要

字 源

万，虫也。

——（东汉）许慎《说文解字》

汉字履历

几千年来，“万”始终是常用字，用作数词，十百为千，十千为万。我们现在常用的是“万”字的简化字，“万”字的繁体字写作“萬”。令人意想不到的是，这个司空见惯、常挂嘴边的“万”字，竟是以毒著称的蝎子的象形。

甲骨文中的“万”字像一个巨螯屈尾的蝎子形状，其本义是指蝎子。甲骨文强调了它身上的斑纹、钳肢、毒钩等特征。这种虫繁殖能力惊人，很快便会繁衍出千子万孙，于是，先民便以这种动物作为数字中的“万”字。经过长期的演化之后，才发展成了楷书的繁体“萬”字。

在汉语的日常用语中，常用“万”来作为上限数。凡要形容数量之多、范围之大、程度之深，总是离不开“万”，如皇帝称“万岁”。不过，世上谁也没见过真能活上一万岁的人，“万岁”依然如海上仙山，可望而永不可即。又如汉语中的“万事如意”、“万事俱备，只欠东风”等，其中的“万”都是极大的概数。“万”字还引申为极其、非常、绝对等义，如万全之计、万无一失等。

关于“万”字有这样一个故事。从前，有个老翁，家道殷实，但他家祖祖辈辈都是文盲，他尝够了不识字的苦头，于是，他决心让儿子念书识字，聘请了一个读书人教他的儿子。第一天，老师在纸上写了一笔，告诉他儿子说："这是个'一'字。"他儿子牢牢地记住了，回去后就写给老翁看。第二天，老师又在纸上写了两笔，说："这是个'二'字。"到了第三天，老师在纸上写了三笔，说："这是个'三'字。"儿子仿佛悟到了什么，扔下笔就兴高采烈地奔回家，对父亲说："认字实在简单，孩儿已经学成了。不用麻烦先生了。"老翁见儿子这么聪明，便辞退了老师。

过了几天，老翁想请一位姓万的朋友来喝酒，就吩咐儿子一大早起来写个请帖。时间慢慢地过去，眼看太阳都快偏西了，还不见儿子写好，老翁便去催儿子。一进门，老翁见拖在地上长长的纸上，尽是黑道道。儿子一见父亲来便埋怨道："天下的姓氏那么多，为什么偏偏姓万呢？我从一大早写到现在，手都酸了，才写了不到3000划。"

字里乾坤

一只蝎子的形象，取代了积画为数所带来的困难。确实"一"、"二"、"三"，都是因积画为数而产生，但一贯的思维并不代表就是完全正确的，因此，才有了对于数目字的不断地创新性发明与借用，避免了画一"万"画所带来的麻烦。"万"字让我们看到，做事情只有懂得变通，才不会走进死胡同，才能处处逢源，得心应手。

第二篇

云日山川相辉映：
汉字中的日月天地

第五章　天上与人间遥相呼应，天一变地即会变

▷ 空间为“宇”，时间为“宙”

字　源

宇，屋边也。从宀，于声。

宙。舟舆所极覆也。从宀，由声。

——（东汉）许慎《说文解字》

汉字履历

传说太古的时候，天地是不分的，整个宇宙就像一个待孵的鸡蛋，混沌一团，分不清方位。但是在这个混沌之中，孕育了一个伟大的英雄，他就是盘古。盘古开天地，为人类创造了一片无垠的天空和广袤的大地，这是古代原始人对宇宙的理解。西周时期，古人提出的早期盖天说认为，天穹像一口锅，倒扣在平坦的大地上；后来又发展为后期盖天说，认为大地的形状也是拱形的。那么，到底什么是“宇宙”呢？

“宇”字的甲骨文和金文几乎一模一样，二者上面的“宀”即为房子的形状。“宇”字本义为房檐，后引申泛指“房屋”，如殿宇、庙宇；后来“宇”字词义扩大，又指空间，例如“有席卷天下，包举宇内，囊括四海之义”；“宇”字还有风度、仪表等义，例如“器宇轩昂”。《说文解字》解释：“宇，屋边也。从宀，于声。”可见，“宇”字为形声字，形旁为“宀”，声旁为“于”。

“宙”字的出现则晚于“宇”，《说文解字》上解释“宙”为：“舟舆所极覆也。从宀，由声。”“宙”本来与“宇”的意义相同，皆为“栋梁”，后来才引申为“舟车所到的地方”。后来，“宙”的词义发生扩大，用来指“古往今来所有的时间总和”。

“宇宙”一词最早由墨子提出。他用“宇”来指代东西南北、上下

左右的空间；用“宙”来指代古往今来的时间，即“四方上下谓之宇，古往今来谓之宙”。“宇”、“宙”二字合在一起便是指天地万物，不分大小、远近、古今、可知与未可知。近代科学解释，“宇宙”是指整个物质世界，它处于不断的运动和发展中，它是广阔空间和其中各种天体、物质的总称。这个范围之广大，不足以用语言来形容。

字里乾坤

宇宙内所有的物质及其本身，总是周而复始地从诞生到消亡、再诞生、再消亡，如此循环往复，万物才生生不息。古语有云：“流水不腐，户枢不蠹。”不断运动才不会腐败，才会有新的事物出现。人只有不断争取，才可能创造更辉煌的未来。

你是否珍惜时间，“日月”可以作证

字　源

日，太阳之精也。从口一，象形。

月，太阴之精也。象上下弦阙形。

——（东汉）许慎《说文解字》

汉字履历

古代蒙学经典《千字文》开篇便写：“天地玄黄，宇宙洪荒，日月盈昃，辰宿列张。”茫茫昏黄的天地间山水相接，日月星辰升起复落，如此循环往复，暑往寒来生生不息。它首先将自然中的事物和地理现象教会刚刚识字的幼年学子，将天地、日月的概念早早地留在了人们的心间。说起“日”、“月”二字，都是最早出现的象形文字之一，几乎在每一个文明国家都是如此。

距今约四五千年前，中国、古希腊和埃及都出现了象形文字，表现太阳的象形字都是一个圆圈，圆圈之中有一个点。一些学者认为这一点是指太阳的黑子。“日”字就这样产生了。

而“月”字与“日”字一样都是象形字。不过，月也是圆的，与日不好区分，所以为了区别二者，古人把“月”字写成月缺的形象，因为月满的时候少，月缺的时候多。

字里乾坤

日月交替，岁月如梭。日、月在东升西落中展现了天体的运行规律，同时也说明了时间的珍贵。然而，却有许多人浑浑噩噩，虚度青春。一寸光阴一寸金，人们做事时往往埋怨时间不够，却从没想过自己曾经浪费了多少。人生在世最多不过百余年，能有多少时间供我们挥霍，往日虽然不可追，但是未来时光可以由自己一手掌握。

▷ 斗转“星”移，生命在于运动

字　源

星，万物之精，上为列星。

——（东汉）许慎《说文解字》

汉字履历

浩瀚的宇宙让人们产生了无限的想象，尤其是一颗颗闪烁的明星，引人遐思。从古至今，静谧的夜空下，多少人遥望美丽的星海，诉说着古老的传说。“星”字，便是古人仰望星空的产物。

《说文解字》讲：“星，万物之精，上为列星。”甲骨文的“星”字，像夜空中繁多的星星，即用五个方块来表示星星，“生”代表读音。金文、小篆的“星”字，上面用三个“日”来代表星星，这是因为在上古时以三为数之众，“三”就是“多”的意思。此后，随着汉字的不断简化，“星”的三个“日”变成了一个，被放在上方，下面则是“生”字。

星本是夜间天空中发光的星斗天体，它的运动过程所展现的美，让人们习惯用它来做一些比喻。如“斗转星移”指星斗变换位置，表示季节改变，比喻时间流逝。又由于人用肉眼看星星，感觉星芒点点，非常细小，所以“星”字又指细碎之物。除此之外，由于星能点缀黑暗夜空，所以人们还用其比喻在某一方面事业杰出的人物，如“影星”、“歌星”等。古代专门以星象来推算吉凶祸福的行业也叫“占星”。

字里乾坤

星空虽然看似始终一模一样，实则每天都不同。星亮、星闪、星灭，昭示着世间万物始终都在运动、消亡和再生。同时也说明，唯有不断运动，让自己不断燃烧，才能放射出更美的光芒。星的命运与人的命运如此相似，伏尔泰曾说："生命在于运动。"人只有让自己不断前进、拼搏，生命才可以如莲花般绽放。

▷ 自律自省，做"明"慧之人

字　源

朙，照也。

——（东汉）许慎《说文解字》

汉字履历

《易·系辞下》中有记载："日往则月来，月往则日来，日月相推而明生焉。"意思就是说，天空中日月交替的现象使大地明亮。古人根据天地始终都会明亮的自然现象创造了"明"字，取意简单，一日一月而已。这恰恰也说明了"明"字为会意字。

"明"字的甲骨文左边为"日"，右边为"月"，金文也是如此，然而小篆的结构却发生了巨大的变化。有人认为，这是由"明"讹变而来，其实却是古人另造的一个"明"字。小篆的"明"字左边的"囧"表示窗户，意思是：夜间月光照进窗子，使整个房子亮起来。其后，"明"与"朙"在古文中并用，简化字则又取用了古文的"明"，因为"明"表示光明的意思，比"朙"更形象，书写更方便。

字里乾坤

"明"的本义为明亮，引申义有明白、清楚、明察的意思。有个成语"明察秋毫"，就是指人能够洞悉世间的各种事物，观察入微，不受蒙蔽，对是非善恶分得相当清楚。其实如果人心如日月，就可以明辨生活中的是非善恶；但如果故意蒙蔽自己的双眼，不分善恶对错，这种人必然人人得而诛之。常人虽然做不到明察秋毫，却可以自律、自省，修养自己的道德，做一个明慧之人。

第六章　农业稳天下才能稳，民安天下才能安

▷ 民以食为天，“农”为国之本

字　源

农，耕也。

——（东汉）许慎《说文解字》

汉字履历

“锄禾日当午，汗滴禾下土。谁知盘中餐，粒粒皆辛苦。”唐朝诗人李绅的《悯农》是人所共知的，其中所反映的农业活动构成了中华文明的农业史。俗话说：“民以食为天。”从传说中远古时代神农氏发明农业开始，中国历来以农业立国，农业是国民经济的基础，同时也是人民生存的根本。

甲骨文的“农”字，从“林”从“辰”，最初的农业是“刀耕火种”，要想耕作，必须先砍伐树木，所以“农”字从“林”“辰”。整个字形表示拿着耕具从事耕作，是个会意字。金文中的“农”字，与甲骨文相比，上部多了个“田”，表示拿着耕具耕作于田间的意思更为明显了。在金文的基础上，发展出了秦汉的小篆，以及繁体的楷书“农”字。

“农”字的本义为耕种，传说神农氏根据天时之宜、分地之利，创造了农具，教民耕作，使人民获得很大的好处，这就是农业的开始。有了农业就必然有从事农业生产的劳动者，这些劳动者就叫做“农民”，这样“农”字就有了“农民”的意思。“农”在古代指代田官，“农”字还有勤勉的意义，如《左传·襄公十三年》云：“小人农力以事其尚。”

字里乾坤

作为我们的“母亲产业”，农业在茹毛饮血的远古时代，就已经成为人类抵御自然威胁和赖以生存的根本。没有农业就没有人类如今的一切，更不会有当今世界丰富多彩的现代文明。

农业的发展离不开劳动人们的辛勤劳作。从“锄禾日当午，汗滴禾下土。谁知盘中餐，粒粒皆辛苦”里，我们就已经感受到了劳动人民的朴素之美。诗人启发了我们的审美，丰产的稻田、淳朴的乡间，都美丽而富有的诗意，寄托着人们对美好生活的无限向往。

▷“土”“地”就是社稷，善待养育我们的母亲

字　源

土，地之吐生物者也。二象地之下，地之中。丨，物出形也。

地，万物所陈列也。从土，也声。

——（东汉）许慎《说文解字》

汉字履历

从人类产生的时候开始，土地便是人类生存的根基与空间，经历了几千几万年之后，人类仍然在同一方土地上延续着生命。土地为人类提供农耕的场所，为人类提供畜牧的地域，为人类提供了一种脚踏实地的真实感，即使人类早已掌握了飞翔于蓝天之上的技术，但最终还是必须要回归到这一方土地上来。正因为土地与人类有着如此密切的关系，“土”与“地”便成了先民关注的对象。

“土”在甲骨文和金文中有很多种写法，但无论是甲骨文还是金文，“土”字所要表达的含义都是一样的。上面部分都是一堆土的形状，下面的一横代表的是地面，整个字形的意思就是地上的一堆土。金文中上面的那堆土向左右延长变成了一条线，逐渐变成了小篆中的“土”字。这时的“土”字已与现代楷书中的“土”字形体相差无几了。《说文解字·土部》：“土，地之吐生物者也。二象地之下，地之中。丨，物出形也。”意思就是：“土”中的第一横表示“地面”，第二

横表示“土壤”，一竖表示“植物”。土地能够吐生万物。

与“土”字经常相连的汉字为“地”，“地”的造字与“土”字也很相似。《说文解字·土部》：“地，万物所陈列也。从土，也声。”“地”字最早见于小篆，在古人的观念里，人类的生殖与土地之间有着某种联系，所以小篆中“地”字的右边部分用代表女性生殖器的“也”表义。

“地”字的创制，源于古人对土地滋生万物的自然属性的充分认识，在先民眼里，土地不仅关系到农作物的生产，还由于它有旺盛的生产能力而被看作生育的榜样，当作生殖力量的源泉。因而古人造“地”字时要用“土”加上“也”字构成，并将地尊之为“地母”。

字里乾坤

人们总是乐于把土地称为母亲，她为我们提供了生存的空间，嬉戏的场所。她是一个勤劳的母亲，为了子女耗尽了心血，自己却弄得千疮百孔，伤痕累累。古语云“人不孝其亲，不如禽与兽”，我们应该用疼爱母亲的心去爱护养育我们的土地，让她重新恢复昔日的光彩。

“田”埂纵横交错，信息交融迸发智慧的灵光

字 源

田，陈也。树谷曰田。象形。十，阡陌之制也。

——（东汉）许慎《说文解字》

汉字履历

传说，苏东坡的妹妹苏小妹才貌双全，嫁给了大词人秦观。一天，苏小妹对秦观说：“我作了一则字谜，谜面是：两日齐相投，四山环一周，两王住一国，一口吞四口。”秦观许久也未能想出答案，便去向苏东坡求教。苏东坡听完事情的经过后，不禁大笑，叫厨子烧一盘西湖醋鱼端上来。席间，苏东坡动手将鱼的头和尾去掉，留下中段，然后指着鱼身说：“这就是谜底。”秦观恍然大悟。原来，这个字便是“鱼”字去“头”去“尾”，即“田”。

“田”是个象形字，《说文解字·田部》云：“田，陈也。树谷曰田。象形。十，阡陌之制也。”所谓“树谷曰田”，即“田”是种庄稼的土地，讲的是“田”的本义农田。甲骨文里的“田”多种多样，但“田”里的阡陌（田间的中路，南北向的叫“阡”，东西向的叫“陌”）纵横，却是一致的。从金文起，“田”的外围便不是那么方方正正的了。以后，在小篆、隶书、楷书各种字体里，“田”字的构形都基本不变。除了其本义之外，因为“田”中纵横交错的小沟及一块块的土地排列整齐，因而“田”字便引申出“陈列”、“整齐”的意思。

字里乾坤

现在我们把耕种用的土地，都叫做“田”，实际上最初“田”的产生是与我国古代社会的井田制紧密相连的。井田制是我国古代社会的土地国有制度，商代和周初，道路和渠道纵横交错，土地被分隔成方块，形状像“井”字，因此称作“井田”。井田属周王所有，分配给庶民使用。天子把田赐封给贵族时，便以“田”作为计算赐地的单位。贵族不得买卖和转让井田，强迫庶民集体耕种井田，周边为私田，中间为公田。井田制的实施，一定程度上促进了生产力的发展。春秋晚期，随着生产力水平的提高，井田制逐渐瓦解。

▷ 尽心尽力，让不“牧”地变回肥沃土

字　源

牧，养牛人也。从攴，从牛。

——（东汉）许慎《说文解字》

汉字履历

北朝乐府中有一首著名的《敕勒歌》：“敕勒川，阴山下。天似穹庐，笼盖四野。天苍苍，野茫茫，风吹草低见牛羊。”一幅壮阔的塞外风情画展现无遗，北方游牧民族那种直接与大自然亲密接触的快乐呈现在众人面前。这种从原始社会便已产生的牧业，直到现在仍然展现着自己独特的魅力。

在早期的甲骨文中，“牧”字的中间部分为一头“牛”，右边部分

是一个正在扬起的牧鞭，左边部分则是表示“行”和“止”的两个示动意符，整个字的意思合起来就是：挥动着牧鞭，驱赶着牛儿，慢慢地前行。“牧”字的构字结构充分地表现出了这个字的本义。发展到后来的甲骨文，表“行”和“止”的两个符号便省略掉了。而在金文中牧鞭也发生了变化，开始出现了丫杈的“牧枝”，这种变化一直延续到小篆时期。但“牧”字的最大变化还是在隶书中，这时的“牧”字将“手”和“牧枝”合并为“攵”，直到今天的楷书中，“牧”字仍然是以“攵”为偏旁的会意字。

《说文解字·攴部》：“牧，养牛人也。从攴，从牛。”许慎所提到的已经是“牧”的引申义了。“牧”的本义为放牛、放饲牲畜，后来才逐渐引申为牧人或牧地。在封建社会，管理统治人民，叫“牧民”，如晁错《论贵粟疏》：“民者，在上所以牧之。”从商朝起人们便把一些地方官叫做“牧”，如“州牧”。

字里乾坤

许多人很向往那种放马牧羊的逍遥生活，希望有机会去看看梦萦魂绕的大草原，去享受一下自由驰骋的潇洒。但现实却总是让人失望，越来越多的荒漠化的消息不时地传入我们耳中。其实，正如我们的人生一样，只有尽心尽力地去做了，事情才会有所改观，希望那些不“牧”之地能逐渐变回肥美的草原。

▷ 从“刀”耕火种开始，历史在不停进步

字　源

刀，兵也。象形。

——（东汉）许慎《说文解字》

汉字履历

原始的农耕方法为“刀耕火种”，即农民砍去土地上的树木，放火把野草、灌木烧成灰，这种灰成了肥料，先民们便在这样的土地上翻耕、播种。其中的“刀”指的便是一种切割用的工具，同时也是用来翻土的农具。屈原在《国殇》里描写敌我攻战激烈厮杀的残酷场面时

说："车错毂兮短兵接"（即杀到车轮交错、短兵相搏）。这里的"短兵"，便是短小的刀剑。三国时关羽使用的青龙偃月刀，刀头形似半圆月，刀身雕刻着青龙。这里的"刀"便是一种兵器。那么"刀"究竟为何物?

原始时代的徽号文字里早就有了"刀"这个象形字，刀把、刀刃、刀身，无一不备。甲骨文中的"刀"，承袭了图形文字的形体，开始变成线条，并由此发展而为金文。但这个象形独体发展到小篆阶段时，原来的刀形已失，发展到楷书时，更看不出原来的刀样了。

"刀"是先民的生产工具和生活用具，同时也是兵器。商周时代，因为把货币铸成刀形，所以古代的钱币也称"刀币"，又因为古代的小船外形似刀，所以"刀"也释为古代的小舟。"刀"字不只可以单用，还是部首之一，做偏旁时，写作"刂"，称"立刀旁"。凡是用"刀"或"刂"构成的字，都和"砍"、"杀"、"割"、"切"、"剖"、"剥"等意思有关。

字里乾坤

历史是一个不断进步的过程，当神农氏亲自尝食百草的时候，他一定没有想到可以用化学药剂来检测草木是否有毒；当原始社会的先民们以"刀耕火种"来保障自己生存时，他们一定没有想到其实只要有地，机器也可以耕种、收割；当唐玄宗为了以荔枝搏美人一笑，而累死了众多的宝马时，他一定没有想到现在从天南到海北不过是一抬腿的距离……历史在进步，同样，人也在进步，每天学习一点，别让自己落在了整个社会的后面。

第七章　刻在地球上的印记

▷ 意志如“山”，坚持使你更快地接近目标

字　源

山，宣也。谓能宣散气、生万物也，有石而高。

——（东汉）许慎《说文解字》

汉字履历

山不在高，有仙则名。一座山的高矮不会让它有什么特色，关键在于是否有仙人居住在这里，使其闻名于天下。说起“山”，学术上的概念是指地壳上升地区经受河流切割而成，一般指高度较大、坡度较陡的高地。按高度可分为高山、中山和低山，按成因可分为构造山、侵蚀山和堆积山。古人可不会把“山”分得这样细，他们直截了当地画了山的形状，“山”字就这样产生了。

甲骨文的“山”字，就像一座由多个高峰组成的山岭形状。《说文解字》上讲：“有石而高。”其意思与甲骨文的象形义相同，所以“山”为象形文字。但为什么要画三个峰相接表示“山”呢？原来，古代的“三”字表示多数，用三峰列而为“山”，便指多个峰峦相连的意思。这是古人用“远取诸物”的办法所创造的一个典型的象形字。“山”字演变为小篆之后，线条变得清晰，但是直到经过隶变，“山”字才成为我们今天看到的模样。

“山”的本义是山峰，引申义有高大、众多等。如“人山人海”。因为山是高耸的，所以后来还引申出“大声”的意思。古时臣子朝见皇帝时，三跪九叩，“山呼万岁”。这里的“山呼”意思是高声大呼。后来，人们在造凡是与“山”的形状有关的字时，都用“山”字旁，如嵩、峻、巍、岭、屿等。

字里乾坤

“山”的巨大和其不可撼动的形象，是人们追求的理想性格的象征。普通人

可以不必追求自己生得多么伟大，死得多么光荣，但在追求理想的时候，意志却可以稳若泰山、坚定不移，而“坚持”往往能让人更快地接近目标。

▷ 亦静亦动，“水”的智慧在于变通

字　源

水，准也。

——（东汉）许慎《说文解字》

汉字履历

很久以前，某地一个镇子上有几家酒店，无一例外地卖酒掺水。有个喝酒的人，天没亮就去一家酒店。人来得突然，伙计不好当人面掺水，就吟一句诗问掌柜的：“未入蓝溪欲奈何?”蓝溪是当地的主要河流，代表“水”，伙计是问：“我还没掺水怎么办?”

掌柜的也回了句诗：“适逢壬癸已调和。”原来，根据天干与五行“甲乙木、丙丁火、戊己土、庚辛金、壬癸水”的关系，这句诗表示掌柜的已把水掺好了。

这位客人知识面很广，听了头两句，便知道酒店里的名堂，气愤地说：“有钱不买千山万。”句中隐去“水”字。谁知掌柜的脸皮也厚，接了一句：“别处青山绿更多。”也隐去个“水”字，说别的店比我们掺水还多。客人只好无可奈何地走了。

这是一则有关“水”的趣味故事。水对于人类来说，就像性命本身一样重要。万物源起于水，在水的滋润下，再荒芜的星球也会产生生命的奇迹。水无疑是人类生存的命脉。那么，“水”这个字又是如何造出来的呢?

在甲骨文和金文中，“水”字像一条水流。中间的弯曲细线代表河道，两旁的点滴是水花。小篆的“水”字则更有弯弯曲曲的流水之形，显露了水的柔性。所以水的本义指水流或流水；泛指则是表示水域，如江河湖海；后来引申指汁液，如泪水等。“水”是汉字的一个部首。凡是与“水”有关或者性质能流动的事物，大多有“水”相伴左右。

《说文解字》中，“准”的意思就是“平”，因为水处于静态的时候，由于重力因素，它会保持水平的状态，所以人们把某一事物达到一个既定的标准称为“水准”。然而，当水奔流不息的时候，它由静态转为动态，同样有不可阻挡的猛势，洪水就是最好的证明。

字里乾坤

水可静可动的姿态给了人们无限的启示。人们学习水的迂回，懂得了变通的道理；看到了滴水石穿，懂得了什么叫坚持；学习流水不腐的道理，懂得了进取与创新；学习了水狭则不深的道理，懂得了宽容和坦荡；看到了水的奔流不息，懂得了什么叫勇往直前。水教会了人们太多，若掌握了“水的智慧”，人在生活中则可以做一尾游鱼，畅游天地。

▷ 用“火”热的激情照亮多彩生活

字 源

火，毁也。南方之行，炎而上，象形。

——（东汉）许慎《说文解字》

汉字履历

一次，鲁国的养马场发生火灾，孔子闻讯赶到现场时火已扑灭，满身泥水的救火人员正在外撤，孔子就站在马场门口向这些人一一鞠躬致谢。不久，鲁国国都附近山林失火，迅速向国都方向蔓延。鲁哀公急忙率领孔子等部属前往扑救，但是到现场后发现有人不救火，却去追逐火场中的野兽。鲁哀公问其故，孔子说，主要原因是赏罚不明。鲁哀公便下令：凡见火不救者以放火罪论处，救火有功者奖，结果大火很快被扑灭。有一天，鲁国一个马棚失火，孔子到火场后，没有问马的损伤情况，而是先问烧着喂马人没有。此事使百姓很受感动。不管是现代还是古代，“火”似乎常常与灾有关，然而，人的生活却从不曾离开过火。

人类的第一把火是上天赐予的，它发生于雷电降临大地之际，人们意外地发现了它对人类生存具有重要的作用。火是饮食烹饪之根本，应该说，有了火，才有饮食文化。没有火的原始社会，人们“食草木之食，鸟兽之肉，饮其血，茹其毛”。生食对人类有极大的害处，还会引起各种恶疾。自从有了火之后，才使“炮生为熟，令人无腹疾，有异于禽兽”。火之发明者，中国一致的传说是钻燧取火的燧人氏。考古者从周口店北京猿人所用石器初步推测，中国的原始人很早就开始自觉用火，大约在五十万年以前。下面就来说说这个“火”字是如何造出来的。

甲骨文的“火”字像是火焰的形状。这说明“火”必然是一个象形字。“火”字的小篆体将甲骨文的形象化变得线条化，经过隶变后写作“火”。“火”字的本义为燃烧时产生的光、焰和热，后来才引申为焚烧、烧毁的意思，这也是《说文解字》中为何将“火”解释为“毁”的原因。由于火是红色的，所以还用来指代色彩，例如“火云”，指的是太阳下山前天边红色的云彩。此外，因为“火”有破坏性，所以它的另一个引申义是战争、枪弹，例如交火、开火、炮火。

“火”的引申义大多与其性质、形态有关。古人造字凡是有“火”字作为偏旁部首的，也几乎都是因为其某种特质与“火”相似。例如炎热的“炎”，火烧起来非常热，而夏天也非常热，二者性质相同，所以把一把火变成了两把火，形容天气比火还热。再如“火”上加“盖(一)”，表示覆压火上，这就是“灭”字，本义为消灭、灭亡。而“灰”字从手，从火，意思是火已熄灭，可以用手去拿。从一个“火”字可以看出，古人造字是一件多么奇妙和有趣的事情。我国少数民族彝族还有一个传统节日叫火把节，是彝族最重要的节日之一。

字里乾坤

火虽然具有破坏性，却带给了人们生活的希望。毛泽东同志就曾用“星火燎原”来比喻革命的火种虽然暂时弱小，却有伟大的前途。火是激情、热情、敏锐、进取的代表，生存也好、事业也好、感情也好，对生活中的一切充满了火热的激情，生活才会更加丰富多彩。

▷“川”流不息，意志顽强永不停

字　源

川，贯穿通流水也。

——（东汉）许慎《说文解字》

汉字履历

“川”是什么？当然就是流淌不息的水了。我国的著名大川比比皆是。长江、黄河、珠江、淮河，无一不是畅通无阻的川流。关于“川”字，有许多有趣的事情。欧阳修《归田录》中就曾记载了两则。

唐代将领高骈镇守成都时，与他的酒佐薛某创制一新酒令，要求先说一字，再说一句话描述这一字形，还须合辙押韵。高骈先开口：“口，有似无梁斗。”薛某立刻接着说：“川，有似三条椽。”高将军打趣道：“你这三条椽怎么有一条弯的?”薛某诙谐地说：“将军是四川节度使，这样富贵还使用一个没梁的斗，我一个穷酒佐，三条椽子中有一条弯一点儿的，有什么奇怪呢?”

另一则故事是：有个才疏学浅的教书先生只熟悉一个“川”字，上课的时候，只能拿一个“川”字应付。有一次，先生连续翻了许多页，都未寻见，急得满头大汗。忙乱之中，忽然见到一个“三”字，便指着“三”字大声骂道：“我到处寻你寻不见，原来你躺在这里睡大觉!”“川”由撇、竖等笔画组合，“三”全由横构成，教书先生横竖不辨，不免叫人捧腹大笑。

从古到今，人类逐水而居已经成了惯常的现象，一些河流常常被人类誉为“母亲河”。“川”字的造字也是基于古人对河流的细致观察。

甲骨文的“川”字像一条弯曲的河流，两边的弯线代表河岸，中间三点是流水。显然，“川”字为象形字。后来，“川”的金文和小篆干脆写成三条流动的曲线，也表示河流的意思。“川”字的字形由此就定下来。它的本义就是河流。

一般来说，河水的水面低于河岸，河流水面是平坦的，山间或高原上低而平坦的地带像河川，因此“川”引申为山间或高原上平坦的地带，如“一马平川”。另外，“川”表现了水的流动性，所以它还有流动不止的意思，例如“川流不息”。我国的四川省简称叫做“川”。

字里乾坤

“川”是在千山万壑中贯穿流通的河，是一种度量的象征，代表一种浩然之气。例如“海纳百川，有容乃大”，因为具有大海般宽广的胸怀，才能容纳成百上千的河流。这句话启示人们，做人要豁达大度，这是良好修养的体现。当我们在脑海中浮现茫茫大海之景时，抬头远望，仿佛能容纳天地间的一切。这是一种博大的情怀，以方寸之心感悟通达的智慧。

▷“海”纳百川，度量应如海一样宽广

字 源

海，天池也，以纳百川者。从水，每声。

——（东汉）许慎《说文解字》

汉字履历

海子在《面朝大海，春暖花开》中这样写道：“愿你有情人终成眷属，愿你在尘世获得幸福。我只愿面朝大海，春暖花开。”大海的汹涌澎湃、宁静宽容，引起人们无限的遐思。从古到今，在世界上许多国家的古老神话中，大海都是一个神秘而伟大的意象。我国古代也有很多关于海的传说，例如《山海经》中记录的“精卫填海”的故事，赞扬了小鸟敢于向大海抗争的战斗精神。

那么，“海”又是什么呢？今人都知道它是大洋靠近大陆的部分水域，但在古人的心目中，大海无穷无尽，达到了天之尽头，地之彼端，它承载着大地，万川归结。“海”字的造型，就与这种认识有关。“海”字出现得相对较晚，金文“海”字的左边为水的象形字，表示河流，右边为“每”字的象形，“每”字指戴有头饰的妇女。因此，有学者认为，“海”的字形表现了“海”是“水”之母。

“海”字的篆文由金文演化而来，经过隶变之后作“海”，才是我们今天看到的字形。“海”字的本义为靠近大陆比洋小的水域。但在古人的认识里，类似于海的大湖也叫做“海”，例如“里海”、“青海”等。由于海是宽阔的，所以又可以指代“大”、“多”，例如“海量”一词，就是指人的气量像海一样宽广。海还象征着“多”，例如人海茫茫。

“海”还曾经是方向的代名词，古书中有“四海犹四方”的说法。我国古人以为自己所居的黄河流域中原一带是天下的中央，故称本国为中国。而中国四周的异族则被认为处于大地周边，近于海边，所以古书中有“九夷、八狄、七戎、六蛮，谓之四海”的说法。这样一来，“海”就很自然地成了“中国”的界限。“海内”、“海外”等一系列词语的出现，也就不稀奇了。

字里乾坤

海给人们最大的启迪便是其浩瀚无边、宽广无垠所展现出来的气魄。俗话

说：忍一时风平浪静，退一步海阔天空。海纳百川是一种气量、一种沉稳的精神。如果一个人的心胸足够宽广，有海纳百川之势，容纳万物于其中，则必然宠辱不惊、潇洒自在，并为人所尊重。我们看海、听海、读海，学习的就是海的这种大度和宽容。

▷ 分“州”而治，卓越的管理智慧

字　源

州，水中可居曰州。周绕其旁。

——（东汉）许慎《说文解字》

汉字履历

传说禹治水以后，将天下分为九州。也有尧时天下分为十二州之说。州是根据水文特征而分配的地区。但是州的原义又是什么呢？

从“州”的现代字形来看，其与“川”只差了三滴水珠，而这三滴水珠，恰恰体现了“州”、“川”二字的区别。

“州”就是指水中可以登陆的地方，水都得避开它流动。“州”的甲骨文和金文看起来均像在一条奔流不息的河流中，有几个小圆点，小圆点就是河中的小州了。而“州”字的本义即是水中的陆地。“州”的小篆字体已经变得圆润，但是仍然维持着古文字字形，直到经过隶变，才是我们今天看到的模样。

大禹划分州之后，“州”字成为古代行政区域的专有名词。作为区域划分的“九州”历代均有变动，但“九州”一词成为中国的代称。

由于“州”是行政区域名词，所以为了区分词义，人们在其旁边加了“氵”，作“洲”字，用来表示大海之中的大型陆地或河中的滩涂。

字里乾坤

“州”的出现是我国古代国家管理制度的进步，它体现了一种“分而治之”的理念，通过对地区的划分来达到分别治理，方便控制地域和人口。这种方法可以应用在现代管理学中，也适用于商场，可以应用在企业人力、资本、资源的拆分和整合上。它既是古代兵法的精髓，也是现代人解决问题广泛应用的方法。

第三篇

莺啼燕语草虫鸣：
汉字中的花鸟虫鱼

第八章　十二生肖，从上古世界探索属相的奥秘

聪慧敏捷，不要“鼠”目寸光

字　源

穴虫之总名也。象征，凡鼠之属皆从鼠。

——（东汉）许慎《说文解字》

汉字履历

在中国的民俗中，有一个特殊的日子是关于老鼠的，这一天是正月二十五。每年到了这天晚上，家家户户都不点灯，全家人坐在堂屋炕头，一声不响，摸黑吃着用面做的“老鼠爪爪”等食品，不出声音是为了给老鼠嫁女提供方便，以免得罪老鼠，给自家的生活带来隐患。

科学研究发现，老鼠在第四纪冰川期就已经存在。在我国汉字的发展历程中，“鼠”字也有着悠久的历史。

“鼠”字早在甲骨文时期便已出现。小篆的“鼠”字和甲骨文中的形体相似，看上去都像鼠的侧形，上半部分像鼠头，突出了它的牙齿（这也许是因为老鼠最厉害的一招就是用牙齿咬东西吧）；下半部分像鼠的足、腹、尾，像一只小老鼠张着嘴在咬东西。经过之后的线条化与方形化后，发展成为今天楷书中的“鼠”字。

“鼠”原是穴居兽的总称，后来专指老鼠。现在的一些动物名称如貂鼠、獾鼠等都称“鼠”，就是其作为总称的例证。提到老鼠人们总是会首先想到“老鼠过街，人人喊打”，它是盗粮能手，它总是与人类争食，因此人类对老鼠有很大的禁忌心理，去贬低它、唾弃它，如“鼠辈”、“鼠子”，是用来蔑视、辱骂别人的词。“鼠目寸光”形容一个人目光短浅，只顾眼前利益，没有长远打算。成语“鼠窃狗盗”是指小偷小盗，“鼠肝虫臂”则是比喻微末卑贱。

“鼠”作为十二生肖之首，与人类的关系非比寻常。在我国的古代

文学作品中，就有许多人鼠相提并论的例子。《诗经》里有："相鼠有皮，人而无仪，人而无仪，不死何为。"这里，鼠还有皮，人却不要脸面，人不如鼠。《诗经》里《硕鼠》篇说："硕鼠硕鼠，无食我黍，三岁贯汝，莫我肯顾。"把统治者比做大老鼠，使其贪得无厌的嘴脸跃然纸上。《七侠五义》中把五义士都冠之以"某某鼠"的雅称，则是对老鼠的机灵、敏捷推崇备至。不仅文学作品如此，就连民风民俗也是如此。民间有许多有关老鼠婚嫁的故事，而且场面与人无异。浙江东南部的方言里，把两个女孩子在一起叽叽咕咕说悄悄话说成是"像老鼠嫁女一样"。

字里乾坤

"鼠"如同它在十二生肖中所排的位置一般，已经深入社会生活的各个领域。鼠时而成为"人人喊打"的对象，因其贪婪、狡诈的本性，也因其胆小懦弱与目光短浅；时而成为被推崇备至的灵兽，因其精灵善变，《猫和老鼠》中聪慧敏捷的老鼠已成为典型的代表。

让我们摒除鼠的狡诈、胆小、目光短浅，而留下鼠的机灵、聪明、敏捷，这样，鼠仍然是可爱的。鼠正是由于机灵敏捷，才能一代代地繁衍下来，几乎在地球的每个角落都能找到它们的身影，这正是适者生存的最好写照。

▷"牛"是勤恳的化身，不求回报地付出

字　源

牛，大牲也。

——（东汉）许慎《说文解字》

汉字履历

牛是人类最早驯养的家畜之一，养牛在我国具有悠久的历史。考古学家研究证明，早在旧石器时代，我国就已有牛存在；到了新石器时代晚期，先民便已开始饲养家牛。由于牛力大而温顺，古人常用牛来耕地或载物，牛和人类的关系非常密切。

出土的一个商代鼎身上，有些图腾时代的徽号文字，其中，有个

“牛”字，是个牛头。先民以牛与其他动物最大的区别之处——牛头的形象代替全牛，使人见局部即知整体。这个牛头弯角、横耳、圆眼、宽鼻孔、大嘴巴，牛的典型特征全部汇聚其中，构形精到、传神，而且还富于装饰美。后来，人们为了书写的方便，把牛头从轮廓化实化、瘦化了，但牛头的形象依然看得出来。

“牛”这个象形字，进入文字阶段后，发生了很大的变化。这个字发展到甲骨文阶段，已变得线条化，描绘的是牛头的正面形象，上部两侧向上弯的是牛角，下部两侧向上斜的是牛耳，中间的一竖是牛面。金文将牛耳拉平，小篆以后逐步楷化，一直发展到现在楷书中的“牛”字。

“牛”的本义为用于耕种的反刍家畜。牛“吃的是草，挤出来的是奶”，“牛”为人类终年辛勤耕地、拉车，任劳任怨，古人常用牛来比喻任劳任怨的人，因而有了“孺子牛”的说法。鲁迅的“横眉冷对千夫指，俯首甘为孺子牛”的名句使“孺子牛”的精神得到升华和拓展，人们常用“孺子牛”来比喻心甘情愿为人民大众服务、无私奉献的人。

古代，人们常将“牛”作为祭牲，古人认为“牛”是最能娱神之物，文献中有许多古人以“牛”为祝祷祛病之物。除此之外，“牛”后来还派生出许多的引申义来，如“牛性”（喻倔强）、“牛毛”（喻多）、“牛饮”（喻狂饮）、“牛鬼蛇神”（形形色色的坏人）等。“牛”字除了本身可以独立使用外，还可以做偏旁，汉字中凡从牛之字都与牛、牛属动物及其动作行为有关，如牧、牟、犁等。

字里乾坤

“俯首甘为孺子牛”是鲁迅一首诗中的名句，这是对“牛”最恰当的阐释，而鲁迅先生又何尝不是一头在中国文化的田地中辛勤耕耘的“牛”呢？他寿命并不太长，只活了56岁，但他却为后人留下了三部小说集、十几部杂文散文集以及翻译文集等将近千万字的文学遗产。作为一个社会中的人，当我们有能力为这个社会做些什么的时候，又何必一定要以投资回报率来衡量自己的付出呢？不妨做一次甘愿俯首的孺子牛。

▷“虎”是百兽之王，威武勇猛

字　源

虎，山兽之君。从虍，虎足像人足。象形。

——（东汉）许慎《说文解字》

汉字履历

如今，那些令人胆战心惊的“百兽之王”，那个曾经被狡猾的狐狸利用的凶猛动物，正面临着灭绝的危险。长年生长在保护区里，它们的凶狠已不复存在，与“虎”字最初产生时的意义也相去甚远了。

“虎”的历史，至少也有三四千年。原始时代，威胁我们祖先生存与发展的猛兽之中，便有“虎”。《说文解字·虎部》：“虎，山兽之君。从虍，虎足像人足。象形。”对于这“山兽之君”，先民早就熟悉了它的习性，所以很早就创造了“虎”字。图形文字和甲骨文的“虎”像一只侧面虎的形状，以最简洁的线条把虎的形貌特征勾勒出来：大头、圆眼、巨口、锐齿、钩爪、卷尾、斑纹，样样俱全，惟妙惟肖，生动地展现了“虎”凶猛无比的样子，是个纯粹的象形字。

发展到后期甲骨文时，开始线条化，字的形体也大简特简了。到金文时，“虎”字的构形变化更大，虽然巨口、卷尾依稀可辨，但已渐失虎形。到了小篆时，“虎”又进一步讹变，所有虎的特征完全消失，尤其是“虎”字的下部，卷尾竟讹变为“几”了。发展到汉代隶书时，“虎”字已完全笔画化。至于楷书，则是从小篆的形体演变过来的。

“虎”的本义就是“老虎”，是传说中的“百兽之王”。《风俗通义·祀典》：“虎者阳物，百兽之长，能执搏挫锐，噬食鬼魅。”民间也有俗语：“山中无老虎，猴子称大王。”可见，在大多数人的观念里，“虎”便是动物界的“大王”。因其威武勇猛的形象，又派生出了不少的喻义。港澳地区曾风行过惊蛰日“祭白虎打小人”的习俗，之所以称“白虎”，就是因为人们认为白虎伤人最厉害，因而把“虎”作为害虫、猛兽的代表。“虎”可以用来形容威武勇猛，如“虎将”，喻指英勇善战的将军；“虎子”，喻指雄健而奋发有为的儿子；“虎踞”，形容威猛豪迈。虎在古代被人视作神兽，有镇邪驱鬼、保佑平安的作用。民间常将它用于小儿的“虎头帽”、“虎头鞋”、“虎枕”以及其他虎形的玩具上。小孩满月时，送布老虎是祝愿孩子长大后像老虎那样有力。古代还有一种用来调兵遣将的信物，称“虎符”，盛行于战国、秦、汉时期，用铜铸成虎形，分为两半，右半存朝廷，左半授予率兵的将帅。调动军队时，必须持符验证。

字里乾坤

“虎”在中国文化中一度被视为权力和力量的象征。虎是森林之王，它前额的花纹也被巧妙地认作“王”字，象征着统治。虎是威严和勇敢的代表，因此，虎的形象一直为人们所敬畏。战争时代，它被认为能驱赶邪恶，所以，战士的盾牌上也常会出现虎头，用以震慑敌人，在百姓家中，虎面也会被挂于墙上，正对大门，用以驱走恶魔。虎年出生的人，被认为是乐观、英勇的，在古代，每到虎年，孩子们头上都会写上红色的“王”字，寓意强身健体。

▷ 学习机灵的“兔”子，多给自己留退路

字　源

兔，兽名。象踞，后其尾形。兔头与㲋头同。凡兔之属皆从兔。

——（东汉）许慎《说文解字》

汉字履历

“嫦娥应悔偷灵药，碧海青天夜夜心。”在清冷的广寒宫中，孤寂的嫦娥了无所依，唯一能够长久陪伴她的，恐怕就只有怀中的那只白兔了。这个传说因这只兔子的存在而少了些许的寂寞，这只在月亮上捣药的白兔，使原本就喜爱兔子的中国人，对它又多了几分好感。

“兔”是个象形字，甲骨文中的“兔”字就如同一只兔子的侧像一般，而到了金文时期，“兔”字发生了很大的变化，由之前的侧像变为正面的蹲踞样。在金文的基础上，小篆中的“兔”字逐渐线条化了，之后又经过长期的发展才演变成了现在楷书中的“兔”字。

“兔”的本义就是兔子。兔子有三大特点，一是上唇中间分裂，二是尾短而上翘，三是善于跳跃和奔跑。汉语的一些含“兔”字的词语

对这些特点有所反映。如因为兔子上唇一分为二，故称人之唇裂者为“兔唇”；俗语中有“兔子的尾巴长不了”，是借兔子短尾的特点来告诫那些一时跋扈的人是横行不了几天的；以“兔脱”来比喻像兔子那样快速逃脱，极言行动敏捷、迅速。

因为传说月亮上有白兔在捣药，所以，“兔”也成了“月亮”的代名词。古代的诗词作品中就常用“玉兔”、“兔”、“兔轮”、“兔魄”等作为月亮的别称，如卢照邻的《江中望月》诗中说：“沈钩摇兔影，浮桂动丹芳。”这里的“兔影”就是指月影。元稹的《梦上天》也有“西瞻若水兔轮低，东望蟠桃海波黑”的诗句，这里的“兔轮”就是指月轮，诸如此类的例子真是不胜枚举。

字里乾坤

兔，它的弱小难免会使人对其产生保护的欲望，殊不知，兔的自保能力也是我们应该学习的。

更多的时候，我们需要为自己留一条退路，当自己被逼无奈的时候，最起码还可以有一个藏身之处。现代人常用电子邮箱，正如冯谖的狡兔三窟理论，多个邮箱地址，才能保你不“死”。为了保证电子信件的往来通畅，还是像个聪明的兔子一样，多找几个“洞穴”比较保险。我们的人生也是如此，大可不必死钻牛角尖，多一些退路，能让我们在“山重水复疑无路”的时候，“柳暗花明又一村”。

▷ 既要“龙”腾虎跃，又须潜龙勿用

字　源

龙，鳞虫之长。能幽，能明，能细，能巨，能短，能长；春分而登天，秋分而潜渊。从肉，飞之形，童省声。凡龙之属皆从龙。

——（东汉）许慎《说文解字》

汉字履历

“龙”，是中国神话传说中的一种神物，它善变化、利万物；它能兴云致雨，为众鳞虫之长，四灵（龙、凤、麒麟、龟）之首；它也是皇权的象征，历代帝王都自命为龙，使用的器物也以龙为装饰。这种神

物的起源，已经无从考究，很多人都认为，它是多种动物的综合体：骆头、蛇脖、鹿角、龟眼、鱼鳞、虎掌、鹰爪、牛耳。这种复合结构，意味着龙是万兽之首，万能之神，是原始社会形成的一种图腾崇拜的标志，同时，龙也成为华夏民族的代表。

“龙”产生于传说，其字体来源也是根据传说的启发而创造出来的。早在三千多年前，早期甲骨文里便已有“龙”字：有头有角，口大张，并露出锋利的牙齿，还有弯弯曲曲的身子。这跟传说中“龙”的形象是一致的，所以甲骨文的“龙”明显为象形字。这个字在周代早期便已从轮廓化变为实化，脊棘省掉了，龙角、龙身开始变形。到了金文阶段，又在龙背上恢复了三条脊棘。此后的楷书繁体便是在金文的基础上发展而来的。

到秦汉的小篆时期，已把龙头、龙身讹变为左右两部分结构，“龙”字便基本成形了：一是构成“龙”的框架、要素、样式，秦汉时都基本具备了；二是“龙”是一个开放的、不断纳新的系统，它并不满足于秦汉时的基本成形，之后的历朝历代，一直在不断地演变和发展。在“龙”字的发展过程中，民间俗字里曾出现省掉左旁龙角、龙头，只要龙身和一条脊棘的“龙”字，这便成了今天的简化汉字。

“龙”从产生之初，便是一种神异之物，历代“龙”都是帝王的象征，皇帝均被称为“真龙天子”。不仅如此，凡是与皇帝有关的事物都要冠以“龙”字。如“龙颜”，指皇帝的颜面；“龙床”，指皇帝的卧具等。

字里乾坤

几千年来，龙已渗透到中国社会的各个方面，成为一种文化的凝聚和积淀，成为一种文化符号，是中华民族的象征，是中国人精神上的领袖。对每一个炎黄子孙来说，龙的形象是一种符号、一种意绪、一种血肉相连的情感。

龙是一种尊贵的神物，象征着地位、权力。《周易》里的卦辞中经常出现“龙”字，显示了我们先人对龙的重视。比如乾卦中就有“潜龙勿用”和“飞龙在天”，“潜龙勿用”表示人在事业腾飞之前，要潜心积累，为成功做好各种准备工作，不要在条件没有成熟或实力不足时，就急于去实行。在现实生活中，我们既要有“飞龙在天”的高远志向，又要有“潜龙勿用”的等待和耐心，这样，才能获得成功。

一网打尽隐匿草丛中的“蛇”

字　源

它（即“蛇”的异体），从虫而长，象冤曲垂尾形。

——（东汉）许慎《说文解字》

汉字履历

民间有句俗语：“一朝被蛇咬，十年怕井绳。”中国人历来对蛇这种动物没有什么好感，它在地上蜿蜒前进的样子，它口中时不时吐出的血红的芯子，它一张口便可夺人性命的狠毒，无不令人不寒而栗。所以，很多属蛇的人在向他人介绍自己时，会说自己是属“小龙”的，以避讳令人反感的蛇字。不仅中国人不喜欢蛇，西方人对蛇也有同样的厌恶感。《圣经》故事里亚当和夏娃在蛇的引诱下偷吃了禁果。因此，蛇成了基督教中撒旦和魔鬼的化身，始终为人们所唾弃。

太古时期，先民便对这种爬行动物有了认识，所以，在很早的甲骨文里便有了这个字。甲骨文中，“蛇”字的左旁是“它”字，右旁是“行”字的右边，说明蛇是逶迤爬行的。后来，为了方便书写，“蛇”字写成了“它”，“它”在甲骨文里有许多种异体，但都是一条三角头、大眼睛、两腮毒囊突出的蝮蛇的形状。蝮蛇游行迅速，谁被它追上咬着一口，就会有生命之忧。

这个象形字发展到金文阶段，已渐失蛇的原形，但头部还保存了原来的迹象，至于弯长扭曲的蛇体却变得又大又短，尾巴也很短了。到了小篆时，“它”与“蛇”并用。《说文解字》中说：“它（即“蛇”的异体），从虫而长，象冤曲垂尾形。”又说：“蛇，它或从虫。”可见，当时“蛇”、“它”还没有严格区分开来。一直到隶书里，作为爬行动物的名称的“蛇”字才固定下来，后又变为今天楷书中的“蛇”。

早在太古时代，“蛇”虫出没，便给先民们的生命安全造成了很大威胁。所以，“蛇”在当时是灾祸的象征之一。“无蛇”就是上上大吉，“有蛇”则大倒其霉。卜辞中就有许多关于“蛇”的占卜，不过此时的“蛇”已经由毒蛇之害引申扩大，泛指一切灾害和不吉之事了。如此危害至深之物，却成为十二生肖之一，实在让人百思不得其解。

字里乾坤

社会生活里存在着阴谋诡计，像草丛中潜伏的毒蛇，时不时地伤害无辜者、打击正直者。只有阴谋被事先探明与揭露，才能保护无辜者与正直者。探明与揭露阴谋的最好方式，往往是打草惊蛇。当你有能力保护无辜者与正直者的时候，一定要充分利用你手中的“棍子”，将那些隐藏在草丛中的“蛇”，全部驱赶出来，将其一网打尽，以为民除害。

▷ 向老“马”请教，向有经验的人学习

字　源

马，怒也，武也。象马头髦尾四足之形。

——（东汉）许慎《说文解字》

汉字履历

18 世纪的法国作家布封在他的名篇《马》中提到：“人类所曾做到的最高贵的征服，就是征服了这豪迈而剽悍的动物——马。它和人分担着疆场的劳苦，同享着战斗的光荣；它和它的主人一样，具有无畏的精神，它眼看着危机当前而慷慨以赴……它也和主人共欢乐：在射猎时，在演武时，在赛跑时，它也精神抖擞，耀武扬威……”马曾是古代农业生产、交通运输和军事等活动的主要动力。中国是最早开始驯化马匹的国家之一，从黄河下游的山东以及江苏等地的大汶口文化及仰韶文化遗址的遗物中，都证明距今 6000 年左右时几个野马变种已被驯化为家畜。

甲骨文中的“马”都是马的侧视形，就像一匹昂首长啸的马。仔细看一下便会发现，在这个描绘直立马姿的象形字中，马的头、眼、嘴、鬃、身、腿、蹄、尾，样样齐全，先民用简单易懂的凝练手法创造了这个字，使人一望便知是“马”。到了春秋战国时期的金文，字形与甲骨文基本相同，然保持大眼、修尾、长鬃的特点，只是简省了一些。小篆中的“马”字，比较规范地描绘了马鬃、马腿和马尾，却把马鬃和马头、马眼连成三横，下部变成四条腿，马尾也变成了秃尾。然而，

“隶变”是古文字和今文字的分水岭，自从汉隶和楷书繁体把“马”字从古文字的线条化变为今文字的笔画化以后，四条腿就讹变为四点，形象地表现了马这种动物善于奔跑的特征，但“马”的形状已不复存在了。魏晋时代出现了草书的“马”，于是，后来便把这草书化为今天我们所用的楷书“马”字。

甲骨文中“马”字的出现，说明公元前15世纪至公元前11世纪的殷商时代，我们的先民已有养马来应用于战争、农耕的习俗。《说文解字·马部》云：“马，怒也，武也。象马头髦尾四足之形。”而“马”字正好体现了“怒”、“武”的性格。所谓“怒”、“武”，即马容易激怒，喜奔驰，具有无视对方、勇往直前的特征。汉字中凡从“马”的字大多与马、马属动物及其动作、功能有关，如驰、驹、骆、骄等。

字里乾坤

马是一种很富灵性的动物，在世界所有的人群中，马都很有人缘，甚至到如今的奥运比赛，“马”也是唯一一种与人类合作参与赛程的动物。作为人类的伙伴，它用动作的敏捷和准确来表达人的意愿，它毫无保留地贡献着自己的力量。

有个成语叫“老马识途”，简洁地传达出马富有灵性这一特点，也阐明了经验丰富的人知道处理事情的方法的道理。在工作和生活中，我们要善于向“老马”们请教，因为他们宝贵的经验将使我们找到通向成功的捷径。

▷ 及时改错，避免再次丢“羊”

字　源

羊，祥也。

——（东汉）许慎《说文解字》

汉字履历

“羊”在许多人的印象里是温顺、听话、软弱、受欺的象征。无论是“小绵羊”的温顺，还是“替罪羊”的无奈，总给人一种软弱可欺的感觉。羊是一种家畜，自古以来被称为六畜之一。早在母系氏族公社时期，生活在我国北方草原地区的原始居民，就已开始选择水草丰茂的沿河、沿湖地带牧羊狩猎。

“羊”是一种再常见不过的家畜了，它双角往下卷，平顶、大耳、有须，耷拉着又短又扁又平的尾巴。与其他动物相比，其最大的不同就是它的头部了，所以先民便用羊头来造字，以局部代表整体。“羊”从一开始便是一个象形字，在近代出土的殷商时代的“羊鼎”上的徽号文字，便是羊头部的正面特写：卷角、大耳、尖嘴、羊须，全都生动形象地包括在这最简洁的图形里了。在甲骨文中，“羊”字已开始出现鼻梁（中间的一竖），且把双耳变成字中的一横，把羊头拉长，脸面部分也没有了，但还不很注意突出羊角向下弯的特征。金文中，羊角弯少了，羊下巴和胡子变成了“十”字。到了小篆时期，唯一所剩的往下卷的羊角也变直了。隶书的讹变最大，竟把羊角变成“前”字头，下巴变成一长横了。于是，讹变继续，最终把羊胡子和鼻梁变为“羊”中的一竖，变成如今楷书中的字。至此，“羊”的形体已经完全看不出来了。

“羊”的本义就是家畜的羊。由于羊比较温顺，被认为是美好之物，所以，汉字中以羊为偏旁的字均带有美好的意思，如美、善、鲜、羞（原为美味的意思）等。在古代社会，羊在生活中占着重要的位置，祭祀和日常生活都跟羊有密切关系。一个人、一个部族获得的羊越多，就越富有。同时，“羊”也如龙、凤一般，被当作吉祥物来看待。《说文解字》云：“羊，祥也。”“羊”就是“祥”。从出土的一些汉代器物上也常可见“大吉羊”三字，意思就是我们今天说的“大吉大利”。中国古代，常把皇宫内供皇室人员用的一种小车叫做“羊车”，这里的“羊”也是取“吉祥”之义。“羊车”就像“龙体”、“御笔”等词一样，是对与皇室有关的东西的尊称。

字里乾坤

正因为“羊”温顺，所以很容易被“狼”劫走。亡羊补牢这个故事告诉我们，知道错误，就要迅速改正，免得再次损失了“羊”。孔子曾经说过：“过而能改，善莫大焉。”面对已经犯下的错误，最应该做的是及时改正，并对发生错误的原因进行深入分析。犯错是在所难免的，关键在于当我们发现自己的错误时，以什么样的态度去面对。

▷ 杀鸡儆“猴”，一箭双雕

字　源

猴，夒也。从犬侯声。

——（东汉）许慎《说文解字》

汉字履历

中国古代四大名著之一《西游记》中，有一只非常引人注目的猴子——孙悟空。他会七十二变，可以随意幻化成其他的事物；他有火眼金睛，可以看穿所有妖魔鬼怪的伪装伎俩；他使如意金箍棒，可大可小，降伏了许多妖魔；他助唐僧取经，历经九九八十一难，最终修成正果。提起猴子，人们首先想到的便是机智、顽皮的孙悟空。他非常好地展示了“猴”子的特性。

猴子在中国历来被视为人类的近亲，其身材体态与人最接近，个头比人小一号，所以人对猴就有一种天然的亲近感。汉语里留下了许多猴子的痕迹。《说文解字·犬部》云：“猴，夒也。从犬侯声。”“猴”字，远古时候为“夒”，是个象形字。

在甲骨文和金文中，“夒”的字形差异不大，像是一只正要搔首弄姿的猴子，先民用最生动的形象创造了“夒”字。到了小篆时期，“夒”字已经看不出猴子的形象了，但却还留有象形的影子，最上面的部分像是猴子的头部，中间部分像是猴子的手、足、尾。

因“夒”字实在太复杂，便出现了一个形声字“猱”，取代它。而“猴”字则是在小篆时期才产生的另一个形声字。正如许慎所说：“从犬侯声。”从小篆中的“猴”字，可以明显看出这一点，左边部分为一个“犬”，右边部分则是表音的“侯”。在小篆的基础上，经过长期的演变之后，最终发展成了今天楷书中的样子。

人们在长期的社会生活中，总是会将目光频繁地投向被认为是人类近亲的“猴”身上，“猴”在人们的心目中是聪明、机智的，正如孙悟空一般。在方言中，“猴”是乖巧、机灵的，人们常用一句“他是猴子托生的”来说明小孩子的机灵。“猴”也是好动的，它总是上蹿下跳的，难怪有些人将顽皮、多动的孩子叫做“皮猴”。

字里乾坤

多动的猴子，仿佛总会让人有不知所措之感，而杀鸡儆猴无疑是一种智慧。世界上总有一些聪明人，能干出些一箭双雕的事，杀了一只小鸡，却能把狡猾的猴子吓得屁滚尿流。这种迂回曲折的办事方法，是一种艺术。这种艺术的关键，就在于如何找到那只触犯法则的“鸡”，如何在众人面前作一场秀，达到威慑所有相关人士的目的。

▷ 闻“鸡”起舞，成功垂青于勤奋的人

字　源

鸡，知时畜也。从隹，奚声。

——（东汉）许慎《说文解字》

汉字履历

传说在远古的时候，有一种飞禽，它的名字叫“吉”。它羽毛美艳，很得玉帝青睐，被派专门负责给人间降吉祥的重任，是一种“吉祥鸟”。后来，“吉”私自降福于曲阜，因其触犯了天条，而被罚下凡界。“吉”就在曲阜一带落了户，当地的人把“吉”看做吉祥的象征，并取“吉”的谐音，把它称作“鸡”。

鸡与人们的日常生活关系密切，古时更是如此。早在三四千年前的商代，就已经有人将捕猎的活野鸡用绳子捆住驯养，使其变为家禽的一种了。“鸡”，繁体作“鷄”、“雞”，都是形声字，但在古文中，“鸡”还有象形字的构形。

甲骨文中，“鸡”就有好多种写法，其中一种为象形字，完全就是一只活灵活现的鸡的形象；而另一种则为形声字，左边为“奚”，是用绳子系住或套住的意思，同时，“奚”表“鸡”的音，右边为“鸟”，表示鸡属于鸟类，整个字合起来，其意思是用绳子套住鸟来进行驯养。金文中，“鸡”字极少见。到了小篆中，“鸡”的字形并无多大变化，且与繁体的“雞”字结构完全相同，与甲骨文相比，唯一不同的是将其中的“鸟”换成了“隹”，“隹”也是指鸟。《说文解字·隹部》中

说：“鸡，知时畜也。从隹，奚声。”小篆之后，“鸡”字再无多大的变化，一直发展到后来的繁体与楷书中的“鸡”字。

“鸡”原义就是能报晓的家禽。古代农耕社会，寻常人家没有计时器，只能根据生活中的某些“生物钟”来确定大致时间，鸡也是其中之一。同时，由于它在人类生活中的地位，在语言中形成了许多含“鸡”这一语素的词语，而且其中有些比喻色彩。如“鸡肋”，照字面意思是“鸡的肋骨”，但在实际使用过程中，往往用来比喻没有多大价值但又不忍舍弃的东西。再如，用“鸡鸣狗盗”来比喻小才小技，用“鸡虫得失”比喻细微的、无关紧要的得失。

字里乾坤

周扒皮学鸡叫的故事，从另一个侧面也证实了鸡其实是一种勤奋的动物。富兰克林说：“勤奋是好运之母。”平凡的祖逖和刘琨正是凭着勤奋与坚持不懈的精神，每日鸡鸣即起，才成为威名远扬的将军。每个人都渴望成功，事实上，成功的大门也永远为勤奋者敞开着，幸运女神也总是垂青于坚持不懈的人。有时候，牺牲一点安逸的享受，换之以奋发向上，成功便会在不远处向你招手。

▷ 忠乃立身之本，切勿狼心“狗”肺

字　源

孔子曰：“狗，叩也。叩气吠以守。”从犬，句声。

——（东汉）许慎《说文解字》

汉字履历

“走起路来落梅花，从早到晚守着家。看见生人就想咬，见到主人摇尾巴。”看到这则谜语，人们总会不假思索地想到“狗”。狗是在一万二千年前的旧石器时代，先民开始定居生活后最早驯养的家畜，狗被驯养与人为伴，并充当打猎的助手。狗主要由狼和豺演变而来，狗初为“犬”，因其犬性惯于苟且偷生、得过且过，所以被叫作狗。《说文解字·犬部》：“孔子曰：‘狗，叩也。叩气吠以守。’从犬，句声。”其实，“犬”字早期就读“狗”音，其后读音发生变化，才为

现在的读音。

“犬”是个象形字，《说文解字·犬部》：“犬，狗之有悬蹄者也。象形。孔子曰：‘视犬之字如画狗也。’”发展到甲骨文和金文阶段，实体开始线条化，但依然保持着张嘴、卷尾的特点。到了小篆时期，字的构形已与狗的形体相差甚远，已经失去了“犬”的形象。发展到后来的楷书，“犬”便再也无法作为一个象形字来看待了。以后，“犬”被用作偏旁，简化为“犭”，便又另造了个“狗”字，以“犭”做形旁，以“句”做声旁，这样，“狗”便变成了形声字。

古人用“犬”表示对小儿的爱称，如《史记·司马相如列传》中说：“（相如）少时好读书，学击剑，故其亲名曰犬子。”意思是说：司马相如小的时候喜欢读书，还学习击剑，所以他的父母就给他取了一个小名叫“犬子”。古代还用“犬”直接代指自己的儿子，如《红楼梦》第一百一十四回：“（贾政）又指着宝玉道：‘这是第二小犬，名叫宝玉。’”

字里乾坤

作为人类的朋友，同时也是十二生肖之一的狗，千百年来，一直是与人类同甘共苦的伙伴。狗的忠诚是人所共知的，它会把主人当作自己的朋友，而其他的陌生人则无法进入它所管辖的范围，它会竭尽全力阻止来自外部的威胁与攻击。这样的情感在动物身上尚且存在，人类是否应该为自己的背叛反省一番呢？

▷“猪”也有优点，勿让常识蒙蔽真相

字　源

豕而三毛丛居者。从豕者声。

——（东汉）许慎《说文解字》

汉字履历

说起猪，人们总是嗤之以鼻。在很多人的心目中，猪是愚蠢和好吃懒做的“代言人”，但在中国历史的发展过程中，却有这样一个故事：水患是困扰古人的一个长久的问题，大禹之后，还有另一位治水的英

雄——猪神张渤。治水时，他化为一头猪，用嘴拱土，用身开道。夫人每天给他送饭，都约定敲鼓为号。他听到鼓声，就化还人身。有一次，夫人忘了敲鼓，猪形的张渤被夫人看见，于是，他化成一阵清风隐去了。

“猪”古时候称“豕”，早在图腾时代的部落徽号中，“豕”完全是一只实化的竖着的猪的肖像——长嘴、撅唇、吊腮、大腹、短尾、有鬃、有蹄，猪的特点无一不备。之后一段时间的图形文字中，猪的躯体已开始轮廓化了，鬃毛也简省了。甲骨文中，“豕”的构形已完全变成线条，头部也发生了很大的变化，腮、眼、鬃毛全省掉。金文里，则索性把猪腹部的轮廓线删去，猪的头部只剩下嘴巴和耳朵了。到了小篆阶段，这个字更讹变得看不出半点猪的形象。在小篆的基础上，经过长期的演化之后，变成了现在楷书中的形式。段玉裁的《说文解字注》中说：“豕首画象其头，次象其四足，末象其尾。”形象地突出了“豕”的象形，但这个象形，发展到小篆阶段时，便已经淡了很多了。之后，“豕”被用作部首，另造了一个在“豕”旁加“者”做声符的形声字——“豬”，又把“豬”简化为“猪”，“豕”旁变为“犭”旁。

“猪”虽然从古代开始便已是祭祀时必不可少的供品之一，但它始终未给人类留下什么好的印象，因此，在现代汉语中许多由“猪”组成的词语，大多含有贬义。如“猪仔”原本指小猪，后被用来称那些被利用、被收买的人；“猪猡”原是一些方言中对猪的称呼，但在许多场合中也被用来骂人。

字里乾坤

汶川地震带给我们太多的伤痛，同时也让我们看到了许多的感人画面，而这些动人的瞬间并非只是由人类所创造，其中就有一头在废墟下被埋了36天之后，仍然顽强地活着的猪，于是有人将其命名为“朱坚强”。猪除了好吃懒做之外，还有一些特点是经常被我们忽视的。人们面对一些自认为熟悉的人时，也会产生同样的认知误差，因而，要小心你眼中和心中的盲点。

第九章　阡陌纵横，一分耕耘一分收获

▷ 从“木”“本”“末”中寻找智慧的源头

字　源

木，冒也，冒地而生。东方之行，从屮，下象其根。凡木之属皆从木。
本，木下曰本，从木，一在其下。
末，木上曰末，从木，一在其上。

——（东汉）许慎《说文解字》

汉字履历

一粒小小的种子，埋入地下后，很快便从地下顶破地皮，长成幼苗。它将自己的根深深地扎在土壤之中，并从中吸收大量的营养，最后终于长成了一棵参天大树。它与人类共生存，保护着人类及其住所的安全；它为人类提供物品，用茂密的枝叶庇荫着人类。所以古人将树木当作神灵来崇拜。

“木”是一个象形字，甲骨文和金文的“木”字，就像一棵树，上部是茂盛的、往上的树枝，下部是扎向土里的树根，中间是树干。之后的小篆和楷书也都是在此基础之上发展演变而来的。可见，“木”的本义就是今天所说的“树”，是木本植物的通称；现在多用于指木材、木料或某些木制的器物。

在“木”字的字形中明显地表现出了树根与树枝，在“木”这个象形字的基础上，加入指事符号构成了关于树根与树梢的两个字：“本”与“末”。

“本”字是在象形字“木”的基础上，将指事符号一小点或一横加其下作为指事符号，以指明树根的位置所在。甲骨文中并没有“本”字，直到周代早期才在金文中出现了“本”字，这时的“本”字中竖的一部为主根，左右为支根，在支根的下端也用了肥笔（肥笔在金文里是常见的一种表示强调之义的线条）以强调根义。发展到小篆时，便把强调的那个肥笔取消了。后来的汉隶和现代的楷书便是在此基础上演变而来的。

“末”字是在象形字“木”的基础上，将指事符号一小点或一横加其上而成，表示树梢的位置所在。同样，“末”字也是在春秋时期的金文中才出现的，与“本”相同，只是肥笔位于“木”之顶上而已。同样，“末”字发展到秦代小篆阶段，肥笔变作了一条横，为后来的隶书与楷书定了型。

字里乾坤

从“木”、“本”、“末”三个字的发展源流看来，其中发挥作用的只是一个再简单不过的象征性符号。先民们用一种聪明的办法和手段，创造出了新字，同时也不忘展现新字的来源。虽然如今它们已经“各奔东西”了，但只要将其放在一起，它们那原来亲密的关系，还是可以一眼就看得出来。

▷ 汗滴“禾”下土，有耕耘才有收获

字　源

禾，嘉谷也，二月始生，八月而孰，得时之中，故谓之禾。

——（东汉）许慎《说文解字》

汉字履历

原始农业是直接从采集业演化发展而来的。在上古的刀耕火种中，先民们最早种植的便是粟和水稻，北方以粟为主，南方以水稻为主，呈现出了“南稻北粟”的特点。古人对于赖以生存的事物总是格外关注，所以他们在对粟和水稻进行了深入的观察之后，创造出了“禾”字。

甲骨文和金文中的“禾”字，都像是一株成熟了的稻子的形状：秆、根、叶和沉甸甸勾头下垂的谷穗，生动形象。小篆中，叶和根开始变形。到了隶书中，“禾”字的形体讹变更大，两叶变成了“木”字的一横，两根则变成了撇和捺，沉甸甸的禾穗变成了禾顶上的一撇。于是，楷书相承隶书的形体，发展成为今天的字形。

由“禾”字的产生可知，“禾”的本义是成熟的谷子，引申义泛指谷类作物，特指谷类作物的幼苗和水稻的植株。“禾”是谷类植物的总称，但在秦汉以前，“禾”多指粟，即今小米，后世则多称稻为“禾”。在汉字中，凡从“禾”的字，都与农作物或农业活动有关，如秋、秀、种、租等。“禾”多是一年一熟，故“禾”有“年”义。早期的文字中“年”字与“禾”字在形体上区别不大，在甲骨卜辞里，“禾”、“年”二字也通用。

字里乾坤

耕种作物的人总是希望可以遇到一个好年景，风调雨顺，好有个大丰收。一分耕耘一分收获，只有付出了，才会有收获。正如种田一样，必须经历播种、浇水、松土、除虫、耕耘……才能迎来金黄的秋收季节。如果我们将种子撒到土地上，就以为万事大吉，将一切都交给老天去处理，那么到最后只能收割到几根野草。在生活中，做一切事情都一样，与其把希望寄托在不可知的天命上，与其把成功托之于别人，不如用自己的双手去改变自身的处境，用自己的努力开拓一片属于自己的蓝天。

▷ 做人要有气节，不为五斗“米”放弃原则

字　源

米，粟实也，象禾实之形。

——（东汉）许慎《说文解字》

汉字履历

相传杜甫自幼聪慧，祖父杜审言十分喜爱他。一个黄昏，祖孙二人漫步田野，农夫正忙着收割，杜审言触景有感，便吟诗四句曰：“四个‘不’字颠倒颠，四个‘八’字紧相连，四个‘人’字不相见，一个‘十’字立中间。”杜甫沉思片刻，便说出了答案。原来，这首诗是个字谜，谜底为“米”字。

甲骨文中的“米”字，像散落的米粒之形，中间加一横主要是为了和沙粒、水滴相区别。甲骨学家罗振玉认为它是“像米粒琐碎纵横之

状”，纯是象形。金文里没有“米”的独体字，发展到小篆阶段，“米”字上排和下排中间的两粒米已变成中间的一竖了，只在“十”字的四角有米了。在此基础上发展到汉隶时，“十”上的两粒米已变成“侧点”、“撇点”，“十”下的两粒米已变为“一撇”和“一捺”，与现代楷书中的“米”字已经没有多大的差别了。

“米”的本义是指去掉皮、壳的谷物，即五谷的子实，如小米、苞米、稻米等，但今天已用来特指稻米了。作为人类经常使用的粮食之一，凡从“米”的字大多与粮食有关，如籼、粒、粳、糠、粟等。后来又引申为像“米”一样碎小的东西，如虾米、花生米等。同时，因为“米”字由“八”、“十”、“八”三个字组成，所以古人把88岁称为“米寿”。

字里乾坤

民以食为天，食以“米”为先。自食其力则自得其乐，若无力自食，受一点别人善意的恩惠似乎是可以接受的，却绝不可为了五斗米而放弃自己的原则。一句“廉者不受嗟来之食”，曾被许多仁人志士赏识，也激励了无数人为免受“嗟来之食”而奋发自强，这其中饱含了做人的气节和为人的骨气。

▷ 从当下做起，勿念“来”日方长

字　源

来，周所受瑞麦来麰（大麦）。一来二缝，像芒束之形。天所来也，故为行来之来。

——（东汉）许慎《说文解字》

汉字履历

生物学家认为，麦子原产于中亚细亚地带，远古时代，随着民族迁徙，麦子也传入我国中原。麦子如今已成为世界上最重要的粮食作物，在各种农作物中，麦子的栽培面积和总产量均居世界第一位。而“来”的意思是“由彼到此”，是“去”、“往”的反义词，而且是动词。二者本是风马牛不相及的，但“来”字却是因麦子而产生，而且本就是麦子的“麦”字。

早期的甲骨文中，“来”字中间一竖像麦秆，秆上两侧像是弯垂的麦叶，秆下向两边伸出的斜线是露出地面的根。较晚的甲骨文中，麦秆顶上增加了勾头下坠的麦穗形象。在周代早期出现的金文“来”字中，麦穗讹变为麦秆顶上一短横，在此时金文的基础上，“来”字的字形发展成了后来的小篆、隶书和楷书。

《说文解字·来部》云：“来，周所受瑞麦来麰（大麦）。一来二缝，像芒束之形。天所来也，故为行来之来。”“来”的本义是指小麦，而且在先民的观念中，麦子是天赐给人们的粮食作物。“来”又指到来的“来”，引申义有时间的经过、将要、产生、大约等。后来多借用为来往之“来”，是由彼至此、由远及近的意思。

字里乾坤

时间一天天地过，我们任由它来了又去，却始终无能为力。正如那首著名的《明日歌》：“明日复明日，明日何其多。我生待明日，万事成蹉跎。”所说，当我们心中有一个目标时，就别再老是想着来日方长，赶紧行动起来吧，就在现在，马上。

▷ 交友谨慎，如同“相”木识纹

字　源

相，省视也。从目，从木。

——（东汉）许慎《说文解字》

汉字履历

上古时代，草木繁茂，树木是人类赖以生存的重要条件。先民们要经常采集树上的果实来充饥，还要构木为巢、钻木取火，同时，树木又美化着他们的居住环境，因而，茂密的树林便成了先民们赖以生存的东西。在汉字中，“相”字的产生便与树木有关。

从古至今，“相”都是个会意字。甲骨文中的“相”，是上“目”下“木”结构，表示用眼睛仔细而呆呆地对树木察看之义。“相”字发展到周代中期，在金文中变成了左右结构，从此，“相”字的形体便基本固定了下来，发展为小篆，直到今天的楷书，就都是左“木”右“目”的结构了。《说文解字·木部》：“相，省视也。从目，从木。”可见，“相”的本义是指观察事物的外表以判断其优劣。许慎用“省视”来训释“相”，体现了先民们喜欢树木的心理，同时也说明了在他们看来，大地上的树木是非常值得看的，而且是百看不厌的。

“相”字最初指观察树木，后来观察的对象不断扩大，时、地、人、物无一不可相，在此基础上引申出了人或事物的外观形貌的含义。除此之外，“相”的引申义还有很多，如“辅佐”、“扶助”、“治理”等义，古训诂学家孔颖达说：“相，助也，助君所以治民事，故相为治。”所以，古代辅佐帝王之人称为“相”。“相”有“模仿”之义，曲艺中源于民间的以语言为主要表演手段的喜剧性曲艺艺术“相声”中的“相”，便是此义。另外还有“交互”、“动作由双方来”之义。

字里乾坤

人与人之间的交往首先是一个相互了解的过程，这就如同看树首先要“相”木之纹一般。中国古人有云：“审其好恶，则长短可知也；观其交游，则其贤与不肖可察也。”想要了解一个人，只要看他交往的是什么样的朋友便能知其大概。谨慎地选择朋友，别让那些有可能成为损友的人进入你的生活，要让那些有可能成为益友的人带给你明媚的阳光。

华、花：从华彩与美丽中探寻本源之美

字 源

华，木荣也。

——（东汉）许慎《说文解字》

汉字履历

“中华民族”，一个充满了上下五千年历史沧桑感的词汇。中华民族开始形成时，其族称为“华”。汉朝以后，开始出现“中华”的族称。19 世纪末，作为近代民族学术语的“民族”概念传入中国后，“中华民族”这个民族学词汇也应运而生。那这个代表汉族的“华”字究

竟是从何而来的呢？

甲骨文的“华”字，是一株繁花盛开的草木，中有株，下有根，旁有枝，上有花；充满了活力，既表示花开锦绣，又表示繁荣茂盛，真是生机勃勃，春意盎然。金文中的“华”字形体已经发生了很大的变化，为后来的“华”字定了型。小篆中的“华”字，已经完全讹变，在那株繁花盛开的草木上加了一个“艹”。此后，便发展成了隶书和繁体字中的字形。之后，为了便于书写，才简化为现代楷书中的“华”字。“华”字后来引申出“繁盛”、“光彩”、“精华”、“有文采”、“头发花白”、“华年”、“美丽”、“富贵”等义。

“华”字的本义，便是“开花”，“华”也是“花”的本字。“花”字发展到小篆时期，字形仍然与“华”字相同。一直到了汉魏以后，人们才把花草的“华”简化为“花”，以“化”表音，以“艹”表意，变成了形声字。无论是“华”，还是“花”，其实都来源于一株植物，先民造字的创意，正体现了他们对于植物的图腾崇拜。

字里乾坤

美好的事物总是会受到人们的追捧，何况是既代表繁荣茂盛，又代表美丽生机的草木，自然会成为先民们崇拜的对象。随着生产力的发展，人们未知的领域在不断地减少，那种发自内心的崇拜也在一点点地消失，这也算得上是一种悲哀吧。当心中不再有信仰，不再有英雄，奋斗的动力也就相应地减少了很多。

第十章　效法自然，从繁衍中寻找生命的力量

▷“鱼”儿离不开水，在合适的环境发挥所长

字　源

鱼，水虫也。象形。鱼尾与燕尾相似。

——（东汉）许慎《说文解字》

汉字履历

在中华文明的发展过程中，“鱼”很早就为先民所看重，其原因在于它的实用价值。在先民眼里，“鱼”是取之不尽，食之不竭的。原因是“鱼”有其他任何生物不可相比的生殖能力。在极推崇种族繁衍的先民的观念中，“鱼”的这种性质必然备受关注，因而“鱼”被视为匹配、生殖的象征，被奉为生育崇拜的对象。

早在图形文字时期，先民们便已创造出了最早的“鱼”字，虽然线条非常简单，但其中却包含了鱼吻、眼、身、鳞、鳍、尾巴，生动形象，是个纯粹的象形字。在甲骨文中，“鱼”被简化了，只剩下脊鳍了。在周代早期的金文里，“鱼”又恢复了图形文字的形体，且已较为繁化了。在随后的周代晚期金文中，“鱼”字再次走上了简化的道路。小篆中的“鱼”字字形与金文相比又发生了很大的变化。而隶书的“鱼”字经过隶变，字的形体简直起了天翻地覆的变化：鱼吻变形了，鱼鳍省掉了，鱼体鱼鳞变为“田”了，鱼的旁鳍和鱼尾化作“灬”了。以后，便循此发展为繁体的“鱼”字。东晋时期，中国书圣王羲之草书中的字经过楷化后，变成了现代楷书中的样子。

“鱼”字可作偏旁，汉字中凡从鱼之字皆与鱼类有关，如鲤、鲨、鲜等。作为“年年有余”的预兆与吉祥物，鱼不仅是宴会上的首选菜，也是亲朋好友之间馈赠的吉祥礼物。汉代以后，朝廷任命州官郡长所颁的敕书用竹木做成鱼样的“鱼符”，“鱼符”分两边，出任刺史、太守

的官要带着左边的鱼符到任，和原来留在州郡里的右边的鱼符合对作为验证。到了唐代，还在左边鱼符里写上任命书以为信物，叫做“鱼书”。所以，后世人便把书信叫做“鱼书”。

字里乾坤

“鱼”说：“你看不见我眼中的泪，因为我在水中。”水说：“我能感觉得到你的泪，因为你在我心中。”“鱼”总是离不开水的，只有在水中，它们才能自由地玩耍嬉戏，它们才能尽情地展现自己的美。人也一样，有才能的人，唯有在遇到真正懂得欣赏的人之后，才能大展拳脚，将自己的才干发挥到极致，所以会有如“鱼”得水一说。

▷ 经历彻骨的疼痛，“孕”“育”新生命

字　源

孕，裹子也。从子，从几。

育，养子使作善也。从𠫓肉声。

——（东汉）许慎《说文解字》

汉字履历

母爱，一直被认为是天下间最真挚、无私的爱，十月怀胎的辛苦，加上一朝分娩的疼痛，将母亲与子女紧紧地连在了一起。而这样的孕育过程，也充分地体现在了汉字的造字过程之中。

根据《说文解字·子部》中的解释，“几”即为“人”。甲骨文中的“孕”字是一个怀孕的大腹便便的母亲的形象，由于处在早期文字阶段，所以还没有定型，甲骨文中的“孕”字有好几种写法：有一种特别突出了孕妇的肚子；而另一种写法则用女人腹中的一点，突出表现胎儿已在腹中。金文中，“孕”仍然是一个大腹便便的女人形象，但与甲骨文不同的是，女人腹中的胎儿已经变成了“子”形。“孕”字发展到小篆阶段，“子”从女人的腹中跑了出来，而原本的那个“人”字也变成了“乃”字。此后，在小篆的基础上，发展成了今天楷书中的“孕”字，已经完全看不出怀胎的象形了。

在经历了漫长的怀胎之后，便是最揪心的“育”了。甲骨文中的“育”最初写作“毓”，是一个母亲的形象，臀下有一个头朝下刚分娩的孩子。金文中的“育”和甲骨文中的字形基本一致，发展到小篆阶段，那个原本位于下部的“子”换到了上面，而“育”字的构形也离一开始的象形越来越远。经过长期的演变之后，发展成了今天楷书中的字。

字里乾坤

“每一个宝宝都是上帝手牵着手带到这个世界上来的。”这样的说法或许过于唯美，但宝宝的降临对父母、对整个家庭而言绝对算得上最好的礼物，但孕育的过程却并非那么美好。十月怀胎与一朝分娩，近三百天的日子里，对母亲而言，每一天都是一次考验，但每一位母亲却始终无怨无悔，只因孩子是爱的结晶。

▷ 且、祖：初民生殖崇拜的体现

字　源

祖，始庙也。

——（东汉）许慎《说文解字》

汉字履历

原始社会中，随着人类征服自然的能力和认识水平的不断提高，在迷信鬼神的同时，也开始了对自身的重视。最初表现为崇拜妇女，后来逐渐发展到父系氏族社会阶段时，开始产生了对男性和男性生殖器官的膜拜。“且”、“祖”这两个字就是这种崇拜的产物。

“且”的甲骨文形体与金文形体相同，像雄性生殖器形，本义为男性生殖器，这是初民生殖崇拜的体现，先民认为“且”是人类生殖繁衍的根。甲骨文的“祖”与“且”相同，“且”是“祖”的本字，因而“且”就是“祖”，祭“祖”乃祭“且”，后代灵牌、墓碑的样子皆是“且”的遗形。

出土的远古时期石祖或木祖的形制，完全像男性生殖器的形状。考古学家们认为这些石祖或木祖是古人顶礼膜拜的对象。这种习俗至今在一些地方还保存着。四川木里县俄亚乡卡瓦村供有石祖，妇女不育时，先请巫师带到山洞里向石祖烧香叩头，在水池里洗浴，然后在石祖上吸喝圣水，据说这样做了以后，妇女就有了生育能力。这无疑是对先民生殖崇拜的一种印证。

"祖"作为男性生殖器，在典籍中也时有所见。如唐代玄应的《一切经音义·六九》引北魏顾野王曰："裸，脱衣露祖也。"这里的"祖"就是男性生殖器，即"祖"的本义。远古先民对于祖先的崇拜是与对生育的渴望联系在一起的，人们对男性祖先繁育后代的功绩具有强烈的崇拜意识，因而对祖先的崇拜自然要以对男性生殖器崇拜的形式表现出来。于是，周代末在"且"上加"礻"旁，"祖"字所征示的祖先崇拜内容就更加明确了。"祖"便引申出"祖庙"的意思。《说文解字·示部》："祖，始庙也。""始庙"就是为始封之君王所建的庙。

字里乾坤

"且"与"祖"充分展示了先民们对于生殖器官的崇拜之情。在生产力水平低下的原始社会中，人多便意味着生存更有保障，有更大的力量抵御猛兽的袭击，有可能获得更多的食物……但对于现代人而言，只要拥有一项专门的技能，便能让自己生活得很好，人多在一定的情况下反而成为一种不利因素。

▷ 宗：提高效率需要开宗明义

字　源

宗，尊也，祖庙也。

——（东汉）许慎《说文解字》

汉字履历

中华民族的历史上一度出现过对宗法制度的崇尚。宗法，以血缘关系为基础，标榜尊崇祖先，维系亲情，在宗族内部区分尊卑长幼，并规定继承秩序以及不同地位的宗族成员享有不同的权利和义务的法则。宗法制萌发于商周时期，成熟于西周、春秋时期，几经演变，在唐朝末年瓦解。宋代，宗法又以礼教与政权、神权、夫权、族权相结合的形式存在，并一直延伸到封建社会结束。

“宗”是由生殖崇拜向祖先崇拜转化的过渡期所产生的汉字，无论是甲骨文还是小篆、楷书，“宗”字的字形基本相同，上部为“宀”，即房屋的形状；下部为“示”，有人将其理解为供放祭品的石桌，也有人将其解释为生殖崇拜的男根的简形。整个字的意思是：“石桌”由立于野外作灵石崇拜或生殖崇拜的供主，移到了室内，变为受祭的“先王先公”，诉说着生殖崇拜和祖先崇拜在“身体发肤，受之父母”上的统一。

“宗”是一所供奉神主牌位的房屋，是供奉祖先神主的地方。因为是祭祖，“宗”有先人的含义，后来出现了“祖宗”一词；因为在室内行祀，“宗”又指称地点，与周代才出现的形声字“庙”同义联合。

字里乾坤

由“宗”字的产生与发展过程，可以明显地看到，它从一开始便占据着非常重要的地位，甚至有些时候还会成为一件事情的主导。现代社会是一个追求成效的社会，见面时过多的寒暄，已变成了效率的负担；文章开头过多的引入，已变成了作品的瑕疵；演讲中过多的玩笑，已变成了影响主题的废话……在这个追求高速度、高效率的时代中，人们越来越多地希望，可以尽可能地减少不必要的浪费，开“宗”明义成了备受欢迎的一种表述方法。

▷ 凤：向美好的事物靠拢

字　源

凤，神鸟也。朋，古文凤。

——（东汉）许慎《说文解字》

汉字履历

相传，从前广西凤山土司的女儿名叫“凤”，自己出对招婿。上联是：“鳳（‘凤’的繁体字）山山出鳳，鳳非凡鸟。”要求一、五、六同字；一二字是广西地名；二三字相叠成第四字；而第一字又能拆成第八九二字。联意是，凤山山区出了一个凤，这个凤，不是寻常的鸟儿。她以凤来比喻自己才貌不凡。这真是个绝对，据说始终无人能够对得出来。

“凤”是古代传说中的百鸟之王，雄的叫“凤”，雌的叫“凰”，通称为“凤”或“凤凰”。这种鸟“高冠、鸡头、蛇颈、燕颔、龟背、鱼尾，羽色五彩，高六尺许”。先民根据“凤”的这一形象创造出了“凤”的字形。

“凤”的甲骨文有两种不同的字形，前者的“凤”是一只翘冠丽羽的美丽的翩跹起舞的鸟王，其实就是孔雀的形象；后者的“凤”字中凤冠、凤羽的形状与前者不同，并在鸟王的右上方加一个古“凡”字，作为“凤”的声符。春秋战国时代的金文中出现了一个“凤”的异体字，仍然是展扬丽羽、凌空翻舞的样子。发展到小篆阶段，“凤”字讹变为“凡”下从“鸟”，以“凡”表音、以“鸟”表意的纯粹的形声字了。此后的隶书和繁体字便是以此为基础发展而来的。魏晋以后，出现了“凤”字的草书。又经过长期的楷化后，才逐渐演变成了今天楷书中的“凤”字。

“凤”是人们杂糅了许多动物特点，想象出来的一种禽鸟。古人认为有“凤”出现是天下安宁的吉兆，因此，“凤”是人们心目中的神瑞之物，所以凡与“凤”有关的事物都具有“美好”、“祥瑞”的含义，如称美丽的文辞为“凤藻”，称文才荟萃之地为“凤穴”等。

字里乾坤

人们深知“近朱者赤，近墨者黑”之理，因而总是会向那些美好的事物靠拢，“凤”便是其中之一。

我们身处一个喧嚣的社会之中，每个人都想为自己找一个华丽的冠冕，以此来显示自己的独特与优越。在这个过程中，人们逐渐淡忘了那份恬淡和宁静的心态。我们的存在其实不需要别人来证明，“人是为自己活着的”。如果还是想要找一个靠山攀龙附“凤”的话，先擦亮眼睛，不要上了“贼船”，否则，可就后悔莫及了。

▷ 龟：龟兔赛跑，贵在坚持不懈

字　源

龟，旧也，外骨内肉者也。从它，龟头与它头同。

——（东汉）许慎《说文解字》

汉字履历

《晋书·毛宝传》有这样一个故事：传说晋代豫州刺史毛宝部下有一士兵，一天到街上买回一只小白龟，养在家里，待龟长大后，将龟放回到长江里去。不久，战争爆发，毛宝的部队全军溃败，士兵纷纷堕入江中。这时一只白色巨龟从江底浮出，托住那个救过它的士兵，并将他送到岸上，保全了他的性命，而其他士兵全部被淹死。“龟”在中国传统文化中被视为吉祥之物，与传说中的神物“龙”、“凤”、“麟”并称为四灵物。“四灵”中的其他三物现实生活中并不存在，只有“龟”确有其物。

甲骨文的“龟”字是一只直立的乌龟的侧面的形状，上面是龟头，下面是龟的尾巴，中间是龟身、龟甲和两足。金文中的“龟”字仍然是一只乌龟的形状，但却换了一个角度，是一只龟的俯视图。小篆中的“龟”字再次回到了甲骨文中的侧形，而且已经基本线条化了。但其基本的“龟”形仍然依稀可见。在小篆的基础上，逐渐发展出了繁体字中的“龟”字。后来，为了方便书写，“龟”字经过简化，变成了现代楷书中的字形。

在《说文解字·龟部》中，许慎认为“龟”也是一种与“它”（蛇）相同的动物。“龟”在中华民族的传统文化中影响巨大。因为龟是一种长寿之物，传说有的龟可以活上千年，所以，古人常用“龟龄鹤寿”喻人长寿。古人常用龟甲来占卜吉凶，中国的甲骨文大量就是刻写在龟甲上的。由于“龟”与“贵”谐音，因而“龟”也作为富贵的象征。

字里乾坤

“龟”的本义就是乌龟，约从唐宋时起，“龟”成为骂人之词，开始带有贬义。乌龟的甲壳像盖子般由外裹住它的身体，一旦发生危险，它就把头、尾和四肢缩进龟甲中，以保护自己，所以“龟”就引申出胆小怕事的意思，人人常称胆小怕事的人为“缩头乌龟”。

但有些时候我们却需要龟的一种坚持。众所周知，“龟”是一种长寿的动物，无论遇到如何险恶的情况，它总是能在那个坚硬的外壳保护下，一步步地迈向终点，因而才有了龟兔赛跑的故事。而很多人在生活中缺乏坚持精神，往往半途而废，最后一事无成。就拿参加工作的年轻人为例，有些人则换了一个工作，没几天又换，最后一年打了十几份工，钱也没赚到，经验也未积累，一无所获。因此人们还是应该学学龟的坚持。

第四篇

春来秋去忙如许：汉字中的气象万千

第十一章　天气是孩子说变就变的脸

▷“雨”润如酥，滋润万物细无声

字　源

雨，水从云下也。

——（东汉）许慎《说文解字》

汉字履历

“青箬笠，绿蓑衣，斜风细雨不须归。”这是张志和的《渔歌子》中一句千古传唱的佳句。淅淅沥沥的小雨落在水面上，一蓑衣，一只小舟，朦胧的细雨，风景美不胜收，其意境无以言表。其实，雨和风一样，都是再自然不过的现象。从科学角度讲，雨是天空中的云遇到冷空气之后凝聚成水珠，水珠越聚越大，最后抗拒不了重力因素而落向地面，这种现象就叫做下雨。“雨”与人们的生活及农业生产有着密切的关系，古代的自然崇拜中，就有祈雨的祭祀。

“雨”字的甲骨文像是天空中降落的水滴，上面一横代表雨云，下面的点滴或短竖表示雨滴。很明显，“雨”为象形字。“雨”的金文和小篆也是承袭了甲骨文的造型。“雨”的本义指雨水，后来用作形容词，表示密集，例如雨注。汉字中凡从雨的字大多与云雨等气象有关，如雷、雾、霜、雪等，这些大多是雨水的其他形态。雨还有丰富的比喻意义，例如“雨过天晴”表示情况由坏变好。“雨后春笋”本来指大雨后春笋旺盛地生长，但人们用其来比喻新事物迅速大量地涌现出来。“雨露”一词比喻施人以恩惠。“雨迹云踪”比喻男女旧情，已成往事。

古往今来有关“雨”的诗词无数，例如“清明时节雨纷纷，路上行人欲断魂”，“雨”表示悲伤的心情；“夜阑卧听风吹雨，铁马冰河入梦来”，这里的“雨”表示保家卫国的情绪；“东边日出西边雨，道是无情却有情”，其中的“雨”滴滴皆有情；“天街小雨润如酥，草色遥看近却无”，这里的“雨”却充满新生的喜悦。人们赋予了“雨”各种情感，雨下落的姿态，凸显了人们各种各样的心情，它成了情感的代言物。

古今人士同是听雨、看雨、感雨，境界不同，感受自然也各异。少年风流，追欢逐笑；壮年坎坷，浪迹天涯；长夜听雨，心如死灰；凭栏倚望，满腹惆怅。雨更像是人生境界的象征。

字里乾坤

我国古代诗词歌赋与自然之物的结合，其中所表现出来的人类生存境界和人生态度与中华民族好静的传统性格恰恰相符。西方民族好动，中华民族好静，后者喜欢静观万物，领悟道理，因而对自然物象有了更丰富、更细腻的情感体验和感受。中国人这种喜物、爱物的性格恰恰培养了其注重自身修养的习惯，而此时的“雨”就是人们培养道德情操的媒介。

▷ 万事俱备时，要会借东“风”

字　源

风，八风也。东方曰明庶风，东南曰清明风，南方曰景风，西南曰凉风，西方曰阊阖风，西北曰不周风，北方曰广莫风，东北曰融风。风动虫生，故虫八日而化。

——（东汉）许慎《说文解字》

汉字履历

宋代大散文家范仲淹在浙江做地方官时，在富春山上的钩台上造了一座严子陵的祠堂。祠堂落成后，范仲淹为之写了《严先生祠堂记》一文。文中写道：“云山苍苍，江水泱泱，先生之德，山高水长。”文章写好后，将此文送给友人李泰伯看，李看后赞不绝口，随后对范仲淹说：“如果诗中改动一个字，那就更完美了。”范仲淹连忙请教。李泰伯说：“诗中写云山江水的话，意境很大，后面用一‘德’字来承接，便觉得有些局促，而且太呆板。把‘德’字改成‘风’字，你看如何？”范仲淹听了，连声说好，马上就把“德”字改成了“风”字，并且尊称李泰伯为一字之师。

“风”字在故事里的意思就是风格和风度。“风”有什么格调呢？自然就是逍遥且不屈了。这世界上有什么写不出来、画不出来、看不到的东西呢？当然就是风。风无影无形，却有质有量。古人作画，也只能借其他物体来表现风的大小。那么，“风”字又是如何来的呢？

甲骨文的“风”字是一只大鸟的形状，这其实是古时的“凤”字。上古时期，还没有“风”字。商周卜辞里面，通常都是借“凤”字作为“风”用。例如，“大凤”指“大风”。但是古人发现了“风动则虫生”的规律，所以根据这个特点，“风”字的小篆就变成了以“虫”表意、以“凡”表音的形声字，与“凤”字有所区别了。

风是一种自然现象，其本义就是空气流动的自然现象，特指空气与地球表面平行的自然运动。但是古人赋予了风人性的气息，他们把其理解成一种氛围和环境，例如风度、风格、风范、风俗、风波、风声鹤唳等。风还有表示男女情爱的意思，例如风流、风月。因为“风”这种自然现象也有暴虐放肆的时候，所以其引申义还有放荡、癫狂之义。

字里乾坤

风是一种自然的讯息。从气象学来说，风的强弱、干湿代表了天恩地泽。然而，人类赋予了风一种格调：无法掌握，逍遥自在。风的潇洒和不羁，风的温柔和狂放，皆是那么迷人。人若能把风的神韵把握住，做到来去如风般自在，就能达到庄子那“逍遥游”的境界了。

▷“雷电”之势震撼人心，做大事要会造势

字　源

靁（雷），阴阳薄动，靁雨生物者也。

——（东汉）许慎《说文解字》

汉字履历

雷声过后，风雨即至，这是一种自然现象。雷、雨同风一样，与万物生长有着密切的关系。《周易·说卦》里说：“雷以动之，风以散之，雨以润之。”雷鼓动万物，风散布万物，雨滋润万物。上面讲到了“风”、“雨”，这一节就来谈一谈“雷”和“电”。

甲骨文的“雷”字，中间弯曲线条表示闪电，旁边的圆圈和小点表示雷声。整个字雷声和闪电就是雷电的组合。“雷”字的金文由甲骨文衍生而出，然而，其字体演化为小篆之后，却变成了会意字，上面是

雨，下面是雷相连的模样，表示打雷下雨了。《说文解字》里指出了“雷”字的本义，即云层放电时发出的巨响。由“雷”的本义引申出了“巨大”的意思，比喻无可抗拒的强大威力；雷还用来指军火炸药，例如手雷、地雷、水雷等。

与“雷”这种自然现象伴生的除了“雨”，自然就是“电”了。人们在遇到雷雨天时，常常是先看到闪电，再听到雷声。然而，雷电的产生时间其实是相同的，只不过电产生的“光”传播速度远远快于雷产生的声音。雷电在古人眼中，被蒙上了神秘的色彩。古人认为雷电是雷公、电母制造出来的，如果什么人做了罪大恶极的坏事，就应该“电闪雷劈”，所以人们对雷电怀有敬畏之情。古人对雷电观察细致入微，从“电”字的造字就能看出。

汉字产生之初，“电”字还没有出现，人们用“申”字表示雷电。“申”的甲骨文看起来就是电闪时的模样，所以它成了“电”的本字。“申”是象形字这是毋庸置疑的。后来人们发现，闪电多在雨天出现，于是在“申”上面加一个“雨”，金文和小篆体的“电”字就这样出现了。“电”的繁体字作“電”，是由其小篆衍生出来，经过现代简化，才是我们今天看到的模样。而“申”字则用作历法，为干支中地支的第九位。

字里乾坤

雷电作为自然现象，展现了一种“速战速决”的气魄，不拖沓，不缠绵，强大而迅捷，人能从雷电中学来的，恐怕也就是这种雷霆万钧的气势了。在做事情时，若需要果断坚决，就不能有丝毫拖沓，否则就会延误解决问题的最佳时期。

▷ 从水到“冰”，贵在锲而不舍

字 源

冰，水坚也。

——（东汉）许慎《说文解字》

汉字履历

荀子曾说：“冰，水为之，而寒于水。”“冰”与“水”在化学上属于同一物，在物理上却是两种形态。古人在造“水”字的时候，以流水表示，那么“冰”字又是如何创造出来的呢？

“冰”字由于出现较晚，没有甲骨文，其金文看起来像水旁边有两个块状的水点，这两个水点本来在右侧，但是当“冰”字演变为小篆体时，两个水点到了左边，并且成了两个拱形线条，作“仌”（bīng）状。“仌”字是什么意思呢？原来水凝结成冰后，体积增大，其表面呈现了上涨（上拱）形，这就是“仌”了。按照“冰”字的造字结构，从“仌”从“水”，可以看出它是会意字。《说文解字》中解释“冰”：“冰，水坚也……冻也，象水凝之形。”而它的本义即是水冻结而成的固体。“冰”的物理状态光洁无瑕，所以它的引申义有清白、晶莹的意思，例如“冰清玉洁”，“一片冰心在玉壶”。此外，冰还比喻高尚的情操，例如“冰操”。

字里乾坤

古语有云：“冰冻三尺非一日之寒，滴水石穿非一日之功。”这其中暗含了人们无论是在学习、工作，或是在人生的目标追求中，成功并不是一瞬间的功劳，而是一个长期奋斗的过程。做人就应当具备这种“冰冻”和“滴水”的锲而不舍的精神，一旦确定方向就持之以恒地走下去，为了实现理想而坚持不懈地奋斗。

▷ 寒冬“霜雪”，冰清玉洁

字　源

霜，露所凝也。士气津液从地而生，薄以寒气则结为霜。

——（东汉）许慎《说文解字》

汉字履历

李白在《侠客行》里曾写过这样一句诗：“赵客缦胡缨，吴钩霜雪明。”兵器如霜雪般明亮刺眼，其锋利可想而知。“霜雪”在诗人的眼中，要么冰寒彻骨，使得“将军角弓不得控，都护铁衣冷难著”；要么就是两鬓斑白如霜雪的凄凉；要么如李白的“吴钩”那般锋锐；要么就表现冰清玉洁，白璧无瑕。霜、雪与其他自然现象都成了人们情感的寄托物。那么，究竟“雪”、“霜”是如何造字的呢？

其实，“雪”字的甲骨文看起来像连绵纠结起来的雨。雪是雨的一种形态，雨在一定温度下，凝结成形状各异的片状固体物，就是雪了。不过“雪”字的小篆却没有继承甲骨文的象形性质，而是从“雨”形，下面的“彗”表示扫帚。一把扫帚和雨在一块儿，雨是没办法扫了，但是雪却可以扫。因此，“雪”字就这样被造了出来，它是个会意字。

而“霜”字的甲骨文，上半部分是“雨”，下半部分却是“木”字的甲骨文，表示雨凝结在木上。雨要想停留在树上，自然就需要凝结成霜了。但是“霜”字演变为小篆却不再是会意字。人们在“雨”下面的木头旁边加了个眼睛，“雨”之下就成了“相”字。“霜”的读音从“相”，它从原来的会意字变成了形声字。《说文解字》里解释了“霜”的本义，即在气温降到零度以下时，近地面空气中水汽的白色结晶。

字里乾坤

由于雪和霜都是寒冷之物，所以二者搭配使用常有严峻、冷酷的意思，例如“雪上加霜”，比喻接连遭受灾难，损害愈加严重。不过，人们更常用它们比喻洁白之物，也有人把它们比喻为坚忍、傲然，其纯净受到许多文人骚客的喜爱。自古与其相关的诗句无数，例如：“平生所娇儿，颜色白胜雪。”“一别高人又十年，霜筋雪骨健依然。”“雪”、“霜”的高洁风骨和精神非常值得现代人学习。

第十二章 从四面“方位”中了解世事

▷“中”正平和，达到身心合一

字源

中，内也。从口，上下通。

——（东汉）许慎《说文解字》

汉字履历

皎然是唐代著名的诗僧，俗姓谢，字清昼，吴兴（今属浙江）人，为南朝谢灵运十世孙。一天，一个书生听说皎然的诗写得很好，便带着自己写的诗作去请皎然指点。皎然看后觉得其中“此波含圣泽”一句欠佳，便对那位书生说：“诗中的这个‘波’字用得不妥，是否考虑改一下?”书生听了皎然的话，不以为然，拂袖而去。但是皎然料定，那个书生想不通只是暂时的，他必然还会回来，于是在自己掌中写了一个“中”字，握之以待。不一会儿，那个书生果真又回来了，并且高兴地对皎然说：“你的意见很好，我考虑再三，‘波’字用得不太妥当，我想将它改为‘中’字如何?”皎然这时以掌上的“中”字相示，两人都高兴地笑了起来。

何谓“中”？不偏不倚也。中国为什么把自己的国家叫做“中”呢？皆因古人认为其所处的地点是大地的正中央，不偏也不倚。这个字表达的是抽象的概念，它的字形是如何构造的呢？

甲骨文、金文的“中”字像一杆多斿的旗，旗杆中段束扎木块，以增加旗杆的抗折强度。由于木块处在旗杆中段，把斿中分为上斿下斿，所以“中”的本义为中间。由“中”的本义引申出两段之间、四面等心的意思，例如“中心”、“中等”。由于“中”有不偏于任何一方的意思，所以也有“中庸”等词。

字里乾坤

中庸思想即指古代儒学的中庸之道，它着重于修养人性：博学之，审问之，慎思之，明辨之，笃行之。所追求的修养最高境界是至诚或称至德。它教育人们自觉地进行自我修养、自我监督、自我教育、自我完善，把自己培养成为具有理想人格，达到至善、至仁、至诚、至道、至德、至圣、合外内之道的理想人物，也就是“天人合一”，人与自然相协调的境界。平常人也许无法做到与自然、社会完全和谐一致，却可以通过修炼自己的德行来使自己变得逐渐完美，做一个德智双全者。

▷ 智慧在于“内”修和“外”养

字 源

内，入也。自外而入也。

外，远也。

——（东汉）许慎《说文解字》

汉字履历

古往今来，一旦国家内部和外部出现祸患，就以“内外交困”来形容。《说文解字》曾解：“内，入也。自外而入也。”“外，远也。”故而“内”、“外”相对，本义相反。二者本义即体现了其造字的过程。

“内”的甲骨文字形看起来像是一个“冂”（jiōng）中有一个“入”（尖锐的器具）。“冂”表示蒙盖，“入”表示进入的东西。这两个字合而表示事物被蒙盖在里面。本义是自外面进入里面。

再看甲骨文的“外”字，从夕，从卜。关于“外”字构架有两种说法，第一种是“卜”代表占卜，“夕”自然指的是晚上，整个字表示在夜间占卜。古代在夜里卜卦表明边疆有事。还有一说就是，人如果要在外过夜，就需要卜问吉凶。“外”字本义就是外面、外边、边上的意思。

有关“内外”二字合用的词语有很多，例如“内忧外患”、“外柔内刚”、“内外夹攻”。再如“外宽内忌”，比喻外表宽容忍让，内实猜忌戒备；“外巧内嫉”，比喻“外表乖巧温婉，内心嫉妒怀恨”；“外圆内方”，比喻表面温和，内心强硬。

字里乾坤

“内”和“外”的关系就像“里”和“表”的关系一样。事物的内外不一并不可怕，一一拆解就可以见到它的本质。可怕的是人的内外不一，表里不同。当面一套、背后一套的人多为卑鄙者，表面示好，暗地里却处处使坏，是人们尤其需要警惕的小人。

▷ 保持中立，避免“左”“右”为难

字 源

左，手相左助也。
右，手口相助也。

——（东汉）许慎《说文解字》

汉字履历

很久以前，有个读书人第一次去岳父家，走着走着来到一个岔路口。他不知该走哪一条路才好。他四下一看，见不远处有块石头，有个顽童在石头边玩耍。他连忙向那个顽童问路，那个顽童从石头后边探了一下头，没有说话。读书人以为顽童没有听明白，又问了一遍，那个顽童又从石头后边探了一下头。读书人以为顽童耍他，恼羞成怒，正要发作，忽然领悟到：顽童两次从石头后边探出头来，这不是告诉我，“石”字出头是“右”字，我该走右边这条路吗？他向顽童道了谢，就顺着右边的路走下去，没走多远果然到了岳父家。这是关于“右”字一个有趣的故事。

甲骨文“右”字像一只向右边伸出的手形，它是一个象形字，而这个甲骨文本来指的是“又”字，后来由于“又”多借用为副词，所以金文就在“又”下增加一个“口”，作为表示“右手”或“左右”的“右”的专字。“口”表示人的嘴巴，也表示方形的器具或建筑的某一部分，例如门槛、供桌之类。古人认为，劳动的时候，大多数人都用右手来拿劳动工具，所以《说文解字》中的解释完全体现了“右”的

创造来由。右的本义指右手，后来引申为指示方位，凡在右手一边的皆称"右"。古代尊崇右方，把右方视为较高的位置。

而与"右"相对的概念，当然就是"左"字了。

甲骨文的"左"字是一个左手的形状，与"右"同为象形字。金文的"左"在手形下多了一"工"。有人认为"工"指斧、锛之类的农耕工具。《说文解字》有云："左，手相左助也。"意思是手辅助工具，即有左辅之意。后来"左"专门用来指"左手"，为了表示佐助之意，人们在"左"字的左边加一个"亻"，成为"佐"。"左"与"右"一样，引申为方位名词。"左"字还有较低位置或等级的意思，古人常以右为上，以左为下，所以如果被贬官，就称为"左迁"；如果不走正道，就叫做"旁门左道"。

"左"和"右"字常能组成词语，如果人们能把二者的关系处理好，就有"左右逢源"、"左宜右有"（干什么都得心应手）；如果二者的关系处理不好，就有"左顾右盼"、"左右为难"等词。

字里乾坤

"左右"是事物的两极，偏向哪一边，都会引起不好的后果。老子曾经说过："持而盈之，不如其已；揣而锐之，不可长保。金玉满堂，莫之能守。富贵而骄，自遗其咎。功成名遂身退，天之道也。"意思是：贪得无厌，不如适可而止。机关算尽、暗藏杀机的人，不能自保。金玉满堂的人，没有守得住的。有钱有势而且骄横跋扈的人，会种下恶果。功成名就急流勇退，才符合天道。生而为人，凡事不能做过，所谓物极必反就是这个道理。

▷ 遇事避免七"上"八"下"

字 源

上，高也。下，底也。

——（东汉）许慎《说文解字》

汉字履历

"上"就是指高处，"下"指低矮处，二者是相对的概念，在中国古汉字中，是典型的指事字。

甲骨文的“上”字，上半部分为短画，下半部分为长画，而“下”则正好将其颠倒过来。这里的长画是一个平面物的抽象概括义，短画则是任何物体的抽象代表。

“上”由本义的“高处”引申，指等级或品质高，如上级、上等；又指次序或时间在前的，如上册、上半年。上还可用作动词，指由低处向高处攀登，如上楼；还有由此处向彼处前进的意思，如上街、上班。“下”的本义指低处，引申义有等级或品质低、时间或次序在后等义，其组成词汇大多与“上”字相同。

“上”、“下”二字经常连用，常用来表示虚数或虚指，例如“五十岁上下”。二者还用来形容人不安的心情，例如“七上八下”。有两个字分别是用“上”、“下”加“心”组成，即是“忐忑”二字。人“心”又上又下，干什么都拿不准，当然就是“忐忑不安”了。

字里乾坤

“上”字代表一种积极向上的意义，如“吃得苦中苦，方为人上人”，在这里，“人上人”指才能出众的人，此句话意指让人主动奋斗。每个人都是自己生命的主人，应用哲学的智慧疏导生命的激情，向上勃发，积极进取。

▷ 勿“南”辕“北”辙，慎重选择前行路

字 源

南，草木至南方有枝任也。

北，乖也，从二人，相背。

——（东汉）许慎《说文解字》

汉字履历

中国古代的建筑均讲究“坐北朝南”，南与北在古人眼中是泾渭分明的两个方向，那么究竟“南”、“北”二字是如何造就的呢？

相传上古时，黄帝与蚩尤曾在涿鹿之野发生战争。在这场战争中，黄帝发明了指南车，车上有一个木制仙人，仙人的手永远指着南方。适

逢大雾，交战双方都迷了路，黄帝凭借指南车引导方向取胜，蚩尤兵败被杀。古人很早就根据地球的物理现象，发明了指南的仪器。不过最早的“南”字，却并非来自于指南车。

甲骨文、金文中的“南”字，像是钟一类的悬挂敲击乐器，本义是乐器，后来借指方向。《说文解字》上讲：“南，草木至南方有枝任也。”因为南方属于阳面，草木生长都有向阳的习惯，所以“南”即是草木生枝发芽的地方。“南”字的小篆是前两者的演化，经过隶变之后，字体定型。再看甲骨文的“北”字，像两个人相背而立的样子。《说文解字》上讲：“北，乖也，从二人，相背。”所谓“乖”，在过去指两人之间的关系不协调，本义是“背对背”，即“违背”的意思。徐灏在《说文解字注笺》中曾说“北”与“背”是古今字，后来把“北”借用来表示方向，“北”的“背”意渐渐消失了。为了方便使用，人们在“北”下加“月”，“月”表示肉，这便是“背”字的由来。

因为有“坐北朝南”一说，所以南侧为遵，北侧为臣，故有“南面称孤”一词，表示自立为王。南北二字组成的词语不胜枚举，如“南腔北调”指人的语音不纯，夹杂南北方言；“南辕北辙”指欲南行而车向北，比喻行动与目的相反，后人用来比喻背道而驰。关于“南”和“北”，还有这样一件有趣的事情。

清朝乾隆五十三年，工部衙门被大火烧光，工部尚书金士松亲自监工，督造新的工部衙门。一天，群臣议事过后，大家闲聊起来。

一位说：“这工部，所主皆水利工程之事，不妨称为水部。”

另一位说：“其实早有人称水部了。有趣的是，水可以灭火，而这次，却是大火烧掉了水部。”

大才子纪晓岚说：“我这里有个出句，请各位大人对。”待他缓缓说出后，众人谁也对不上。

“水部火灾，金司空大兴土木。”司空，本来是汉代官制，与司徒、司马合称“三公”，清代常称工部尚书为司空。因此，出句所说的，全是实事，对句也不能虚构。

其实，纪晓岚本人也正在想下联，对了很久都对不上来。正巧此时进来一位内阁中书，此人是南方人，长得身高体壮，常说自己是“南人北相”。纪晓岚一击掌说：“有了。”他走到中书面前，拍拍他的肩膀说：“正在对句，只好借你一用，请不要在意。”于是，他吟出下联：“南人北相，中书令什么东西。”以“南北中东西”对上联的“水火金土木”，真是妙对。

字里乾坤

“南北”跟“东西”不一样，“东西”可以并提并用，而“南北”却分得格外明晰，从其组成的词语和上述典故就可以看出，二者截然相反。中国的地理位置决定南为阳面，北为阴面，阴与阳不可同在，南北当然不能共存，选择一方，就无法选择另一方。这就像人们选择自己的人生之路一样，选择了一条路，就不能回头，中途即使调转方向，也只不过是一个新的开始，并不能抹杀之前的一切经历，也无法回到最初的那一点，从头再来。所以，每个人都应对自己的人生负责，慎重选择前进的方向。

第十三章　今日事今日毕，时间禁不起蹉跎

▷ 万物复苏，最是一年“春”好处

字　源

同本义春，推也。从艸屯，从日，艸春时生也。会意，屯亦声……今隶作春字，亦作芚。

——（东汉）许慎《说文解字》

汉字履历

朱自清的散文《春》里有这样一段话：“春天像刚落地的娃娃，从头到脚都是新的，它生长着。春天像小姑娘，花枝招展的，笑着，走着。春天像健壮的青年，有铁一般的胳膊和腰脚，他领着我们上前去。”春天是生物萌发的季节，北半球温带的春季，冰雪消融，河流水位上涨，植物开始发芽生长，鲜花开始陆续绽放。冬眠的动物缓缓苏醒，许多以卵过冬的动物孵化出来，候鸟从南方飞回北方。许多动物在这段时间里繁殖，因此中国人常常称呼春季为“万物复苏”的季节。对农民来说，春季更是播种农作物的最佳季节。春季是一个充满希望的季节，古人在创造“春”字的时候，就紧紧抓住了春天的特点。

甲骨文中的“春”字，形体是两个“木”、一个“日”、一个“屯”，其中“屯”（tún）既是“春”字的声旁，同时又是草木嫩芽的象形。“春”字表达的意思就是阳光普照，草木萌生，一派生机勃勃的景象，它是个会意字。“春”的金文是由甲骨文演变而来的，两“木”到了上面，下面是左“屯”右“日”；小篆字形则是左“日”右“屯”。“春”字隶变以后，除“日”之外，其他部分都看不出来了。

“春”的本义为“阳光普照、草木丛生”，这种景象只有在一年之首的春天才能看到，所以后来便以“春”作为一年四季的第一季节名，大约在农历的正、二、三月。所以，“春”有“生机”等意思。

字里乾坤

民间有句谚语：“一日之计在于晨，一年之计在于春。”春天是万物的生长期，在这个时节，生物都在蓬勃生长，以求将来能够活得更好。人的青春也是人一生中的春天，青春的创造力也是无穷的。珍惜宝贵青春，人就能创造出奇迹，创造出财富；反之，浪费青春年华，虚度青春的人，除了惭愧之外，将一无所得。

▷“夏”虫不可语冰，不要对牛弹琴

字　源

夏，中国之人也。

——（东汉）许慎《说文解字》

汉字履历

“华夏”一词是中国和汉族的古称，春秋以后，又称诸夏。古人将华夏与蛮夷或裔对称，以文化和族类作为区分的标准。那么，中国人为什么要称自己为“华夏”子民呢？这个“夏”字到底是什么意思呢？

金文和小篆的“夏”字，从页，从臼，从夊。页代表人头，臼代表两手，夊代表两足，整个字形像一个头身手足俱全的人。这个汉字比起其他表示人各种形态的汉字，显得更完整和谐，因此，先人借用这个美好的字作为描绘整个民族的用字。

《尔雅》中有云：“夏，大也。”由于“夏”的完美，表示仪表堂堂之人，所以“夏”又引申出“大”的意思。这个意象的成立，大概在春秋战国之交。战国后期，封建大一统观念深入人心，“夏”与“大”的意义日益相合。其实，在此之前禹所开创的“夏朝”就已经是大一统王朝的标志。夏朝是我国第一个王朝，脱离了原始社会的生活体制，阶级社会从此开始，统一的观念令人们钟爱着“大”，所以完美如“夏”，和“大”就有了契合之处。

“夏”由“大”又引申出“华彩”。唐贾公彦解释说：“夏谓五色，至秋气凉可以染五色也。”《尚书·孔氏传》中有“冕服采章曰华，大国曰夏”之语。孔颖达为《尚书》作疏时说：“中国有礼仪之大，故称‘夏’，有服装之美，谓之‘华’。”华夏一词，是中国古代中原地区人的自称，有显现自己为天下中心之意，充满自豪感。后来华夏民族融合了许多少数民族，他们在相互同化中逐步发展成为新的族体。为了体现这种民族大一统，后来“华夏”变成了中国各民族的合称。

“夏”被人们视为美的代言，所以用来作为一年四季中第二个季节的名称。因为夏季草木繁盛，为花期旺季，物华天宝，美丽异常，由此，“夏”也就被借用指这个季节了。

字里乾坤

民间有句俗语：“夏虫不可语冰。”生活在夏天的虫子，寿命何其短暂，必然活不到寒冷的冬天，所以对其说冰雪，仿佛对牛弹琴，夏虫当然不知所云。人们期待夏天的美好，却不可以做一只目光短浅的小小夏虫，当下虽有美好之物，但未来还有冬季严峻的考验。如果沉溺于眼前，满足于对人生、对社会、对世事的一点认识，那我们就只能拥有夏虫的思维模式：全部的知识仅在壳里，而我认识到壳里的全部知识，一切的知识就尽在我的掌控之中。这种思想是自大的，是可笑的。

▷ 一叶知“秋”，从秋色中感知自然美

字　源

秋，禾谷熟也。

——（东汉）许慎《说文解字》

汉字履历

自古逢秋悲寂寥，我言秋日胜春朝。

晴空一鹤排云上，便引诗情到碧霄。

唐代著名诗人刘禹锡的一首《秋词》，把秋天的景致、心绪表现得淋漓尽致。本诗是作者被贬朗州后写的。历代诗人描写秋景，大多离不开萧瑟空虚、冷落荒凉的感伤情调，此诗却一反常调，热情赞颂秋天的

美好。诗人一开始就否定悲秋，认为秋日胜过生机盎然的春天。以一鹤凌云凸显了秋高气爽、万里晴空、白云飘浮的开阔景象。诗人驰骋想象，心念随着凌空的白鹤飞到“碧霄”，意境开阔，飘洒自然，天地一片美景融融。古人在创造“秋”字的时候，展现的就是喜秋而不是悲秋。

“秋”字在甲骨文中有两种写法，第一种写法的“秋”字看起来像一只蟋蟀的形状，上面是蟋蟀的触角，背上突出的部分是蟋蟀的翅翼。蟋蟀在秋天鸣叫，又叫秋虫，因此，古人把蟋蟀鸣叫的季节叫“秋”。第二种写法的“秋”字是在前一“秋”字下加“火”而成，为会意字。秋天除了秋虫鸣叫之外，也是丰收的季节。由于熟了的禾谷颜色似火，于是古人就在前“秋”字的基础上加上“火”构成另一个“秋”。关于这个结构，也有的学者认为：古人在庄稼收割后，在田间就地焚烧禾草，一方面作为地肥，另一方面可烧杀害虫。在虫下加火，表示烧杀蝗虫之意。所以，篆书的“秋”字简化为从火从禾，突出了庄稼成熟似火或秋天焚烧禾草的意思，而非秋虫。

“秋”字从甲骨文到小篆、到隶书再到楷书，其构形几经变化，学者对于“秋”字的解释也各执一词，但始终都是以秋天的特征来对秋天进行描绘。由于秋天清爽温良，人们用“秋波”来形容人的眸子清如秋水。用“秋”字也可以组成许多词语，例如“秋霜”，比喻人的头发白了，如同沾染了秋天的霜气。还有“秋毫”，秋毫是鸟兽在秋天新长的细毛，比喻十分微小的事物。成语“明察秋毫”原形容人目光敏锐，任何细小的事物都能看得很清楚，后多形容人能洞察事理。再如“落叶知秋”，比喻见到一点苗头就能看清事物的发展方向。

字里乾坤

“秋”还是古代诗人常用的意象，用来表现自己的心情及思想。在古文人眼里，秋天常是秋风萧瑟、草木枯败，一片肃杀的景象。秋天一是伤别离，二是思乡情切，三是感叹世事，四是睹物思人。这是诗人词人最常表达的情感。然而，今人不似古人那般伤感，而多以“金色”喻“秋”，企盼丰收。“秋”是收获的季节，此时，人们应该保持一个好心情，看看秋叶，赏赏秋景，在一片和谐的秋色当中修身养性。

▷ 历经寒“冬”才能等来春色

字　源

冬，四时尽也。

——（东汉）许慎《说文解字》

汉字履历

白雪皑皑，风号雪舞，千里冰封，寒花晚节，天凌地闭，岁暮天寒，雪虐风饕。以上的每一个词，都是描写冬季天寒地冻的情景。温带的一年四季分明，在这里，冬季意味着沉寂和冷清。生物在寒冷来袭时躲进了小窝，大部分植物飘零孤苦，候鸟会飞到较为温暖的地方越冬。冬季往往一片萧条，而古人在造“冬”字的时候，也考虑到了这一点。

甲骨文的“冬”字不是真正的“冬”，而是“终”字。“冬”与“终”在古语中相同，商周甲骨卜辞里都将“终”作“冬”使用。甲骨文中的“终”字像一挂丝线已经用到了尽头，表示终极、终结之意，它是个会意字，表示东西、时序已经终了，继而表示进入一年四季之末——最寒冷的季节。金文的“冬”字，字形像太阳被锁在一间封闭的房子里，表示冬天是寒冷的，阳光都不温暖了。“冬”的本义是寒冷，后来用作最后一个季节的名称，阴历十月至十二月为冬季。

字里乾坤

冬季虽然万物萧条，梅花却开得正旺。古人有云：“不经一番寒彻骨，哪得梅花扑鼻香。”经过“冰寒彻骨”的锻炼，人的意志才会变得愈发坚强。再说“天时人事日相催，冬至阳生春又来”，冬季来了，春天也就不远了。人经过“寒冬”的锤炼，锻造了刚强的意志和筋骨，抖擞了精神，就会奔向更好的春色人生。

▷ 像珍惜生命一般珍惜美好“年”华

字 源

秊，谷熟也。

——（东汉）许慎《说文解字》

汉字履历

过年大概是每一个孩子最期盼的日子，因为这个时候可以拿到很多的压岁钱。什么叫“过年”呢？这里的“年”指的不是一整年，而是所谓的春节。农历正月初一是春节，又叫阴历（农历）年，俗称过年。春节起源于殷商时期的祭神祭祖活动，我国古代先民经过一年辛勤劳动，在岁尾年初之际，便用他们的农、猎收获物来祭祀众神和祖先，以感谢大自然的赐予，这就是“腊祭”。

关于过年的来历，民间还有另外一种传说：古时候，有一种叫做“年”的凶猛怪兽，每到腊月三十，便串村走户，觅食人肉，残害生灵。有一个腊月三十晚上，“年”到了一个村庄，适逢两个牧童在比赛牛鞭子。“年”忽闻半空中响起了啪啪的鞭声，吓得望风而逃。“年”又窜到另一个村庄，迎头看见一家门口晒着件大红衣裳，它不知其为何物，吓得赶紧掉头逃跑。后来，“年”又来到了一个村庄，朝一户人家门里一瞧，只见里面灯火辉煌，刺得它头昏眼花，只好又夹着尾巴溜了。由此，人们摸准了“年”有怕响、怕红、怕光的弱点，等下一次“年”再来的时候，人们便燃起晒干的竹子，贴上红字。后来，又逐渐演化成放鞭炮、贴对联等过年的风俗。

“年”真的是一种怪兽吗？当然不是，这一点从“年”字的字体构造和历史演变就可以看出。

甲骨文“年”字的上部是“禾”，下部是一个“人”，整个字是一个人的头部顶着“禾”的形状，象征着禾谷丰收的情形。有学者认为，“年”字描绘的是古代人民庆贺丰收的丰收舞。不管怎样，“年”始终与丰收有关，而其本义即是“禾谷丰收”。由于古代北方的农作物多是一年一熟，所以西周中期开始，人们便以“年”纪岁。一年表示地球绕太阳一圈的时间。用“年”作时间单位也是历法中最常见的，由此引申出岁数、年纪等意思，例如“年轻”、“年龄”等。由于“年”表示时间，所以人们也用它来表示岁月，例如“豆蔻年华”等。

字里乾坤

岁月如梭，经不起蹉跎；年复一年，时间过得迅捷无比。人只有把每一年都紧紧地抓在手里，好好地利用时间，才会如农民收获庄稼一般，获得丰收的喜悦。

过“午”不候，为自己定下标准和尺度

字　源

午，五月阴气午逆阳，冒地而出。

——（东汉）许慎《说文解字》

汉字履历

“锄禾日当午，汗滴禾下土。”午时农人汗如雨下，自有一番劳苦和辛酸。“午”字在这里指的就是一天当中最热的时间。“午”在地支中排第七位，和天干配合用作纪年，而十二地支又用来计一天当中的时间，“午”字刚刚好排到了白天的正中央，所以人们就把这段时间叫做“午时”。但是“午”字的来源及其本义，与时间可是一点关系也没有。

“午”的甲骨文像是绳子拧在一块儿的模样。郭沫若先生在《甲骨文字研究》中曾考证：“疑当是索形，殆驭马之辔也。”他认为，“午”很可能是勒马的辔头（绳子），而其本义就是“御马索”。金文和小篆的字形与甲骨文的区别很大。许慎在《说文解字》里对小篆体的“午”字进行了解释：“午，五月阴气午逆阳，冒地而出。”他认为，“午”是五月阴气上升，从地面升腾而出。也许是因为表示地气，“午”字被借用去表示纪年和纪时。

字里乾坤

古语有云，过午不候。可见，古人把“午”视为一个极限，到了这个极限，

就不能容忍。其实，任何事物都有它的某种限度，超出这个限度，就会产生相反的效果；人也是一样，人的身体和心理都有一个尺度和标准，破坏了这个标准，人也会失去平衡。所谓“劳逸结合”、“张弛有度”，这才是修养之道，也是处世立身之道。

▷ 经“历”越多，越容易看淡一切

字　源

历，过也。从止，厤声。

——（东汉）许慎《说文解字》

汉字履历

有这样一个谜语：“一物生来身穿三百多件衣，每天脱一件，年底剩张皮。”谜底是什么呢？就是日历。日历是人们用来计算天数的工具。说起“历”字，与人民的生活实在密切非常。国际上计算年月日的历法叫做公历，而我国还有一种历法，是按照气候和农作物生长期来规划，叫做农历或阴历。而“历”字的古文字字形构造，恰恰与农作物有关。

甲骨文的“历”字上面是两个“禾”字，表示一行行的庄稼，下面是一足，脚趾朝上，脚跟朝下，表示脚从庄稼中走过。金文的“历”字在上面加了一个“厂”字，表示在山崖前种着一行行的庄稼，此后，小篆、隶书和楷书都沿袭了这种写法。由于“历”字的字形构造表示人在庄稼间穿越，所以它的本义即经过、越过，如经历、游历；由此引申为跨越、度过等义，如历劫、历载；又引申为统指过去的各个或各次，如历年、历代、历次等。

由于“历”表示跨越，可以用作表述时间的过渡，所以人们就把时间的整体规划称作历法。历法是推算节候和年、月、日的方法，一般分为三类：阴历、阳历、阴阳历。以月亮圆缺变化的周期为依据的历法为阴历，以地球绕太阳的运动作为依据的历法为阳历。阴阳历则同时考虑太阳和月亮的变化。记录年月日、节气的书、表等，也叫“历”，如挂历、日历、黄历。

字里乾坤

人们经历的时间越多，被岁月的磨刀留下的痕迹也就越多。看着日历一页页撕去，一面感怀岁月流逝得飞快，年华逐渐老去；一面庆幸自己经历了这么多的凡尘俗事，看透了世间的一切荣辱。经历是人心灵的负担，同时也是人宝贵的财富。经历越多的人，生活的经验就越丰富，往往也懂得避开那些伤害自己的人和事，为自己寻找快乐的出口。

▷“未”来的美好要靠当下去创造

字　源

未，味也。六月滋味也。五行，木老于未，象木重枝叶也。

——（东汉）许慎《说文解字》

汉字履历

有这样一串谜语，它们的谜底是同一个字：

成本一定要下降；

妹早嫁作西村妇；

宛如土下生根须；

一向上爬忘了本；

午后独自上西楼。

它们的答案是什么呢？现在就来揭开谜底。“成本一定要下降”，一个字需要下降“一”才能成为“本”，这个字不是“未”就是“末”。再看第二个谜语“妹早嫁作西村妇”，“妹”的“女”字旁嫁走了，剩下的就只有“未”字了，看来这一连串谜的谜底必然是“未”字了。

“未”排行在地支的第八位，五行属土，生肖属羊。人们在否定别人的时候，习惯用“未必”二字，表示不一定的意思，“必”是“一定”之意，那么“未”就是“不”的意思了。这个词，将“未”字的意思恰到好处地表达了出来。

“未”的甲骨文看起来像是一根没有树叶的树干，金文和小篆体都是甲骨文的衍生，而“未”字本义就是没有、不曾的意思。不过，“未”字是否定过去的事物，不否定将来没有发生的事物，与“不”是有所区别的，就像人们用“未”字表现将来，例如“未来”一词，但是没有人把将来称作“不来”。

字里乾坤

“未”表示的是怀疑的态度。世间的事物千千万，未知之物到处皆是，人类必须抱着虚心的态度去探索，整个社会才能进步。而对个人而言，也必须以谦虚的态度面对生活中的各种事情，凡事求甚解，个人的各方面素质才能大大地提高，因为未来的美好在于当下的积累。

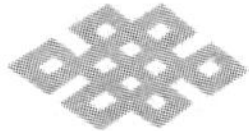

第五篇

一方水土一方人：汉字中的衣食住行

第十四章　手艺在手，一生不愁

▷“工”欲善其事，必先利其器

字　源

工，巧饰也，象人有规榘也。

——（东汉）许慎《说文解字》

汉字履历

春秋时期，鲁国有个技艺非常高超的木匠梓庆。他能制作各种精巧的木器，尤其擅长制造一种叫鐻的乐器。一次，他用木头削雕成一个鐻，它外形美观、花纹精细，见到它的人都惊叹不已，不相信这是人工做出来的，而好像出于鬼神之手。鲁国的国君见了这个鐻后，特地召见梓庆，问道：“你是用什么方法制成鐻的？这么精妙的手艺就像是鬼神用斧头做的一样。”“鬼斧神工”由此而产生。人与动物的根本区别，就是人懂得制造并使用工具，先民们开始使用文字后，就根据工具的形状创造了“工”字。

甲骨文和金文中的“工”字，像是斧头或铲状的工具的形状，下面部分是斧头的锋刃或铲刃，上面部分则是方便握持的柄。由此可以看出，“工”的本义是古代的一种生产工具。“工”字的字形一直以来都未发生巨大的变化，后来的小篆和楷书中的“工”字也只是在甲骨文和金文的基础上，下部由原来的斧头锋刃或铲刃变成了一横，但其意义并未发生变化。

“工”的本义是古代的一种工具，后来引申为使用工具干活的人，如《论语》中“工欲善其事，必先利其器”的“工”，泛指工人；“百工”指西周时期工奴和各种手工业工人的总称。

对于“工”的本义，有的学者提出了不同的看法，如许慎在《说文解字·工部》中说：“工，巧饰也。象人有规榘也。”他认为“工”

是一种技术性很强又十分细致、巧妙的工作，干起来必须按照一定的章法行事。这种观点同样也是从“工”字的字形得来的，他们认为“工”上下两横描写的是上下两根绳线或木玉石之类的东西，中间一竖是一条贯穿的东西，由此“工”的本义为贯穿。而在玉石上穿孔是颇费心力的，必须有高超的技巧和功夫才能完成，因此，“工”便含有精雕细刻之义。

字里乾坤

最高超的鬼斧神“工”之技也不过是熟练的产物，孔子说：“学而时习之，不亦说乎?”“温故而知新。”德国哲学家狄慈根说：“重复是学习之母。”这些关于学习的方法同样适用于现实生活的各个方面。那些在别人眼中看来不可思议的本领，全都是在一次又一次的重复中，逐渐磨炼出来的。只要掌握了这个关键，你也能拥有令人羡慕的鬼斧神“工”之技。

▷ 不受外界干扰，做事须“专”注

字　源

专，纺专。

——（东汉）许慎《说文解字》

汉字履历

中国的原始社会经历了旧石器时代和新石器时代两个阶段，到了以磨制石器为主的新石器时代，中华民族的先民们就发明制作出了纺线的工具，这种工具名为“纺专”。纺专是由陶质或石质做的一个圆形的“专盘”，中间有一个孔，插一根“专杆”。纺纱时，把麻或其他纤维捻一段缠在“专杆”上，然后垂下，一手提杆，一手转动圆盘，就可以促使纤维牵伸和加拈。待纺至一定长度后，就把已纺的纱缠绕到“专杆”上去。如此反复，一直到“纺专”上绕满纱为止。“专”字的产生，便与这种纺线工具有关。

甲骨文中的“专”字，左边为一只“手”的形象，右边部分即为纺专的形状，即“叀”。整个字形合起来就是用手进行纺织的活动。金文中很少有“专”字出现，到了小篆时期，“专”字的字形从左“手”右“叀”变为了上“叀”下“手”，但其纺织的形象仍可见端倪。经过后来的隶变与楷化之后，“专”字变成了繁体字中的“专”字。“专”的本义为纺织的工具“纺专”，后来，“专”字多为“单独”、“单纯”、“独一”等义。在汉字中，所有从“专”的字多有“盘旋”、“转动”等义，如抟、传、转等。

字里乾坤

关于“专”字，有一个出自《孟子·告子上》的成语典故——“专心致志”。从前有一个棋手名秋，他棋艺高超。秋有两个学生，其中一个学生非常专心；另一个却认为学下棋很容易，用不着认真，老师讲解的时候，他貌似认真听课，可心里却想着：“要是现在到野外射下一只鸿雁，美餐一顿该多好。”结果，两个学生一个进步很快，成了棋艺高强的名手，另一个却什么都没有学到。

无论做什么事情，都需要专心致志，用心去发现和运用其客观的规律性。只有这样，才能做到事半功倍，取得显著的成效。一心一意才能发挥人最大的潜力，如果为外界所侵扰，三心二意，终究会使自己无功而返。

▷ 认识“铸”，认识战争与和平

字 源

铸，销金也。从金寿声。

——（东汉）许慎《说文解字》

汉字履历

《史记·封禅书》：“黄帝作宝鼎，象天地人。”《墨子·耕柱》：“昔者夏后启使蜚廉折（采）金于山川，陶铸于昆吾。”这些历史记录都说明了我国早在夏朝或夏朝之前便已经出现了铸造技术。但“铸”字在甲骨文中很少出现，直到进入青铜时代以后，才有了“铸”字。

在最早的金文里，“铸”的字形构成非常清晰，由四个独立的部分构成：手、鬲、火和皿，整个字形像是以“双手”把“鬲”（新石器时代晚期出现的陶制炊器，宽口，圆身，三足空心。商周时代，开始用青铜制造。）放到“火”上去熔炼金属以铸成器“皿”。在稍晚的金文中，“鬲”下的“火”已经省略掉了，转而以“金”做意符，以“畴”做声符，字形大大繁化了。而战国时代的金文“铸”字，则又趋于简化：“双手”和“鬲”都不要了，只留下了“金”旁和“畴”旁，并将“皿”变而为“口”，实际就是“金”旁“寿”声了，已变为形体字。以这个时期的“铸”字为基础，发展出了后来的小篆、隶书和繁体字，形体都与其基本一致。后来，为了便于书写，将“铸”字的两部分“金”旁和“寿”旁都分别做了简化，最终变成了今天的楷书中的“铸”字。《说文解字·金部》：“铸，销金也。从金寿声。”可见，“铸”的本义是熔炼金属浇制成器，后来引申出“陶冶”、“培养”等义来。

字里乾坤

古代社会中，人们的“铸”不外乎两种——祭祀之器与战争之器，很多的祭祀也与战争有关。在那些战火纷飞的时代，过度的死伤让人们的生活充满了一种悲凉的气氛。经历了无数次的交锋之后，在战争与和平之间，人类很明智地选择了后者，但在日常的生活中，明智的人们却再次陷入迷雾之中。所有的问题都不会只有一种解决的办法，但在关系切身利益的事情面前，人们总是不由自主地会选择激烈的方式，以表达自己的意见与想法。了解“铸”甲销戈的智者，为何不能在现实生活中也以平和的心去面对争执呢？

▷ 真“理”是目标，也是接近真相的奥义

字　源

理，治玉也。从玉里声。顺玉之纹而剖析之。

——（东汉）许慎《说文解字》

汉字履历

和氏璧，是一块价值连城的宝玉。关于它，还有一个悲惨的故事：楚国一个叫卞和的人，得到了一块玉璞，将它献给厉王。厉王命玉人鉴定，结果说是块石头，厉王便以欺上罪砍了卞和的左脚。之后，武王继

位，卞和又将玉璞献上，结果仍说是石头，卞和的右脚也被砍去了。文王继位，卞和抱着玉璞在楚山下哭了三天三夜，眼睛都哭出了血。文王得知此事后，派人去询问，卞和说明了原委，文王便命玉人“理其璞”，从中得到了宝玉，后命名为“和氏璧”。这其中的关键便在于“理”。

《说文解字·玉部》中，“理”以玉为意符，专指依据石头的纹理，将玉从璞石中剖离出来的过程。

在整个发展的过程中，无论是金文、小篆，还是隶书、楷书，“理”字的字形基本没什么变化。

“理”以“王”为形旁，以“里”为声旁，“理”的过程是依据玉石的纹路而进行的，所以引申为物体的纹理或事情的条理，如“纹理”等。“理”的本义是把玉石雕琢加工，制成玉器，由此而引申出“治理”、“整理”的意思。同时，“理”还有一个非常重要的引申义——“道理”。凡是人心所向的、合乎原则的客观事物及其规律在人们意识中的正确反映，便是“真理”；凡是经过奋斗能够实现的符合客观发展规律的想象或目标，便是“理想”。

字里乾坤

真理一直是人们追求的目标，也是人们追寻的一种境界。那些可以称为真理的不应该只是掌握在极少数人的手中，也绝不可能会被这些人独占。有一句话叫做“实践是检验真理的唯一标准”，中国自古以来流传下来的一些俗语和谚语，便是经过了实践检验的真理，它们以最通俗的方式阐述了真理的意义。“理”无专在，向人们展示了真理的大众化。

第十五章　民以食为天，懂得品才知生命之味

▷ “醋”可调味亦可养生

字　源

醋，客酌主人也。从醋声。

——（东汉）许慎《说文解字》

汉字履历

醋是最古老的调味品之一。人类食用醋的历史非常悠久，有人认为约有一万多年。有关醋的文字记载，也至少出现在三千年以前。我国在数千年前已经掌握谷物酿醋的技术。关于醋以及“醋”字的产生，历史上有两个传说：一是相传在远古时期，夏代杜康的儿子叫黑塔，成人后他带领自己的部下东迁到现在的江苏靠近长江的镇江市一带定居下来，并在长江边上开设了一家酿酒的作坊。当酒糟用水泡至 21 天时，他打开缸盖，突然一股香味扑鼻而来。他一尝，感到这种东西又酸又甜，与酒不同。他想给这种物质取个名字，想了想，这东西是用酒糟经过 21 天制成，于是他用“二十一日”，即“昔”字加上“酉”字造了一个“醋”字，以此字作为这种又酸又甜的物质的名称。自此，镇江的醋闻名遐迩，至今为止，镇江的醋仍然是以 21 天为一个酿制周期。

另一个传说是杜康造酒时，将酒糟浸在缸里，二十一天后的酉时（下午五时至七时），他揭开缸盖，一股香味扑鼻而来，再尝尝缸里的水，香喷喷、酸溜溜、甜滋滋，味道很好。于是，杜康又照此制作，并把它推广开来。后来，造得多了，得有个专名才好，杜康想了许久，猛击一下脑门，这是 21 日酉时成功，“二十一日”加上“酉”不是“醋”字吗，就叫做醋吧。

这两个故事都体现了“醋”字的一种造字方式，不过这些都是传说，不足为据。“醋”字出现较晚，经过隶变之后成为今日的模样。在

我国古典文献中，“醋”本作“醯”（xī）或“酢”（cù），被称为“苦酒”。最初的制法是用麦曲使小米饭发酵，生成酒精，再借醋酸菌的作用将酒精氧化成醋酸。春秋战国时，醋是贵重的调味品，汉代才普遍生产。“醋”字本身的结构左边为“酉”。“酉”本是古代的盛酒器，在这里指代酒，这说明了“醋”与“酒”密切相关。《说文解字》认为“醋”是形声字，声旁为“昔”。醋除了本义外，还引申为嫉妒的意思，例如醋劲儿、吃醋等，带有强烈的感情色彩。

《本草纲目》上讲“醋可消肿痛，散水气，理诸药”，说明醋还可以作药。通常10年以上的老陈醋药用价值比食用价值要大得多。据说，老陈醋对降血脂有独特的功效，存放时间越长，疗效越好。在国外，在用醋防治疾病方面也积累了丰富的经验。西方医学的奠基人、希腊的希波克拉底医师（公元前460—公元前377年）曾赞赏食醋的医疗价值，并对呼吸器官的疾病、疹癣、狂犬咬伤等疾病使用食醋治疗。在罗马的民间医学中，也用醋来治疗创伤。食醋在日本也有悠久的历史，“少盐多醋”被日本人列为“长寿十训”之二。

字里乾坤

中国古代食醋一方面为了调味，另一方面为了养身，说明中国人很早就注重生活保健，这是人类思想进步的一种表现。健康是人的生命中最重要的东西，没有了健康，几乎等于失去了一切。“好身体是革命的本钱”说的就是这个道理。其实，健康也好、生活也好、处事也好，现代人都应当像古人那样多吸收对自己有利的东西，这是醋文化给人们的启发。

▷ 花间一壶“酒”，心醉而逍遥

字　源

酒，就也。所以就人性之善恶。

——（东汉）许慎《说文解字》

汉字履历

“李白斗酒诗百篇，长安市上酒家眠。天子呼来不上船，自称臣是酒中仙。”杜甫曾经作诗赞李白饮酒出诗，潇洒不羁。李白是唐代的诗人，素有诗仙的美名，而其著名的诗多是酒后所作。自古爱酒的文人骚客处处皆是，普通的市井小民也几乎日不离酒。

根据《战国策·魏策》记载：“昔者帝女令仪狄作酒而美，进之禹，禹饮而甘之。”这则传说，可能是后人杜撰的，但它表明早在四五千年前，酒便与人们的生活有很大关系，甲骨文中早就出现了酒字和与酒有关的醴、尊、酉等字。

“酒”的甲骨文左边为“水”，右边为“酉”。“酒”的属性为液体，所以从“水”旁。由于金文的“就”字是个酒坛子的形状，即“酉”，在周初金文里，这是“酒”的本字，因而“酉”的本义就是酒。“酒”是个会意字，本义为用高粱、大麦、米、葡萄或其他水果发酵制成的饮料。

关于酒的发明创造，民间流传着许多有趣的传说。相传，当年杜康造酒时，总是造不成，后来就请教了一位仙人。仙人告诉他要在某地某日的酉时取三个人的血，每人一滴，这样酒才能造成功。杜康就在指定的地方等人取血。不一会儿，过来一位文人，杜康上前说明缘由，于是那书生便在杜康的酒里滴了一滴血。书生走后又来了一位武士，杜康再次上前说明了原因，武士也在酒中滴了一滴血。武士走后，杜康等了很久也不见有人来，眼看酉时就要过去，正在着急时，远处来了一个傻子。杜康本不想用傻子的血来造酒，但一想这可能是天意，于是就取了傻子的血。酒造成后，后世喝酒的人便逃不了这三滴血的影响：开始喝酒时，像书生一样斯文；喝了一会儿，像个武士一样声高气壮；酒醉后，就像个傻子一样糊里糊涂。这是有关“酒”的趣谈。

《说文解字》里讲：“酒，就也。所以就人性之善恶。”这里体现了酒的引申义。酒和饮酒被人们赋予了感情色彩，通过他们可以探出人性的美与丑。例如酒肉朋友、酒色之徒，多有贬义色彩；再如酒品，指人在喝完酒之后的情态，酒品不好的人，喜欢生事或哭闹，多被他人嘲笑。酒本身能伤人也能救人，喝酒喝得多，对人体伤害很大，适量喝酒则能防止血液黏稠。

字里乾坤

中国的酒文化源远流长，在古代文学艺术的王国中，它对文学艺术家及其创造的登峰造极之作产生了巨大而深远的影响。因为饮酒常使人的思想处于缥缈自由的状态，心境逍遥，而自由、艺术和美是三位一体的，因自由、逍遥而艺术，因艺术而产生美。醉酒而获得艺术的自由状态，这是中国古代文人、艺术家解脱束缚，获得艺术创造力的重要途径。李白就是典型的例子。

中国的酒类型与酒文化的丰富皆是毋庸置疑的，饮酒的意义远不止口腹之乐，在许多场合，它都是作为一个文化符号，用来表示一种礼仪、一种气氛、一种情趣、一种心境。酒的酿造体现了劳动人民探索奋斗的精神，而“酒”本身也代表了追求绝对自由、忘却功名利禄及生死的精神特质。

▷ 从“鲜”中感知创新精神

字 源

鲜，鱼名，出貉国。

——（东汉）许慎《说文解字》

汉字履历

每当人们喝上一口美味无比的汤羹，往往会说上一个“鲜”字。“鲜”到底是什么意思呢？其实它的字体书写已经告诉我们它是如何被创造出来的。

关于“鲜”字的出现，曾有这样一种说法。相传孔子周游列国，一度困顿，因为缺衣少食，身边只有颜渊、子路、冉有、曾参等忠实弟子。有一天，孔子早晨只喝了一碗菜汤，待到中午，饮食还没有着落，弟子们没有办法，便分路乞讨。

子路捧着一块羊肉，满头大汗地跑回来，说：“先生，有羊肉吃了。”孔子见状，脸上显露出笑容。刚准备点火烹煮，冉有也提回几尾鱼，收拾好后随手放进了锅里。

羊、鱼同煮尚是首次，众人都没有吃过，不禁有些担心。不久，合烹的肉鱼很快就熟了。曾参先给孔子舀了一大碗，孔子尝了一口，觉得羊肉很香，鱼味很美，汤汁的味道分外好，令人回味无穷。孔子心想，鱼和羊肉合烹味道如此好，那就把“鱼”和“羊”合起来，称为“鲜”字。不过，“鲜”字是否是如此造出来的呢？先从它的字形开始分析。

“鲜”在甲骨文中还没有出现。金文中还有一个“鲜”字，其结构是由“鱼”和“羊”两字构成，并且“羊”字在上，“鱼”字在下，书为“羴”。“鲜”字的小篆仍然保持了“羊”和“鱼”的结构，只是二者的位置由上下变为“鱼”在左，“羊”在右。许慎在《说文解字·鱼部》中解释：“鲜，鱼名，出貉国。”古代的貉国地处北方，多吃羊肉，鲜少吃鱼。物以稀为贵，在貉国人们觉得鱼肉更加鲜美。因此，貉国人用“鱼”和“羊”造出了“鲜”字，意思是“像羊肉一样味道可口的鱼”。这才是“鲜”字的造字过程。“鲜”字的引申义有新的、刚出现的意思，例如“新鲜”一词。“鲜”字还有明洁、洁净的意思，如“鲜明”。

字里乾坤

古人喜爱新鲜的东西，现代人自然也喜爱新鲜，求新、求变是人类的本性，它是创新精神的原动力。因为有了对新事物的设想，为了这个设想，人们才去发明和创造，人类才不断进步。“鲜”字本身就是创新精神的一种体现，现代人应该注重培养创新精神，以求给自己创造更多的物质和精神财富。

“筷”：乐观心态的展现

字　源

箸，饭攲也。从竹，者声。

——（东汉）许慎《说文解字》

汉字履历

相传，尧舜时代，洪水泛滥成灾，舜命禹去治理水患。有一次，大禹乘船来到一个岛上，饥饿难忍，就架起陶锅煮肉。肉在水中煮沸后，因为烫手无法用手抓食，大禹不愿白白浪费时间等肉锅冷却，就砍下两根树枝把肉从热汤中夹出，吃了起来。从此，大禹总是以树枝、细竹从沸滚的热锅中捞食，这样可省出时间来治理洪水。久而久之，大禹练就了熟练使用细棍夹取食物的本领。手下的人见他这样吃饭，既不烫手，又不会使手上沾染油腻，于是纷纷效仿。这就是筷子的雏形，但是，真正的筷子出现得相当晚。

筷子原本叫做“箸”。《说文解字·笔部》解释：“箸，饭攲也。从竹，者声。”所说的“饭攲”就是吃饭时所使用的餐具，无疑“箸”就是后来的筷子。“箸”向“筷”的转变还有一段故事。古人十分讲究忌讳，由于“箸”与“住”同音，“住”有“止”、“停止”的意思。人们认为，以“箸”字作为餐具的名称不吉利，人人都希望自己在事业上一帆风顺、永不停止、快快成功，所以就用“竹”和“快”二字组成的“筷”字来代替“箸”。由于“箸”多用竹子制成，“筷”就这么出现了。“筷”的造字之所以用“竹”，是因为这种餐具多为竹子制成；而“快”除了发音外，也有表意功能，人们希望生活中能快快乐乐，吃饭自然也快快乐乐的，所以“筷”字就这么出现了。

字里乾坤

“筷”字的出现体现了古人乐观的生活态度，现代人在送礼时也经常选择送“筷”，希望对方高兴、愉快，以图吉利。“筷”字展示了中国人自古至今的达观思想，不因困苦而悲伤颓废，而是以乐观豁达的心态看待生活。现代人也应当培养这种乐观的精神，在繁忙的生活中如能保持身心愉快，则可以养身养心，不失为一个养生的好办法。

▷ 要目光如炬，不要目光如“豆”

字　源

豆，古食肉器也。

——（东汉）许慎《说文解字》

汉字履历

《孟子·告子上》曰：“一箪食，一豆羹，得之则生，弗得则死。”一捧饭，一碗汤，有它就能活，没有就得饿死。“豆”字在这里并不是我们今天所说的豆子，最早的“豆”不是吃的，而是用的。

甲骨文、金文的豆字，像一个上有盘下有高足的器皿，盘中的一横是指事符号，表示盘中所盛之物。豆是古代的一种食器，形似高足盘。据文献记载，商周的“豆”就其质地来看，主要是木制的，还有竹制的和陶瓦豆、青铜豆等，多用来乘肉。《说文解字》中讲：“豆，古食肉器也。”这指出了“豆”的本义。

大约在战国以后，“豆”从盛肉的器具逐渐转变成为祭祀的器具。“豆”后来由食器引申为量具，又指容量单位。《小尔雅·广量》：“一手之盛谓之溢，两手谓之掬，掬四谓之豆，豆四谓之区。”意思是一只手装的量叫溢，用两只手捧起的容量叫掬（捧），四掬的容量为豆，四豆的容量为一区。“豆”还可作重量单位，根据刘向《说苑》记载：“六豆为一铢，二十四铢重一两。”

“豆”明明是器皿，如何变成了植物呢？古代的豆科植物本称“尗”，把“尗”捡起来，就是“叔”，后来在上面加草字头，便是“菽”了。《诗·采菽》中的“采菽采菽”就指采豆子。到了汉代，“豆”就用来表示农作物的大豆了。部分学者认为这是假借词，即借用古代食器的“豆”指菽豆的“豆”。中国是最早栽培大豆的国家，距今已经有两千多年的历史了。古往今来，“豆”都是重要的粮食作物，一方面食用，一方面榨油。

字里乾坤

“豆”字虽然是食物，但是人们也赋予它感情色彩，例如比喻人愚蠢至极，就用“豆渣脑筋”一词。人若是对生活中的一切问题视而不见，也不去动用脑筋思考，抱着得过且过的想法生活，那么生活必然糟糕至极，比起一颗小小的“豆”恐怕都不如，只能做那些用完之后被人们弃之如敝屣的豆渣了。

▷ 凡事适可而止，不要贪“多”务得

字　源

多，重也。从重夕，会意。重夕为多，重日为叠。

——（东汉）许慎《说文解字》

汉字履历

在《史记·淮阴侯列传》中有这样一段对话：“刘邦问韩信：‘我能率领多少兵士？’韩信说：‘陛下能率领的兵士最多不过十万人。’刘邦又问：‘那你又能率领多少呢？’韩信说：‘臣当然是多多益善了。’刘邦笑着说：‘多多益善，那又为何被我降服了呢？’”

“多多益善”在这里形容东西或人等越多越好。“多”充分地体现了人类的需求欲，在其造字的过程中就表现出来了。

甲骨文的“多”字是重叠的两个“夕”字，“夕”在古代指肉，表示肉多的意思。周朝早期的金文体与甲骨文体几乎相同，小篆体的“多”字，与甲骨文、金文的形体相似。清代文字学家王国维说：“多从二肉，会意。”就是说“多”是以会意法造字，用两块肉构成，两块肉指代许多肉。也有人说，这两块肉的形体是古代祭祀时的两块供肉。由此可见，古人造字原是以两块祭肉并列或肉相叠来表示“多”的字义的。“多”由本义的肉多引申为表示数量大。

《说文解字》解释了“多”字的引申义，不仅如此，在《说文解字》中，“多”还是个部首字，既可以作义符，如“夥”，也可以作声符，如“哆”、“爹”、“眵”等字。

字里乾坤

《列子·说符》中记载了一则关于“多”的故事：杨子的邻人走失了一只羊，那人央求了许多亲戚朋友一道去寻找，又请杨子的家仆也一同去追捕。杨子说：“唉，走失了一只羊，何必要这么多人去寻找呢？”邻人说：“因为岔路太多了。”杨子的家仆回来后，杨子问：“找到羊了吗？”家仆说：“丢掉了。”杨子问：“怎么会让羊走失呢？”家仆说：“每条岔路之中又有岔路，我不知道要往哪条路走，只好回来了。”

杨子的弟子心都子听了这个故事，曾言：“大道以多歧亡羊，学者以多方丧生。”意思是大道因为岔路太多而丢失了羊，求学的人因为方法太多而丧失了生命。不管是古人还是今人，除了灾祸，恐怕凡是对人有好处的东西，“多多益善”当然是再好不过了，但是人们也不可“贪多务得”，凡事适可而止，对自己对他人皆有好处。

▷“有”无相生，淡然看得失

字源

有，不宜有也。《春秋传》曰：“日月有食之。”从月又声。

——（东汉）许慎《说文解字》

汉字履历

“杨乃武与小白菜”之案是清代四大冤案之一，现代人几乎都知道这个故事。不过，鲜为人知的是，这起冤案之所以沉冤昭雪，竟然是诉状中一个“有”字起了作用。

杨乃武是余杭（今杭州）人，为人正直，文笔犀利，好打抱不平，得罪了余杭知县刘锡彤、杭州知府陈鲁和其他劣绅恶棍，因而被诬与小白菜通奸，谋妻杀夫，沉冤长达三年之久。

杨乃武的姐姐杨淑英、杨乃武之续妻詹彩凤到京城上告都察院时，从运河坐船经过扬州乃武世交李耿堂老先生处，李老看了杨乃武在狱中所写的诉状，其中有“江南无日月，神州无青天”一句话，李老认为第二个“无”字用得欠妥，这样触及官场黑暗，反而于事不利。他提笔改成“江南无日月，神州有青天”。杨乃武的诉状中圣赞神州大地上必然有青天大老爷为他昭雪，这一个“有”字唤起了某些官吏心中的正义感，而这场官司就这样被重新审理，得以破案。

一个“有”字竟然有这么大魅力，真是匪夷所思。不过，“有”到底是什么？千古以来恐怕没人能说得清楚。佛家讲究“得”与“失”不过一念之间，也就是“有”和“没有”的界限并不明显，即便是现代人也无法说清，自己有什么还是没有什么。不过在远古时期，人们的生活单纯，只求温饱，而动物是原始人主要的食物来源，他们认为，只要有动物的肉，那就是“有”了。

甲骨文的“有”字，是一个手掌弯曲的模样。其金文则是像人手持肉块之形，表示“持有”的意思。“有”的小篆是由金文衍生而来，经过隶变之后，成为今日人们所用的“有”字。它的本义即指“占有”、“取得”，引申为“存在”之义。

《说文解字·有部》：“有，不宜有也。《春秋传》曰：‘日月有食之。’从月又声。”作者许慎认为“有”为形声字。所谓“不宜有”是不该有而有之的意思，即不该有月食却出现了月食。这里的“有”与食也有关，只不过引申为天体的食变现象。此外，“有”还有等候、等待的意思，例如“有望”、“有朝一日”。

字里乾坤

“有”与“无”相对应，没有就是无。这两个字充分体现了人性中的需求。在生活中，有些东西是自己的就是自己的，别人夺不去、抢不走，不是自己该得的，也不要强求。有句俗语说：“命里有时终须有，命里无时莫强求。”人们对待得与失如果能淡然视之，则可以身心轻松，活得也坦然舒适；如果一定要把“没有”变成“有”，又是力所不能及，便会伤了自己，还不如放下心中的包袱，珍惜眼前的幸福生活。

第十六章　阡陌交通之间，阅尽世间事

▷ 乘“舟”过河，物为我用又何妨

字　源

舟，船也。古者共鼓货狄，刳木为舟，剡木为楫，以济不通。象形。

——（东汉）许慎《说文解字》

汉字履历

在《圣经·创世纪》中曾记载了这样一个故事：人类互相残杀，暴力和罪恶充满人间，上帝后悔造了人，于是想要消灭地面上的生物。但他又舍不得消灭所有生物，于是他引发了一场大水，同时又提前告诉他认为有道德的人类——诺亚，让诺亚带着家人和少数生物，乘坐船活下来，开始新的生活，重新繁衍生命。

2 月 17 日那天，诺亚 600 岁生日，巨大的水柱从地下喷射而出，天上的窗户都敞开了，大雨日夜不停，下了整整 40 天。水无处可流，迅速地上涨，比最高的山巅都要高出 15 寸。在陆地上靠肺呼吸的动物都死了，只留下方舟里的人、动物以及植物的种子安然无恙。方舟载着上帝的厚望漂泊在无边无际的汪洋上，直到后来上帝让水退去，诺亚他们才活了下来。

这就是著名的“诺亚方舟”传说。人类著名的文明发祥地都在河流的周围，如黄河、长江、恒河、两河流域、尼罗河等，它们一方面带给人们肥沃的土地，另一方面也带来了水患，古老的方舟故事就体现了人与水患间的关系。不仅如此，人们为了横渡江河湖海，探索更远的地方，很早就学会了造舟、造船。上古有“天子造舟，比舟为梁”之说，意思是古代统治者把船造好，排起来，作为桥梁，用来渡水过河。

舟船最早起源于石器时代，距今大约有 7000 多千年的历史。人类首先发现可以乘坐漂浮在水面的树木或竹子到达彼岸，还发现将多个树干或竹子联结在一起可以使更多的人或物横渡江河，于是，浮筏出现了。随着生产力水平的提高，人类将树木加工成木舟、大船，最后，能够横渡整个地球的船只，追随人类进步的脚步产生出来。回过头来说“舟”，它是一切船只的始祖，那“舟”字是如何被创造出来的呢？

甲骨文、金文的“舟”字像一只小船，其本义即为船。“舟”字的小篆体稍稍有所变化，象形字的意味减弱，经过隶变之后，“舟”字的形体确定下来。“舟”除了船的意思以外，又用作器物名，古人称搁茶碗的小托盘为“茶舟”，也叫“茶船”。而“舟”字也作为偏旁部首来表示与船有关的汉字，如舫、舰、艇等。

字里乾坤

关于“舟”还有一个典故：唐代名臣魏征劝谏唐太宗时曾说过：“水能载舟，亦能覆舟”。这里的“舟”表示帝王，“水”表示百姓，也就是说，百姓能支撑一个帝王，也能推翻一个帝王，治国者只有明白这个道理，才能爱戴百姓，国家才可太平安宁。

这个典故虽然带有比喻意义，但也说出了“舟”本身的性质。舟本就是水里的小船，易翻易沉，但是，“舟”的发明却是人类生活的一大进步。荀子曾经说过：“假舟楫者，非能水也，而绝江河。君子生非异也，善假于物也。”凭借小舟，不会游泳也能渡过江河；君子与别人没有什么区别，就是善于凭借其他的物质来为自己所用。人之所以为万物之灵长，就因为懂得动脑筋和探索，当人们看到江河湖海的时候，想到的不是后退，而是造舟渡过，这就是人类进步的最原始动力。

▷ 三十六计“走”为上，避开不利形势

字 源

走，趋也。

——（东汉）许慎《说文解字》

汉字履历

《左传·曹刿论战》中曾有一段描写敌军逃亡的情景：“弃甲曳兵而走。”有人不禁要问，都丢盔弃甲了，怎么还用“走”呢？应该跑才对啊。事实上，古人所谓的“走”，就是现代人所说的“跑”。所谓

“徐行曰步，疾行曰趋，疾趋曰走”，就是这个意思了。

甲骨文、金文、小篆的“走”字上半部分均像一个摆动手臂的人形，下半部分是一个脚形，整个字像一个人迈开大步朝前奔跑的样子。在《说文解字》里，“趋”指的是快步走，而“走”的本义即是跑。到了近代，“走”字才渐渐由跑步之义转变成行走的意思。现代汉语的“走”就是走路，引申义为离开、移动、变化、趋势、拜访、修路、打通等。“走”字还作为偏旁，在汉字中广泛使用，例如赴、赶、超等。

字里乾坤

“走”字的典故很多。古有三十六计，最后六计是败战计，而败战计的最后一计就是“走为上”，意思是：如果用了前边35条计谋都不能成功，那最后干脆一走了之吧。这就叫“三十六计走为上策”。不过，中国传统精神主张“宁为玉碎，不为瓦全”，因此历史上很少有人把这条计谋拿来津津乐道。但是我们可以辩证地看待“逃”这一词。俗语有“留得青山在，不怕没柴烧”，在敌强我弱的情况下，我方撤退，可以保存实力，以图东山再起，这是最好的选择，这就是“走”字对人的启示。

▷ 不断超越自我，“登”上人生高峰

字　源

登，上车也。

——（东汉）许慎《说文解字》

汉字履历

自古以来，登山始终受人们的青睐，人们从最初单纯地翻越山岭，发展到对山巅景物的由衷喜爱，继而将登山看作一种运动，至今这种室外活动还受到广泛喜爱。“登山”，“登”字在这里的意思是“升，上，从下而上”。然而，“登”的本义却不是如此，它的本义与车有关，《说文解字》云：“登，上车也。”“登”字的意思就是上车，而它的古文字形，就是对这个意义最好的描述。

甲骨文的“登”字，从癶、豆。上面是“癶（bō）”的甲骨文，表

示两足叉开的背面；下面的“豆”，表示有足的架子，整个字看起来像一个人踩着车底下的脚架登车。“登”的金文和小篆就是由甲骨文演化而来，字形几乎没有变，经过隶变之后，字体确立为我们今日使用的“登”字。“登”的本义有“登上”的意思，所以引申为“从下而上”，“登山”一词就是这么来的；由“从下而上”又引申为进献之意，例如登荐，表示进献。后来，“登”又由进献之意转为增加的意思，由此又用来表示农作物丰收，例如“五谷丰登”。此外，“登”还有死亡或成仙的意思，例如，登天、登仙；也有即刻、马上的意思，例如登时。

字里乾坤

“登”字本身含有上进的意思，古代科举考试如果考中了，就用“登科”一词来形容。荀子曾说：“登高而招，而见者远。”站得高了望得远，这是普通百姓常说的俗语。人达到的高度越高，看到的东西就越多，见识也就越广。《孟子·尽心上》也提到：“孔子登东山而小鲁，登泰山而小天下。”孔子登上泰山，天地一览无余。这里表面上盛赞泰山之高、风景之美，实际上还是指人的眼界、视点要不断寻求突破，超越自我。高峰只对勇于攀登的人来说才有真正意义。人只有不断努力、拼搏，才可站到人生、事业、爱情的制高点。

困难面前游刃有余，“车”到山前必有路

字　源

车，舆轮之总名。夏后时奚仲所造。象形。

——（东汉）许慎《说文解字》

汉字履历

世界历史上的第一部车子是中国人发明的。据说，4600多年前的黄帝发明了车。早期的车由两个车轮架起车轴，车轴固定在带辕的车架上，车架上附有车厢，有的用来盛放货物，有的用来载人。而“车”字的古文字形，就是古代车辆的形象描述。

甲骨文的“车”字是俯视图，两轮在下，车架扶手在上；而金文的“车”字是横视图，突出了车厢，把马车上所有的结构，包括舆、轮、轴、辕、衡、轭等均表示出来。“车”字演化为小篆之后，为了方

便书写，只留下一根车轴上有舆（车厢）和两轮了。“车”字隶变之后，是其繁体字，作“車”，到了现代才简化。

考古发现，最早的车是商周时期的战车，以后也用作载物。最初的车辆都是人力车，后来人们开始用牛、马拉车，称为畜力车。据传说，畜力车是商汤的先祖相土和王亥共同发明的。先秦时期，马车的驾数（马的数量）可以看出一个人的身份，传说中有“天子六驾”，只有高高在上的帝王才能用六匹马拉车。“天子六驾”本是传说，但前些年在洛阳，一群建筑工人在地底下挖出了大型马车化石，其中就有“天子六驾”，形状令人叹为观止。

“车”由原来的步行代替物引申为机器、牙床骨、用车床切削东西等，如车床、辅车相依。“车”字还做偏旁部首，凡从“车”的字，大多与车及其功用有关，如轮、轨、载等。传闻黄帝的姓氏之所以是“轩辕氏”，与其在战争中发明的一种车战法有关。打仗时，将士都站在战车上；停战休息时，战士围成一圈，统帅立在中间，只留一个空当做门，以便士兵保护统帅。古人把有布幕的战车叫做“轩”，两车中间空当称为“辕”，因此发明这种车战法的黄帝，就被称为轩辕氏了。

字里乾坤

车到山前必有路。这句话比喻人们遇到困难时，关键时刻总有办法可想。这其中的乐观精神可见一斑。“车”的出现本身就是人们为了方便自己行动，它是人们因为走路累才创造出来的。有时候，与其为了解决一件事情而煞费苦心，却不得其法，还不如静观其变，也许办法就会接踵而至。

▷ 以史为鉴，“危”机背后即转机

字 源

危，在高而惧也。

——（东汉）许慎《说文解字》

汉字履历

根据《说文解字》里的解释，人登得高，自然会产生恐惧的心理，这就是“危”的本义。而“危”字的造字就是根据这种现象而来的。

“危”的甲骨文看起来是一个悬挂的东西。而其小篆字形上面为人，中间表示悬崖，下面表示腿骨节形状。它意味着一个人站在山崖上，表示地理位置特别高。由“危”的本义出发，有恐惧、忧虑的意思，例如“人人自危”；再由这个意思引申为威胁、挫败，例如“危害”。

以“危”字开头的成语有很多，例如“危若朝露”，意思是朝露见日即干，比喻人的生命危在旦夕；又如“危言耸听”，指故意拿吓人的话语来吓唬他人。

字里乾坤

有“危”必有“险”，正常的人面临危难，怎能不害怕、不退缩？然而，也有人能做到临危而不惧，这种人通常具有大智大勇。不过，人在遇到危险情况时，也要看自己的能力，正所谓“识时务者为俊杰”，如果遇到不可抗力的情况，应当选择退避，以保全自己，这对身心都是一种解脱；但如果涉及大义，就应当勇敢面对，而不能做缩头乌龟，一副心惊胆战的小人模样只会遭到鄙视。

第十七章　亭台楼阁，智慧离不开勤劳创造

▷ 所“向”披靡重在坚持

字　源

向，北出牖也。从宀，从口。

——（东汉）许慎《说文解字》

汉字履历

《齐民要术》中有这样一句话：“闭户塞向，密泥，勿使风入漏气。”意思是把门户关起来，把窗户也塞起来，保证密封之后再涂上泥巴，以确保风不会从外面进到屋子里来。这里的“向”与《诗经·豳风·七月》中“穹窒熏鼠，塞向谨户”的“向”的含义相同，都是“窗户”的意思。

无论是最早的甲骨文，后来的金文、小篆，还是现代的楷书，“向”字的字形基本没有什么大的变化，都像在一座房屋的墙壁上开着一个窗口的形状，也就是今天所说的窗户。

“向”是个象形字，《说文解字》中的“北出牖”指的就是向北的墙上的窗。“向”的本义专指朝北的窗口。上古时期，先民营造的房屋多是南北向，前为堂，后为屋，而且在前堂后屋里还开窗以通气采光。先民把窗通称为牖，把朝北的窗称为“向”。“向”是先民们为了夏天通风而在墙上打的一个洞，在冬天到来之前，他们就会将其堵上。这个“向”字真实地反映了上古时代人们居住条件的简陋。

“向”字由朝北的窗户引申出“对着”、“向着”的意思，如《庄子·秋水》：“于是焉河伯始旋其面目，望洋向若而叹。”意思是：于是黄河之神转过头来，望着北海若神长叹。此外，“向”字还引申出“方向”、“往昔”、“旧时”等意思。此后，“向”指“朝北的窗户”这个含义便消失了，于是古人又创造了一个“窗”字来取代“向”的本义。

字里乾坤

俗话说："石看纹理山看脉，人看志气树看材。"一个人只有有了明确的目标和远大的理想，才会朝气蓬勃、勇往直前。不同的人有不同的志向，就像登山一样。有的人发誓要登上最高的山，有的人只想攀上丘陵。唯有有了远大的理想，在实现理想的道路上坚定不移，一路"向"前，才能取得骄人的成就，毕竟"伟大的动力来自伟大的目标"。

▷ 细化每一件事，做到"井""井"有条

字 源

井，八家一井。

——（东汉）许慎《说文解字》

汉字履历

《淮南子·本经训》记载：传说大禹治水时，一个名叫伯益的人发明了凿井的技术和从井中取水的方法。龙得知此事后，害怕自己会被人类伤害，便驾着乌云逃往昆仑山。且不论这个传说是真是假，但最起码表现出了先民们用自己的力量战胜自然的事实。还有一个传说，远古时候，有一年，天下大旱，人们不仅无法播种，连日常用水也成了问题。神农氏之子章，在兰池女神的授意下，率领大家寻找水脉，终于挖到了地下河流，做成了圆圆的井。自此，用水有了保障。"井"字便是根据井的形状创造的。

甲骨文的"井"字，像一个水井井口上四周相互交叉的木石井栏，中间部分的空白处为井口，生动形象地表现出了"井"的本义为"水井"。金文和小篆中的"井"字，与甲骨文相比，中间的井口部分多了一点，以此来表明井中有水。

因为"井"字依据其象形而创，之后所有形似水井的事物皆可称"井"，如天井、矿井等。"井"不仅可以发展农业生产，还可以解决人们的生活用水。先民们就围绕饮水井筑房居住。古代制度，同一乡里以八家共井，也就是《说文解字·井部》中所说的："井，八家一井。"

后来井引申指乡里、人口聚居地。商周时期，统治者为了便于管理老百姓，实行了井田制。将一里见方的地划分为九个区，形体如“井”字，每区百亩，八人各分一区耕种，而中央为公田，各家“同养公田”。由于井田制的划分规定明确、分布整齐，所以“井”字还有“整齐”、“有条理”之义。

字里乾坤

克拉克在《优秀是教出来的》中提到：“把你希望做到的事情尽最大可能地细节化。”所谓的细节化，其实就是条理化。在现实生活中，如果每一件事情都能做到“井”“井”有条，那么不仅生活会高效很多，成功的概率也会增加很多。

▷ 保持冷静，看透“宫”中名利

字　源

宫，室也。从宀，“躳”（躬）省声。凡宫之属皆从宫。

——（东汉）许慎《说文解字》

汉字履历

“六王毕，四海一，蜀山兀，阿房出……二川溶溶，流入宫墙。五步一楼，十步一阁；廊腰缦回，檐牙高啄；各抱地势，钩心斗角……歌台暖响，春光融融；舞殿冷袖，风雨凄凄。一日之内，一宫之间，而气候不齐……”杜牧一篇气势磅礴的《阿房宫赋》，将秦朝那座无与伦比的建筑描绘得淋漓尽致。一把火将阿房宫烧成了灰烬，但这座奢华的宫殿却永远不会从历史中消失。

《说文解字·宫部》：“宫，室也。从宀，‘躳’（躬）省声。凡宫之属皆从宫。”可见，“宫”的本义是指房屋、居所。

甲骨文的“宫”字虽有不同的字形，但均为象形字，描绘的是先民穴居野处时代的简陋居室——洞，外面的部分都是洞口的形状。金文和小篆都是在甲骨文的基础上发展而来的，差别在于金文中的居室是分开的，而小篆中的则是相互连接在一起的。现在楷书中的“宫”字是以金文为基础发展而来的。

《诗经·豳风·七月》："我稼既同，上入执宫功。"意思是：我们刚将田间的庄稼收割完，又要去替那贵族修理房子。先秦的"宫"字是作为房屋的通称来使用的，这种"宫"是贵族和平民均可住的建筑。秦始皇统一六国后，为了表明自己的尊显位置，下令将"宫"用于帝王居住或理政地方的专称。从此，"宫"就专指帝王的宫殿，而其他人的居室则称为"室"。如秦代的"阿房宫"，汉代的"未央宫"、"长乐宫"以及明清的"故宫"等都是帝王的住所。"宫"由帝王居室的富丽堂皇又引申为"神仙的居所"，如古语中的"天宫"、"龙宫"等。现代汉语中的"宫"则是民众进行文化娱乐活动的地方，如少年宫、青年宫等。

字里乾坤

"宫"这个曾经的帝王居所，与名利总是很难撇得清的。名利，对每个人的诱惑都是巨大的。富甲天下，权倾朝野，这在古代是多少人梦寐以求的东西，而真正达到这一目的的人，多是通过巧取豪夺而登上了人生的巅峰。这样的人，多数贪婪、凶狠成性。孔子说"君子爱财，取之有道"，面对财富与权势，时刻都应保持一份冷静，切不可成为遭人唾弃的小人。

▷ 敞开心"门"，包容万象

字　源

门，闻也。从二户相对，象形。凡门之属皆从门。

——（东汉）许慎《说文解字》

汉字履历

相传，王安石老年罢相回家后，请了个叫鲁慧的木匠为他设计宅院。一天，鲁慧将设计好的图样拿给王安石看，王安石看了，赞许不已，最后在图样的空白处写了四句诗："倚阑干东君去也，霎时间红日西沉，灯闪闪人儿不见，闷悠悠少个知心。"鲁慧一看就明白了，这四句诗谜的谜底都是一个"门"字，说明王安石对门的设计不是很满意。于是，鲁慧便回去又将门的设计做了修改，改过之后的图样，王安石看了大为赞赏，这所宅院就是著名的半山园。

甲骨文中的“门”字，由两扇门上面加一横木构成，门框、门楣，无一不备，是一座完整的门形。可见早在商代晚期，房屋建筑中门的结构就已与现在相近了，几千年来门的形制几乎没有什么变化。金文中，“门”字去掉门楣，但仍保留着两扇门的原形。此后的小篆与楷书繁体都是在此基础上稍做调整发展而来的。

人类还在穴居时期，便已经知道要在洞穴的进出口处，加上用竹木藤条编织的用来挡风雨和抵御野兽攻击的门扇，“门”字便是据此而产生的。进入阶级社会后，“门”不只是供人出入的通道，还反映房屋主人的地位和等级。唐代诗人崔郊的“侯门一入深似海，从此萧郎是路人”中的“侯门”便是指官宦富户。同时，一门之内居住的多为一家人，“门”又引申为“家”、“家族”、“门第”等意思，过去婚姻中讲究的“门当户对”中的“门”便是“门第”之意。

字里乾坤

敞开“门”扉，打开心灵，才能看到更为宽广的世界。国际奥委会主席盛赞北京的奥运会是“无与伦比”的，世界各国来参加奥运会的人也纷纷表示此次北京的盛会是一次“开放”的盛会。这不仅仅是国家政策的开放，也是民众意识的开放。

▷ 无形的“牢”比有形的禁锢更可怕

字 源

牢，闲。养牛马圈也。从牛，冬省。取其四周匝也。

——（东汉）许慎《说文解字》

汉字履历

相传上古时刑律宽缓，于地上画圈，令犯罪者立圈中，以示惩罚。据说，“画地为牢”是上古四圣之一的皋陶发明的，他是史学界和司法界公认的“司法鼻祖”。周文王时代，有人犯了错，被处罚画地为牢，竖了根木头当作狱卒，其目的就是让人在里面反省自己的错误和罪恶。

西汉司马迁的《报任少卿书》中就有："故士有画地为牢，势不可入，削木为吏，议不可对，定计于鲜也。"其意思是：读书人即使是在地上画个圈作为牢狱，立块木头作为狱吏，也是不可以进入的。这个"牢"关住的是忏悔的心而不是实在的形体。

《说文解字》云："牢，闲。养牛马圈也。从牛，冬省。取其四周匝也。"甲骨文和金文中的"牢"字，外部为牲畜圈周围的护栏的形状，中间写有牛、羊等代表牲畜，合起来就是牲畜关在圈里的象形。小篆中的"牢"字还在圈栏出口处加了一横表示圈门，之后的楷书则又将小篆中的圈门省掉了。

"牢"的本义是养牛、羊等牲畜的栏圈，"亡羊补牢"中便采用的是"牢"字的本义。由于小篆"牢"字的栏圈中的牲畜无法从圈中跑出来，十分牢固，因而"牢"字引申为"牢固"、"坚固"之义，如《韩非子·难一》："期年而器牢。"其意思是陶器一年后仍然十分坚固。古代关牲畜的地方也常用来关犯人，所以"牢"字又引申为"监牢"，即现代汉语中所说的囚禁罪犯的场所。监牢是人类社会发展到一定历史阶段的产物，它是随着阶级的出现、国家的产生而产生的。"牢"字从关牲畜到关犯人的变化，反映了古代社会中统治者将犯人视为牛羊的反人性行为。

字里乾坤

如今的"牢"已经不同于过去，它不只存在于某个区域的某个地方，也存在于现代人的心里。或许是楼越建越高，人们心里的围墙也越筑越高了，在每个人内心的那片无边无际的沙漠中，除了海市蜃楼之外，就只有自己一个人，别人走不进来，自己也出不去。在人生路上，烦恼永远无穷尽。我们需要拥有可以容纳一切的胸襟，而不是将自己困在自己所画的"牢"笼之中度过此生。

▷ 找到适合自己的路，进而"出"类拔萃

字　源

出，进也。象草木益滋，上出达也。

——（东汉）许慎《说文解字》

汉字履历

远古时代，先民们最初住在山洞或地穴之中，以此来躲避野兽的侵袭。正如《易经·系辞》中所说：“上古穴居而野处。”后来，人们开始建造房屋，最初的房屋是一种半地穴式的简单建筑，即在地上挖一浅坑，以坑壁为墙，然后再在坑顶搭上草棚。整个房子一半在地下，一半在地上，而屋子的出入通道有的是斜坡，有的是土阶，先民们便在这简陋的房屋中进进出出，也由此而创造了“出”字。

甲骨文中的“出”字，字形的上部为“止”，像一只向上的脚，即“足”字；下部是一条上弯的曲线，表示这是一个门口或者土坑，象征古人穴居的穴形。上下合起来的意思是：从土坑里边走出来，表示人从屋中向外走出的意思。于是，“出”这么一个抽象的概念便巧妙而具体地描绘出来了。金文中的“出”字，将土坑变成了弯斜形，字形依然不变。发展到小篆，“止”讹变得如一株草一般，土坑也完全走样了。之后的隶变把小篆圆润的笔画变得方折，形成了隶书中的“出”字，在此基础上发展成了后来楷书中“出”的样子。

“出”的本义是从里面到外面，引申义有很多。用在动词后，则表示“显露”、“向外”或“完成”。戏剧里面所表演的情节，从开始到结束能构成一段故事的就叫一出。除此之外，还有“出现”、“产生”、“超出”、“到临”、“驱逐”、“往外拿，拿出”等义。

字里乾坤

人人都想在自己所处的领域中成为第一，希望在自己设定的时间里“出”类拔萃，但大多数的人都无法实现这一愿望。现代社会的竞争是异常激烈的，在我们想要爬到山顶的同时，也有无数的人在往同一个方向前行，关键就在于，我们是否能够找到那条最适合我们的路，花费更少的体力，达到出人头地的目的。

第六篇

一往情深深几许：
汉字中的金玉良缘

第十八章　男女：此情可待成追忆，只是当时已惘然

▷ 男：一块田一把力，拼搏努力才是真汉子

字　源

男，丈夫也。从男从力，言男用力于田也。

——（东汉）许慎《说文解字》

汉字履历

中国古代发展到母系氏族社会后期，农业产生并得到了很大的发展，由于男子的体力优势，他们逐渐成了农耕的主要承担者。人类历史开始由母系氏族社会向父系氏族社会过渡，并逐渐形成了“男主外，女主内”的家庭模式。农业生产是男子从事的劳动，从“男”字的造字过程便可见一斑。

甲骨文和金文中的“男”的字形都是左“田”右“力”。“田”，外围方整，中间阡陌纵横。“力”是一种耕田农具的形状，这种工具即古代的“耒”，它的上部是木制的柄，下部是犁田的“犁头”，加起来表示有力量。“力”在“田”旁，意思是致力于农田耕作。所以，“男子力于田”即“男”字的本义。“男”字发展到小篆阶段，字形变为上“田”下“力”。这是因为小篆的形体都是竖长方的，上“田”下“力”可以写成竖长方，左“田”右“力”不适应秦代统一文字形体的需要。同时，也是因为上下结构的“男”在小篆里写起来更方便。楷书沿袭了这种结构，“男”字基本定型。

在当时的社会中，有力气、有技术的青壮年很受尊敬，被称作“男”；有些以农业为主的部落首领也叫作“男”；后来，五等爵位（即公、侯、伯、子、男）的第五等爵，也叫作“男”。“男”字直接反映了古代社会的生产力和生产关系，也直接反映了从“母性中心”递变为“男性中心”社会的问题。

经过长期的演变后，“男”字的形象仍然可以清楚地看到创造之初所要表达的含义。它不仅表现出了古人造字的来源，同时，也记录了人类社会发展过程中，一个至关重要的历史阶段——父系氏族社会的逐渐形成与壮大。

字里乾坤

父系社会造成了古代男尊女卑的思想，男子大多以大丈夫自称。俗语有云：“好男儿志在四方。”身为男子，应有气概和眼量，应该有放胆施为、勇敢担当的想法，因为他们比女性有更多的力量，这样的人才配得起“大丈夫”一词。

▷ 女：每个女子都有独属于自己的美丽

字　源

女，妇人也。象形、王育说。凡女之属皆从女。

——（东汉）许慎《说文解字》

汉字履历

在如今提倡男女平等的社会里，女子的地位正在不断提高，但自从父系社会以来，中国历史上长期存在的男尊女卑的观念仍然渗透在社会生活的方方面面，包括“女”字的产生，也受到了这种观念的影响。

“女”字是一个古老的象形字。甲骨文中的“女”，是一个双手交腕敛在腹前的端庄地以脚板垫着臀部坐着的女子的形象。她头上的一横，是根横插在盘起的头发上的簪（用来挽住头发的一种首饰，古时也用它把帽子别在头发上）。从前，男女到了成年和婚后，都要拢发戴簪的，所以我们的祖先便抓住这些特征来创造“女”字。“女”字形象正是古人家居的姿势，古人并不像现代人那样坐在椅凳上，而是如“女”字初形所描摹的那样，双膝着地而臀部压在脚后跟上。

“女”字造字的形象思维与“男”字突出男子以农耕为职业的特征相类似。父系社会形成后，女子在家庭中的地位下降，她们的主要任务是从事家务劳动，“女”字的字形正是强调了古代妇女主内持家，依赖男子为生，处于被统治、被奴役地位的特点。《白虎通·嫁娶》云：

“女者，如也，从如人也。”“如人”就是听命于男人。对甲骨文形体的“女”字，也有人作出了不同的解释：“象侧立俯首敛手曲膝形，表示女子温柔顺从之意。”

从甲骨文到金文，“女”字形象变化很大，女子头上的簪简省掉了，头身相连了，腿脚拉直，整个字横斜过来。到了小篆时期，“女”字中女子的坐姿和脚开始有了变化。在此基础上，进一步发展成了现在楷书中的“女”字。

“女”的地位并非从一开始便是如此低下，也有过辉煌的过去。在母系社会里，妇女在氏族社会中居于支配地位，无疑也支配男子。世界各民族历史的发展，普遍经历了这一历史阶段。这一历史现象在汉字中也得到了反映，汉字中许多表示姓氏的字是从“女”的，如姬姓、姒姓、姜姓、姚姓等。

虽然女性的社会地位在历史上发生了变化，但在生命的历史中，女性与男性一样重要。女性的美丽，女性的温柔，母性的慈爱……这一切都使这个世界变得美好。

字里乾坤

一句窈窕淑女，不知招来了多少的艳羡与追求；一部《我的野蛮女友》，也引领了一种新的时尚。温柔，这个曾经女子必备的特征，在当今的社会中，却不再是评价窈窕淑女的唯一标准了。可爱、善良、勇敢、有才……只要是真实的，无一不是美丽的。这种美丽的多元化，让身在现代社会的女子，更多了几分自由与幸福。

好：存好心，说好话，做好事

字　源

好，美也。

——（东汉）许慎《说文解字》

汉字履历

《世说新语·言语》记录了这样一个典故：东汉时期，有个名叫司马徽的人，无论别人和他讲什么，他都回答“好”。一天，刘员外来到司马徽家，因为他的儿子杀了人，被押进了死牢，只等秋后问斩了，于是便来找司马徽帮忙。一见面，刘员外便说：“我儿不孝，犯了王法。”司马徽接口说：“好。”刘员外一听，强压怒火继续说：“我儿现在被押在死牢，秋后问斩。”司马徽说：“好。”刘员外气得转身就走。这时，司马夫人上前道：“人家儿子要死了，你还说‘好’？”司马徽连忙说：“夫人，你这话说得再好不过了。”因此人们戏称他为“好好先生”。那么究竟何为“好”？

图形文字中的“好”，像个坐着的妈妈双手抱着孩子，感到孩子很可爱，想亲他，先民就是用妈妈（“女”）抱孩子（“子”）这个形象创造了“好”字。甲骨文里的“好”字，其构形是以图形文字为基础的。妈妈的两手变成敛收腹前，而孩子已经站到妈妈的膝前，且孩子的两只小手从欢跃高举变成了平伸的一横。到了金文时期，孩子离开了妈妈的怀抱，站到地上来了，妈妈的形体也开始发生了一些变化。小篆中，“好”字的形体变化就更大了，妈妈与孩子的位置也互换了，此后的楷书便是在此基础之上相沿而来的。

“好”由“女”与“子”组成，展示了先人们对妇女生育的一种赞美，以及在他们心中“好”女的标准：一是要能生孩子，二是要能精心抚养孩子。商朝著名的“妇好”便是因为会生孩子而得到了很多的赞美。

有的学者认为“好”的本义是“美”，“漂亮”。《说文解字·女部》：“好，美也。”《诗经·周南·关雎》：“窈窕淑女，君子好逑。”其中的“好逑”就指美丽的对象，由此而引申为喜欢、喜爱等意思。

字里乾坤

“好”的判断标准可能因时因地因人而异，但总的来看，客观的、共同的标准还是存在的，即一切美的、善的事物、行为或使人愉快、给人以美感的事物、行为，都是“好”的，这个标准古今一致。俗话说：“良言一句寒冬暖。”在生活中，我们要在坚持是非原则的基础上，尽量说美好的话，这不但能让别人心情愉悦，还能让自己也感到快乐。好言好语，与人为善，是人际关系的润滑剂，也是事业成功的一剂良方。

▷ 奴：女人有追求幸福生活的权利

字 源

奴，奴、婢，皆古之罪人也。

——（东汉）许慎《说文解字》

汉字履历

闻一多先生在《妇女解放问题》一文中说："女字和奴字，在古代不但声音一样，意思也相同，本来是一个字，只是有时多加了一只手（即'又'），牵着女而已。那时候未出嫁的女儿叫'子'，出嫁后才叫'女'或'奴'。"陆宗达先生在《训诂简论》中论述道："氏族社会中处置战败的敌人的男女有所不同，男子被杀死，妇女则作为妻子被收养入族，其实也就是奴隶。"无论是谁的训释中，"奴"总是与女子有关的，而在"奴"的造字结构中则清楚地反映了这一点。

甲骨文、金文和小篆中的"奴"字字形基本一致，其结构均从女，从又。字的左侧都是一个女子的形象，而右侧则是又，即一只手的形象。从整个字的字义来看，就是用一只手抓着女子，即在战争中被俘虏的女子。此处"奴"字所表达的含义与陆宗达先生的说法完全一致。在原始社会部落的战争中，胜利一方把从失败一方俘虏的男子杀死，而把俘虏的女子分给自己一方的男子为奴婢。

这个"奴"兼有性伴侣的身份，故"奴"字从"女"，表示奴隶最初只是女性。《说文解字·女部》："奴，奴、婢，皆古之罪人也。"所谓罪人就是奴隶。其后引申为凡是罪人均指"奴"。如《史记·季布栾布列传》："布为人所略卖，为奴于燕。"也有人对"奴"字所表达的含义有不同的理解，他们认为"奴"字从"女"从"又"，其意思是女人是终日从事苦力劳动的人，这与"奴"字所表达的"女奴"的本义是一致的。

字里乾坤

在古代的历史中"奴"只是从属于主人的，但在崇尚人权的现代社会中，每个人都是一个独立的个体，每个人都有追求幸福生活的权利，每个人都有权对别人提出的要求说“不”。不要为了迎合他人而去做自己讨厌的事情，不要为了融入大家而勉强自己，不要为了不好意思而大包大揽，勇敢地说出自己的想法。

妾：要想婚姻幸福，平等是黄金法则

字 源

妾，有罪女子，给事之得接于君者。

——（东汉）许慎《说文解字》

汉字履历

中国古代社会实行一夫一妻多妾制，男人在明媒正娶之后，还可纳妾。结发嫡妻称为元配，其余的均可归为“妾”。有名分的妾称侧室、偏房，她们的存在被家族和社会认可，但也仅限于此而已，她们与嫡妻的地位有着天壤之别。生前，她们必须小心侍奉丈夫及他的嫡妻、他们的孩子；在社会上，她们与丈夫的官品带来的诰封无缘，也不能在婚寿宴席上露面；死后，她们也不能够和丈夫合葬，牌位不能入宗庙。她们低贱地生活着，甚至过着与佣人一样的生活。而“妾”字的创制则真实地记录了古代女子受压迫、受奴役的事实。

甲骨文、金文和小篆中的“妾”字字形基本相似，下面是一个面朝左跪着的女人形象，上面是个“辛”字，是古代的一种刑具。整个字形合起来的意思是：正在受刑的女人，即古代常说的“女奴”，或者是侍候主人的丫头、女佣。《说文解字》中说：“妾，有罪女子，给事之得接于君者。”可见，从一开始，“妾”的本义就是“女奴”。《尚书·费誓》：“臣妾逋逃。”意思是：男女奴隶都逃跑了。孔安国为这句话做的注解是：从事劳动的那些下等人，即奴隶，男的叫臣，女的叫妾。在奴隶社会里，“妾”就是女奴的代名词。当时的“妾”除了要在劳动上受奴隶主的剥削外，还要为奴隶主唱歌跳舞，供奴隶主玩乐。

此后，“妾”的地位虽然有所提高，但仍然也只是“替补”而已。《广雅·释亲》：“妾，接也。”“接”有“续”之义，因此“妾”便有“接续之义”。从这里我们可以发现“妾”不过是作为“妻”的某种续补而存在：一是“续补”妻在生育上的缺陷；二是“续补”妻的年老色衰。

字里乾坤

在男尊女卑的社会中，“妾”始终都处于婚姻生活的最底层，是整个家庭中最悲惨的人。幸而这个悲惨的人群已经从历史的舞台上退场了。只有当女子拥有与男子平等的社会权利和地位时，女性才不会沦为男性的“妾”；婚姻只有在男女双方平等的前提下结合，才有幸福可言。

如：感情笃定才能和谐相依

字 源

如，从随也。从女，从口。女子从人者也。

——（东汉）许慎《说文解字》

汉字履历

许慎在《说文解字·女部》中指出了“如”字的本义“遵从”、“依照”。女子在中国古代社会中，一直处于从属的地位，少年时从属于“父亲”，出嫁后从属于“丈夫”，丈夫离世后从属于“儿子”，漫长的人生始终不过是别人的附属品而已。这样的处境，在“如”字的字形中也可以看得出来。

甲骨文中，“如”字的左旁像“女”，但又不是“女”，“女”是两手交叠放在胸前的，但这个人的两手却是被反绑在身后的，其实是一个双手被反绑在身后的俘虏。俘虏的背后有一“口”，像是将受到“口”讯审问。整个字的意思就是：被俘者行将受到“口”讯，必须老实顺从。这就充分体现了“如”字的本义。到了战国末期，金文的“如”字中，双手反缚的战俘讹变成了双手叠放胸前的“女”，开始表示“好像”、“相似”之意。此后的小篆和楷书均是在金文的基础之上演变而来的。

“如”字在其本义的基础上，引申出了其他的含义，如《左传·僖公三十年》“臣之壮也，犹不如人”中的“及”、“比得上”之义；《史记·项羽本纪》“坐须臾，沛公起如厕”中的“去”、“往”之义；《论语·先进》“如用之，则吾从先进”中的“假如”、“如果”之义等。

字里乾坤

日常的口头表达，文学作品中的书面阐述，人们习惯于用比喻来让别人更清晰地了解自己想要表达的真实内容，“如”便成了一个必不可少的字眼。亲密的朋友说如影随形，相爱的恋人说和如琴瑟。就以后者来说，相恋中的人总是希望可以每时每刻都在一起，只因他们对彼此的心灵了解得还不够深，只因他们想更进一步地进入对方的世界。等到结婚之后，两个世界变成一个世界之后，真正在一起便成了和如琴瑟，故而才有那句聊以自慰的“不求天长地久，只求曾经拥有”。而“如”字便成了心灵契合的最佳见证。

第十九章　婚姻：百年修得同船渡，千年修得共枕眠

▷ 娶：家有贤妻胜过良田万顷

字　源

娶，取妇也，从女，从取，取亦声。

——（东汉）许慎《说文解字》

汉字履历

“娶”字见证了远古社会抢婚制的存在。

所谓“取妇”，就是用武力“抢老婆”的意思。“取”是《说文解字》对“娶”的主要训释字，也是“娶”字的会意部，而且“取”与“娶”又是一对古今字，对“取”的了解至关重要。古时候，“取”、“娶”通用，朱骏声《说文通训定声·需部》：“取，假借为娶。”《说文解字·又部》：“取，捕取也。从又从耳。周礼：‘获者取左耳。’”所谓“获者取左耳”，就是古代打仗，抓住了俘虏或杀死了敌人，割下他的左耳来作为记功的凭证。无论是甲骨文、金文还是小篆，“取”字形体都可以看得出是用手割取耳朵的样子。

由于造字的特定需要，文字的造字意义往往要比实际意义更具体直观。所以，用以手取耳的形象来记“取”这个词，并不说明“取”的本义就等于这个形象的具体意义。“取”之本义当为“以武力获得”，即《说文解字》所训之“捕取也”。以“取”表示“娶”的意思，透露出古代抢婚的风俗。“娶亲”由“抢婚”引申而来。“娶”是一个会意兼形声结构的字，“取”与“女”会意为：把女子抢（或接）到自己的身边作妻。“女”表示“娶”的对象是女性，“取”既表示“娶”的行动，又表读音。

与“取”一样，“娶”在汉以前的文献里仍写作“取”。《礼记·杂记》：“可以冠，取妻子。”《诗经·伐柯》：“取妻何如?”《左传·襄公二十八年》：“别姓而后可相取。”《公羊传·文公二年》：“讥丧取也。”由此可以推断出，捕取之“取”与婚娶之“娶”最初都写作“取”，也证

明了娶妇在远古确是一种武力的抢夺。“取”与“娶”是一对颇特殊的古今字，在相当长一个时期内，今字既造，古字不废，古今并用。其中最主要的原因就是在古人的观念里，“婚娶”之“娶”与“捕取”之“取”并没有十分明确的界限。而这种观念的模糊，正是来源于抢婚习俗。

字里乾坤

婚姻大事，非同儿戏。婚姻不仅需要爱情，更需要双方的冷静与理智。婚姻决定着一个人的成败。自古常言，一个成功的男人背后站着一个伟大的女人。我们无法想象一个男子如果娶到一名泼妇，他还能在家中感受港湾般的平静和庇护，无法想象一个男人整天和妻子吵架，却能获得人生事业的辉煌。所以古语又说：“娶妻求淑女，勿计厚奁。”拥有一个好妻子，胜过一切荣华富贵，妻子内心的财富胜过身外的财富。所以人们为自己下半辈子的幸福着想，应该想好了再决定牵起谁的手。

▷ 妻：不离患难之交，不弃糟糠之妻

字　源

妻，与夫齐者也，从女，从屮，从又。又，持事，妻职也。

——（东汉）许慎《说文解字》

汉字履历

《礼记》里说：“女子……十有五年而笄。”“女子许嫁，笄而醴之，称字。”意思是说：从前的女子到了十五岁便可以待字闺中，候聘出嫁为人妻了。十五岁对古代的女子而言是一个分界线，女子到了十五岁，便要举行一种隆重的仪式，亲友群集，由家长把她的头发用笄（音姬，簪子）梳挽起来，戴上花饰，以盘发插笄来表示这女子已经成年，可以出嫁为人妻了，因此女子十五岁时被称为“及笄”。

“妻”字便是根据当时的风俗礼仪创造出来的。甲骨文中的“妻”字，左边是一个跪踞的或被奴役的女子形象，这个女子的头发是飘散的，右上方有一只手正伸向女子的头部，将她的头发抓住。可见“妻”是一个会意字，其意思是：用手去抓住一个女子的头发。发展到金文时期，“妻”字的字形并未发生很大的变化，只是由之前的左右结构变成

了上下结构，下部是一个双手交叉叠放腹前端庄地坐着的女子的形象，在她的头上，有一只手正为她插戴笄饰。这个字发展到小篆时，“女”发生了变化，不再是坐姿；头饰也已简化为三叉形，像株草了，但“手”的形态依旧不变。到了隶书阶段，小篆的圆转线条变成方折而有波势的笔画，“女”形已全变，“手”已变为“彐”，“头饰”已变为“十”字。再往后发展到楷书时，便已很难看出最初的形象了。

《说文解字·女部》云：“妻，与夫齐者也，从女，从中，从又。又，持事，妻职也。”“与夫齐者”的意思是：在妻妾之中，唯有妻才与丈夫有同等的地位。从字形看，“妻”从“又”即手，所以可表示“秉持妻职”之义。“妻”由“配偶”引申为动词，指以女嫁人或娶别人的女子为妻。如《论语·公冶长》：“子谓公冶长，‘可妻也，虽在缧绁之中，非罪也’。以其子妻之。”其意思是：孔子说公冶长这个人（很好），可以把女儿嫁给他。他虽然在监狱之中，但这并不是因为他有罪。

字里乾坤

古语有云：结发之妻永不弃。当新婚的夫妻踏上婚姻的殿堂，谁不希望“执子之手，与子偕老”？谁不希望在白发苍苍的时候，夫妻两人仍然能够相亲相爱，共同走完最后的旅程？谁不希望，夫妻不但爱对方的会衰老的身体，也爱对方真挚的灵魂？夫妻虽不及血浓于水的骨肉之情，但也是人生不可割离的生活伴侣。夫妻恩爱不应只是花前月下、卿卿我我，更重要的是相互砥砺、患难与共。荣华富贵皆如过眼云烟，唯有愿与你共渡难关之人，才是真正值得相伴一生之人，切莫因为一时的诱惑而放弃了人生中最为珍贵的东西。

▷ 夫：真正的大丈夫，要智慧和勇敢兼具

字　源

夫，丈夫也。

——（东汉）许慎《说文解字》

汉字履历

相传，乾隆与宰相张玉书微服私访，见一农夫在田间劳作，乾隆便针对“夫”字发表了一番高论：“农夫是刨土之人，上写‘土’字，下

加‘人’字；轿夫肩上扛竿，写‘人’字后，再加二根竿子；孔夫子上懂天文，下知地理，先写‘天’字出头便是了；夫妻是两个人，先写‘二’字，后加‘人’字；匹夫是指大丈夫，这个‘夫’字是先写‘一’字再加‘大’字便是。”

一个“夫”字，根据不同的职业特点，做出的拆解千差万别，但“夫”字的真正来源却只有一种。今天，娶了妻子的人称为“夫”，但在古时，男子成年便称“夫”。

甲骨文、金文的“夫”字生动地展示了男子汉大丈夫的形象。它从大从一，是一个双臂稍张平站地上的人（即“大”），头顶戴簪（即“大”上“一”横）的形象，它的本义就指成年男子。按照古制，男子到了二十岁即“弱”时，便要在宗庙中行束发（以簪拢起头发）加冠的礼数，是谓“弱冠”。男子到了弱冠年龄，就可以为人“夫”了。冠礼由父亲主持，并由指定的贵宾为行冠礼的青年加冠三次，分别代表拥有治人、为国效力、参加祭祀的权利。此后，男子要把头发盘成发髻，然后再戴上帽子。“夫”字的字形，反映了这一古制。到了小篆阶段，将“大上加一”的形体讹变为“大下从八”。此后，楷书又以金文形体为基础恢复了“大上加一”的字形。

“夫”的本义为成年男子。在古代，男子成年后，就要从事各种体力劳动，“夫”又引申为从事体力劳动的人，正如乾隆所提到的“农夫”、“轿夫”等；男子成年始成婚配，故“夫”可引申指丈夫，即女子的配偶，与“妇”、“妻”相对。

对“夫”字构形的理解还有一种新颖的观点，认为“夫”不只表示一般的男子，它其实还向人们展示男子中有志之士的风采。“夫”字中的“人”把两手张开，就成了“大”，即“大人”。在古人的观念中，再大的事物也大不过“天”，所以造字者在“大”字上再加一横，而成为“天”字。但是，人并不甘心做“天”的奴隶，所以令“天”字出头，便成了“夫”字，这是一种冲天气概的体现。

字里乾坤

不明就里卷入纷争且大喊愿为朋友两肋插刀，不是大丈夫气概；工作中受了气对妻儿大吼大叫，不是大丈夫气概；面对劲敌担心被对方打倒，不是大丈夫气概……真正的大丈夫气概不只是无畏与强势，还应该是一种智慧与韧性。真正的大丈夫明辨是非之后，给予朋友最合理的建议；在外强大，在家温柔；可以被打倒，但绝不会为此而屈服。

妇：女人要拥有美丽、魅力和能力

字源

妇，服也。从女持帚，洒扫也。

——（东汉）许慎《说文解字》

汉字履历

北宋时，王安石和王吉甫两人是好朋友，经常聚在一起谈天说地。一天，王安石出了一个字谜：“左七右七，横山倒出。”王吉甫一听便猜出王安石所说的字，却没有直接说出谜底，而是自己出了一则谜语：“一上一下，春少三日，你猜我猜，合是一对。”王安石一听，哈哈大笑。原来，王安石和王吉甫的谜底分别为“妇”和“夫”字。

“夫唱妇随”是很久以来人们一直期望的一种美满的婚姻生活状态，但从这个成语的字面意思便可知其中的“妇”处于被动的地位。在男尊女卑的社会环境中，与具有冲天气概的“夫”比起来，“妇”便只是一个“打扫卫生的女人”而已，这一点从“妇”的造字历程中便可以看得出。

《说文解字·女部》云：“妇，服也。从女持帚，洒扫也。”甲骨文和金文中的“妇”字，左边为“帚”字的象形字，是一把打扫卫生的扫帚，右边是一个“女”字。整个字形是一个长跪女子手持扫帚打扫卫生，表明其服侍丈夫、操持家务的身份。到了小篆时期，“妇”字的左右部分做了调换，逐渐线条化，但其基本的形象仍然存在。在小篆的基础上，经过长期的演变之后，讹化成了繁体楷书中的“婦”字，由于其结构相对复杂，最终简化为现在楷书的字形。

许慎以“服”训释“妇”字，《大戴礼记》曰：“妇人，伏于人者也。”又以“伏”训释“妇”字，这实际上提示了“妇”与“服”、“伏”的同源关系。在古人的观念中“妇”是“服”和“伏”于人的。“妇”是与“夫”相对的概念，所以，“妇”“服”与“伏”的对象自然是“夫”。仅“夫”、“妇”二字，就赫然表明了婚姻关系中男女双方的地位差异。

“妇”的本义为“打扫卫生的女人”，但它与“女”又有区别，

“女”是对所有女性的通称，而“妇”指已婚女子。平常说“新妇”，就是新结婚的女子。“少妇”，意思是年轻的已婚女子。但是“妇”最早是一种带有等级意味的称呼，《礼记·典礼》载：天子的妻子叫作后，诸侯的妻子叫作夫人，大夫的妻子叫作孺人，士的妻子叫作妇人，老百姓的妻子叫作妻子。

字里乾坤

封建社会对女性的要求是遵守妇道，要“三从四德”、“夫唱妇随”、“妇”只是应和的一方，女性的智慧完全被埋没于附和之中。然而，一句“唯女子与小人难养也”，一句“头发长见识短”，已经成了历史，如今的“妇”人，她们拥有的智慧与见识，让男人也叹为观止。今天，妇女与男子一样，可以接受教育，可以从政、经商、搞学术研究……各行各业都涌现出了许多女中豪杰，如英国前首相撒切尔夫人、科学家居里夫人、作家波伏娃、美国评论家桑塔格……她们都凭借女性的智慧，攀登上了人生事业的顶峰。妇女的智慧，就像褪去浮尘包裹的明珠，散发出璀璨夺目的光辉，照耀这个世界。

婚：青丝到白头，且行且珍惜

字　源

婚，妇家也。《礼》：“娶妇以昏时。妇人阴也，故曰婚。”从女从昏，昏亦声。

——（东汉）许慎《说文解字》

汉字履历

“执子之手，与子偕老”，这是一种古老而坚定的承诺，是浪漫而美丽的传说。所有的爱情，都希望有一个美好的归宿——婚姻。结婚是一件喜庆的事，所谓的人生四喜就有“洞房花烛夜”。那么，“婚”字究竟从何而来呢?

《说文解字·女部》云：“婚，妇家也。《礼》：‘娶妇以昏时。妇人阴也，故曰婚。’从女从昏，昏亦声。”“婚”从女从昏，是个会意字。关于“婚”从昏，许慎说了两个理由：一是周礼规定“娶妇以昏时”，二是“妇人阴也”。明显的，第一个理由更为可信，即“娶妇以昏时”。《说文解字》云：“昏，日冥也。”甲骨文中的“昏”字从日从氏，“氏”即“低”，落下的意思。其造字意义是：太阳已经落下。昏时就是夜幕降临的黄昏时候。

刘申叔《古政原始论》中说：“其行礼必以昏时者，则以上古时代用火之术尚未发明，劫妇必以昏时，所以乘妇家之不备，且使之不复辨其谁何耳。”这反映出从母系氏族社会向父系氏族社会过渡的历史时期中的抢婚制度。

在母系氏族社会，人类实行的是群婚制度，女子一般生活在自己的娘家，以维系母系的完整。随着生产力的发展，男子社会地位的不断提高，为保证父系的延续，男子要求女子从夫而居，这种婚姻形式遇到了妇女的反抗。于是，男子直接以武力解决，产生了抢婚习俗。抢婚，是族内婚发展到族外婚时出现的一种婚俗，其特征是男子未经女子本人及其亲属同意，将女方劫归为妻。为了便于逃遁，抢婚当以日落天黑时进行为宜，即“娶妇以昏时”。

与此相应，古代迎娶所用车马衣服皆为黑色。《仪礼·士昏礼》郑玄注：“主人爵弁，纁裳，缁袘，从者毕玄端，乘墨车，从车二乘，执烛前马。”这里所说的“爵弁”、“纁裳”、“缁袘”、“玄端”及“墨车”，色皆黑，而“执烛”，更为黑夜所需。这更从另一个侧面证明了抢婚制确实曾经存在过。

上古的“昏”有“结婚”的意思。其后，“昏”专指“日落黄昏之时”等意思，而结婚的意思古人则用“昏”的左边加一“女”字为意符来表示。最初，“婚”字的含义专门指的是男子娶亲，不指女方嫁人。后来，“婚”字既可以指男子娶亲，也可以指女方嫁人。

字里乾坤

一个“婚”字让历史回到了抢婚的习俗中去，虽然形式已经消失，但人们对于婚姻的美好愿望却始终如一地保持着。古代的男子为了能够得到心爱的女子，不惜去“抢”，这种做法固然应该摒弃，但这种愿望和努力倒是值得我们肯定和发扬的。因为幸福的婚姻从来不会光顾不去努力争取的人，只有敢于追求的人，才能“抱得美人归”。守株待兔的人，往往只会收获失望。如果想要美好的生活、美满的婚姻，就别只是坐在那里等待从天而降的幸福了，行动起来，去努力追寻幸福的脚步吧。

第二十章　家庭：金窝银窝，不如自家的草窝

▷ 子：孩子是父母的心头肉

字　源

子，十一月乾气动，万物滋，人以为偁。象形。

——（东汉）许慎《说文解字》

汉字履历

从前有一位秀才，胸无点墨还自以为是。一天，他拿起《韩非子》一书摇头晃脑地诵读，在众人面前装出很有学问的样子。当他读到“卫子嫁其子”一句时，突然停下来，感慨地说：“这卫国人真是糊涂，儿子怎么能出嫁呢?”其实糊涂的是秀才自己，他连“子”字在古代既指男子也指女子都不知道，所以才闹了个大笑话。

“子”是一个象形字，《说文解字》李阳冰注：“子在襁褓中，足并也。”其甲骨文是根据“襁褓婴儿”的形象创造出来的，两手连成一斜短横，身和下肢已简化成一条稍斜的垂线，强调了婴儿头大的特点，这是符合身材比例的。早期的金文是实化的，就像“襁褓婴儿”一样。到了晚期金文，其头部轮廓化，上肢和躯体已瘦化为线条了。小篆与金文中的字形并无太大的差异。发展到汉隶时，形体起了很大的讹变：“子”头变成三角形了，两只小手平伸，变成一横了，躯体和下肢变成弯竖了。楷书便是由此衍化而来的。

从“子”字的造字便可以看得出其本义指的是“婴儿”。在古代汉语中，“子”在很多情况下都是不分性别的。《仪礼·丧服》：“故子生三月则父名之。”郑玄注曰：“凡言子者，可以兼男女。”显然这里的“子”既指男孩，也指女孩。由此引申为人的通称，既可指男人，也可指女人。除此之外，“子”的引申义还有很多，如“子”在古代用作尊称，如孔子、孟子。“子”还可表示某种次序，在公、侯、伯、子、男的五等爵位制

中，子爵是第四等爵位；作为地支，“子”排在第一位。汉字中凡从“子”的字，大多与婴孩或子嗣有关，如孩、孙、孝、孕等。

字里乾坤

孩子，在父母的心中永远是那个长不大的样子，因而关注与教育便是天下父母一生的事业。俗话说：“打是亲，骂是爱”，虽然这句话未免有些偏激，但也体现了一种教育的理念。叱责确实是教育孩子的一种方法，但是怎样责骂却大有学问。有人说：“懂得骂孩子的父母，同时也最懂得夸奖孩子。”爱孩子是需要技巧的，应该多了解孩子，体察孩子的心，并配合孩子的生活方式来教导他们，这才是正确的爱。孩子，是一块尚未经过雕琢的璞玉，如果雕刻得好，能够价值连城；如果雕刻得不好，就会被遗弃于草莽。因此，做父母的既要用爱心去感化孩子，也要用严格的标准教育孩子。毕竟，父母都“望子成龙，望女成凤”。

▷ 儿：尊敬长辈，也不能轻视小儿

字　源

儿，孺子也。从儿，像小儿头囟未合。

——（东汉）许慎《说文解字》

汉字履历

古时，一个妇女为一只猫和邻居家发生争吵。妇女说：“若是儿猫，即是儿猫；若非儿猫，则非儿猫。”妇女的话中第一句和第三句中的“儿”字，是“雄性”的意思；第二句和第四句中的“儿”字是“我的”的意思。这段话的意思是：如果是雄性猫，就是我的猫；如果不是雄性猫，就不是我的猫。邻居听不明白，经过别人的指点后才理解了其中的意思，最终解决了问题。

一个简单常用的“儿”，却有如此多的含义。《说文解字·儿部》云：“儿，孺子也。从儿，像小儿头囟未合。”可见，“儿”的本义就是指儿童。其甲骨文看上去像一个面朝左站着的大头娃娃，头顶上还开有一个小口子，这就是许慎提到的“头囟未合”。脑袋下面部分向左伸展一笔是小儿的手臂，右边弯曲一笔是小儿的身子和腿。整个字形生动地描绘了一个儿童的形象，所以，“儿”是个象形字。金文字形基本未变，只是儿童头顶上的那个小口子变得更大了。发展到小篆，“儿”字发生了巨大的变化，其突出的头部特征已经消失，但仍可看到“儿”的影子。在此基础上，逐渐演变成了现代楷书。

在古时，“儿”同“子”一样，既可指男性，也可指女性，如《木兰诗》中的“愿借明驼千里足，送儿还故乡”和《孔雀东南飞》中的“兰芝惭阿母，儿实无罪过”中的“儿”都是成年女子的自称。但“儿”较常用的还是指男性，所以引申为“雄性的”之义，如顾炎武《日知录》中的“今人则以牡为儿马，牝为骒马”。此外，“儿”字还可作为词尾，没有什么实际的意义。

字里乾坤

“儿”，幼小的代名词，似乎也总给人一种稚嫩的感觉。丰富的经验在很多情况下，都是管理者心中非常重要的东西，在面对重复性的工作时，拥有经验的人，总是可以快速掌握状况，完成任务。经验代表的是一种自信，是一种从容。但经验并非万能，尤其是在高速发展的今天，别再用“我吃过的盐比你吃过的饭还多”为理由轻视那些后辈，他们早已不是黄口小儿，他们甚至可能登上更高的山峰。

▷ 孙：儿孙满堂，福泽永续

字　源

子之子曰孙。从子，从系；系，续也。

——（东汉）许慎《说文解字》

汉字履历

中国人的传统观念最讲究儿孙满堂的天伦之乐，子孙绵延、多子多福的观念根深蒂固。同时，中国人又很看重延续香火一说，古语云：“不孝有三，无后为大。”所以，子孙越多就越能代表兴旺发达，越是有福气，“孙”字便清楚地表达了这种“多子多孙便是福”的观念。

“孙”在商末周初的甲骨文里，右边像一根绳子，左边是一个“子”字，像用索带套引着“子”学走路，同时，绳索有牵系之义，表示子孙连续不断。战国时代，金文与甲骨文没有太大的变化。发展到小篆，右边的绳子变成了“系”旁。正如许慎在《说文解字·系部》中所说：“子之子曰孙。从子，从系；系，续也。”在小篆的基础上，出现了繁体，到此时，“孙”字左“子”右“系”的会意字形体结构就完全定型下来了。“孙”字的使用频率很高，于是草书便将繁体简化，之后的楷书便是由草书楷化而来。

“孙”字的字形，很容易让人想到“愚公移山”中，愚公对智叟的回答：“虽我之死，有子存焉；子又生孙，孙又生子；子又有子，子又有孙；子子孙孙无穷匮也，而山不加增，何苦而不平？”很明显，这里用的是“孙”字的本义，即儿子的儿子。后来，“孙”字不再仅限于其本义，也泛指孙子以后的各代。古代有关于“九族”的说法，其中的下四代除了儿子一代外，其他的“孙”、“曾”、“玄”皆可称为“孙”。此外，和孙子同辈的亲属也称“孙”，如儿子的女儿叫“孙女”，女儿的儿子叫“外孙”，兄弟的孙子叫“侄孙”等。“子孙”、“子子孙孙”则用来泛指后代。

字里乾坤

在传统观念中，子孙越多越是兴旺发达，子孙越多越显得有福气，这种观念背后隐藏的是一种想将家族发扬光大的传统。但是，要想做到代代相传、福泽永续，需要的并不只是更多的“孙”，而是更优质的“孙”。正所谓：“学润身，德润心”，要想家族生命代代相传，不断发扬光大，就应该注重“孙”的教育，让“孙”成为既有丰富的学识，又有高尚品德的人，这样何愁不能福泽永续呢？

长：延年益寿还须复归于婴儿

字　源

长，老也。

——（三国·魏）张揖《广雅》

汉字履历

据说，有一户人家以卖豆芽为生，他希望自家的豆芽长得好一些，于是在门口贴了这样一副对联。上联是“长长长长长长长”（cháng zhǎng cháng zhǎng cháng cháng zhǎng），下联是“长长长长长长长”（zhǎng cháng zhǎng cháng zhǎng zhǎng cháng）。整幅对联全部是由“长”字组成，且表意清晰，真是妙趣横生。

“长”在甲骨文里上部是两根向右弯曲的长头发，其下是人的手臂和身子及腿，是个弓腰扶杖的老人踽踽独行的形状。主要强调的是人长长的头发，因此有人认为“长”的本义是“人的头发长”。余永梁在《殷墟文字考》中就有：“长，实像人发长貌，引申为长久之长。”由于先民没有理发的习惯，头发长的人，也就是辈分高、年龄大的人，因此“长”的本义就是“老年人”。发展到金文阶段，老人的头发尤其夸张。晚期金文是在“长”字的发展过程中变化最大的，它将原本的拐杖从“丫”讹变为“止”，之后的小篆也跟着从“止”，上部的头发变成了三横。隶书里的“长”，老者变成了“人”，拐杖讹变为“丨”。由此发展出了繁体字的字形。在唐代大书法家颜真卿草书“长”字的基础上，经过楷化变成了今天的楷书。

“长”字的本义为“头发长”，由此引申出了空间时间上距离大、长度、长处、擅长、多余等含义。此外，“长”还有“老年人”的意思，又引申为长幼的长；又引申指排行第一、辈分大、长官等义。

字里乾坤

长生不老，历来是人们的一个愿望，但只是一个奢望而已。一个人的生命从年轻到衰老，是无法抗拒的，而人们总是希望可以延缓衰老，保持年轻。人们试图通过各种外界的力量实现自己的这一幻想，却忽略了保持青春最重要的一个方面——一颗年轻的心，它可以为你留住岁月的脚步。

▷ 父：父爱如山，虽不言语却一直都在

字 源

父，矩也，家长，率教者。

——（东汉）许慎《说文解字》

汉字履历

在大多数人的记忆里，父亲都是高大威严的，他们很少会像母亲一样和蔼地对我们嘘寒问暖，他们的态度总是相当严厉，但这并不代表他们的爱比母亲的少，他们以自己特有的方式表达着对子女的关切。其实这种严父形象，早在“父”字产生之时便已经有所体现了。

在上古社会，“父”是部落之主、家族之长，是最有权威的人物，所以先民在造字之时，便要突显“父”的显赫地位。从甲骨文的“父”字字形来看，“父”像一只手抓住一柄石斧或棍棒的样子。在原始社会，石斧、棍棒是主要的武器和生产工具。而手持石斧、棍棒与敌人作战或从事艰苦的野外劳动，是成年男子的责任。又一说，“父”字手中所握的为杖棒，而杖棒是当时奴隶主用来刺戳俘虏奴隶眼睛的锥形东西。无论哪一种说法，都显示出了在当时的父系社会中，“父”所处的社会地位。他们必须孔武有力，智勇双全，对外能抵御敌人，保卫氏族，对内能使群众信服，治理有方。可以说，“父”是男性中心社会的标志之一。之后的金文、小篆中，“父”的字形与甲骨文中的字形相差不大，仍然可以看到手的形象。但发展到隶书阶段，字的形体已开始从线条变为笔画化，发展到楷书时，“父”字手中所握之物变成第一笔的短撇；上面的手指已分离开来，变成第二笔的侧点；其余的手指和手腕则变成第三笔的长撇和第四笔的斜捺，已经完全看不出“父”字当初的形象了。

“父”的本义就是父亲。《说文解字》云：“父，矩也，家长，率教者。”意思是，“父”是主持规矩的人，是一家之长，是引导教育子女的人。商周以后，“父”便逐渐用作对男子表示尊敬的美称，如尊称老农为“田父”，渔翁为“渔父”。家族制度形成以后，把一家之长称为“父”，如祖父、父亲，把老人称为“亚父”、“伯父”。父，既可单用，也可作偏旁。凡从父取义的字皆与长辈男子等义有关。以父作义符的字有爷、爸，以父作声符的字有斧、釜等。

字里乾坤

父亲是威严的，但发自内心的爱总是会在点滴中流露出来。朱自清的《背影》中父亲那蹒跚的脚步触动了心中的那根弦，来自父亲的爱像白酒，辛辣而热烈，容易让人醉在其中；像咖啡，苦涩而醇香，容易让人为之振奋；像茶，平淡而亲切，让人在不知不觉中上瘾。我们或许无法恰当地做出描述，但是真实地沉浸在其中。父爱分为外壳和内质两部分，它的外壳常常是严肃、沉默、无声的，透过这层外壳，我们会感受到父爱的内质——博大、深厚、温柔，它与母爱一样伟大，是人间最为珍贵的东西。

母：世间爱都为相聚，唯有母爱是为更好地分离

字　源

母，牧也。从女，怀子形。一曰象乳子形。

——（东汉）许慎《说文解字》

汉字履历

“慈母手中线，游子身上衣。临行密密缝，意恐迟迟归。谁言寸草心，报得三春晖。”孟郊的一首《游子吟》，让我们感受到了既普通又伟大的人性之美——母爱。母亲给了我们生命，也给了我们生命中美好的一切。千百年来，母亲在人们心目中永远是美丽温柔的，这种印象反映在汉字中，也是一样。

“母”是一个象形字，因母是女性，所以便用“女”作基础来造“母”字。母亲是要给孩子哺乳的，所以先民抓住这一特点，在“女”的胸前加上两点，这就惟妙惟肖地把“母”的形象画出来。

甲骨文中的“母”字，除两点之外的部分为“女”，像侧身站立，低着头，双手收起，屈膝下跪的样子，充分体现了女子的温柔顺从之意。在“女”的胸前加了两点，实为指事符号，点出了这位女子已是袒胸露乳，乳峰高耸的样子，看上去完全是一个正在哺育小孩的母亲。

“母”字的金文与甲骨文形体相似，之后有小篆、楷书，虽然“母”字的字形发生了很大的变化，但是代表母乳的两点一直保留着，这是作为母亲的突出特征。“母”字的本义为“母亲”，《说文解字·女部》：“母，牧也。从女，怀子形。一曰象乳子形。”许慎认为“母”字形象地描绘出女子怀孕的形状，因而他将“母”训释为“牧”。段玉裁注：“牧者，养牛人也，以譬人之乳子。”许慎认为“母”的本义就是“育子”，即段玉裁所说的“乳子”。应该说“育子”是“母”的引申义。“母”还引申用作女性尊长的通称，如伯母、祖母等。因为母能生子，所以母字也引申指事物的本源。我们把祖国比作“母亲”，因为祖国是

自己出生的土地；我们把自己曾经就读过的学校叫作“母校”，因为它用知识的乳汁培养了我们；我们又把最初学会的一种语言叫作“母语”。

字里乾坤

母亲的形象是慈爱的，母亲的胸怀是温暖而宽容的，母亲的心是善良的，母亲给予的爱是伟大而无私的，无论身在何处，我们总是被母爱所笼罩着、温暖着。我们应珍惜母亲以鲜血和痛苦、以爱心和乳汁换来的生命，同时，也应以自己最大的努力，让母亲也获得来自子女的爱与温暖。母爱是天下最无私的爱，不论子女长得美丽还是丑陋，不论子女聪明还是笨拙，不论子女成为高官富豪还是沉沦潦倒，母爱都不会改变。母爱永远是人说不完、写不尽的话题。

▷ 家：柴米油盐酱醋茶，一点一滴都是幸福在发芽

字　源

家，居也。从宀，豭省声。

——（东汉）许慎《说文解字》

汉字履历

“家”是什么？千万个人有千万个说法。有的人说，家是一种文化；有的人说，家是一段时光；有的人说，家是一种情怀……虽然我们无法给出一个准确的定义，但在每个人的心中，都有一块温暖的天地，家不是房屋，不是彩电，不是物质堆砌起来的空间，它是一个可以让我们安心的地方，也是一个永远都不会舍弃我们的港湾。但“家”字却是由猪圈发展而来的。

在上古的图形文字中，“家”的上部是房子的侧面形（即“宀”），房子下面豢养着长满鬃毛的豕（猪），这是猪圈，也说是“家”。上古时代，先民在树上“架木为巢”以作住所。经过了漫长的岁月才转到地上架木为屋，驯养野兽作为家畜。为防止外来侵袭，房子的结构一般是上居人、下作圈。猪是当时已经驯养的家畜之一，所以，房下养猪就成了“家”的标志。而甲骨文中的“家”已经开始线条化了，“豕”已倒过来头向上了。发展到金文阶段，房形依旧，但“豕”的腹部轮廓

线进一步简省，后腿和尾巴变成了交叉形，“豕”的形象已经面目全非了。小篆时期，“家”的字形进一步发生了变化，并在此基础上发展成了现代楷书中的“家”字字形。

“家”的出现标志着我们祖先居无定所的游牧生活已经成为过去，开始架木为屋，豢养牲畜，进入以农业生产为主要生产方式的农业社会，因此才有了“日出而作，日落而息，凿井而饮，耕田而食”，氏族社会也进一步形成发展了。

字里乾坤

在现代忙碌的社会生活中，人们正在逐渐地迷失自我，越来越多的人感觉自己如同一个无家可归的漂泊者一般，始终在寻找一个可以让自己停靠的码头——“家”。正如“佛在心中”一样，“家”也在每个人的心底。家是一个感情的港湾，家是一个灵魂的栖息地，家是一个精神的乐园。贫困时，家是一个窝，可以挡风遮雨，抵御豺狼；战争中，家是一个箩筐，一根扁担，扶老携幼，相依为命；和平时，家是一汪平静的清泉，又是一座精神的圣殿，洗去污垢，重返本真。拥有它时，它平凡如柴米油盐酱醋茶；失去它时，掏心掏肝也找不回。珍爱你的家，爱惜你的家人，从容平淡才最踏实。

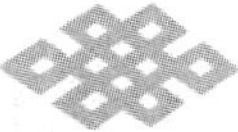

第七篇

字字珠玑道忠言：汉字与人生启迪

第二十一章　忠孝礼义，有仁有信

▷ 谣言止于“智”者，要引领自己脱离愚昧

字　源

智，知也。无所不知也。

——（汉）刘熙《释名》

汉字履历

《圣经》中有这样一段故事：创造之神在造成智慧成果后，曾一度禁止人去神秘园分享这种成果，而被魔鬼诱惑的人，一旦偷吃禁果，就会获得神智，瞬间知道以前从未感觉到的事情。没有智慧的时候，人类不知羞耻，不分善恶，不明是非，更不具备智慧型的系统知识。得到智慧的人虽然被驱逐出了伊甸园，必须经历人间的苦难和历练，但智者已明白天地间的许多事情了。

“智”，即智慧、聪明，有才能，有智谋。儒家把“智”看成实现其最高道德原则“仁”的重要条件之一。先民是如何创造这个代表智慧的“智”字的呢？

《释名》：“智，知也。无所不知也。”“智”是“知”的后起字，“知”字从“口”从“矢”，段玉裁对此的解释为：“识敏，故出于口者疾如矢。”意思是：认识和知道的事物，可以脱口而出。可见，“知”的本义为“知道”。之后，在“知”的基础上，又另造了一个“智”字，以表示“聪明”、“智力强”之义。由“智”的本义后来又引申为“智士”、“有智慧的人”，如《战国策》中“仁不轻绝，智不轻怨。”

字里乾坤

智慧是一种奇妙的东西，拥有它就会发现许多不为人知的领域与知识。现代

性的一个重要特征是它的科学精神，科学不同于技术，它重理性、重基础、重知识、重逻辑推理。要想在科技日新月异的社会生活中占有一席之地，就必须抱持一种崇尚智慧的态度。早在春秋战国时期，《论语·里仁》中便提到了："朝闻道，夕死可矣。"唯有将智慧看作一种信仰，以百折不挠的精神与毅力去为之奋斗，才能一步步地远离愚昧，迈上聪智之路。

▷"孝"顺父母，从点滴做起

字　源

孝，善事父母者。从老省，从子。

——（东汉）许慎《说文解字》

汉字履历

"孝"是儒家伦理思想的核心，是中国古代社会维系统治的最根本的礼教准则，是中华民族的传统家庭美德。在古代社会中，儒家推行的"孝"中没有平等与公义，没有人权与法治。这样的"孝"已经与这个字最初产生时的意义相去甚远了。

"孝"字的甲骨文，只有老人的长发，没有老人的身和手。长发之下，是个孩"子"，其中意思的表达远不如金文周全。金文中的"孝"，由两部分组成，上半部像一个老态龙钟、伛偻着的老人；下半部是一个小孩子的形象。整个字形看上去像是一个小孩"子"在"老"人的手下，搀扶着老人走路，小孩起拐杖作用的形状，以此来表达中华民族所提倡的尊敬老人的社会风尚，以此来展现"孝"的原义。到了小篆时期，从"孝"字仍然可以看到最初的象形，却已经开始线条化，在此基础上，逐渐演变成了现代楷书中的"孝"字，依旧可见"子"与"老"的关系。

《说文解字·老部》云："孝，善事父母者。从老省，从子。"这一解释符合了"孝"字所体现的观念。这种"孝"的观念最早产生于何时？学术界比较一致的看法是在西周时期。从那一时期开始，整个"孝"的观念一直延续发展着。古时"孝"的观念包含两个方面的内容：一是对活着的父母的"孝"，一是对死去的父母及先祖的"孝"。孔子要求自己的学生"为人孝悌。""弟子入则孝，出则悌。"就是要把孝顺父母、尊重兄长的道德修养放在学业的首位，可见在儒家的道德观念中，“孝”占据着极其重要的地位。

汉代甚至将“孝”定位为选拔官吏的一个标准，当时出现的“举孝廉”，其中的“孝”便是指孝敬父母。在整个社会提倡“孝”的大氛围下，出现了许多行孝的故事，最著名的便是中国古代的“二十四孝”，其中真挚的亲情确实非常令人感动。但也不乏一些愚昧至极的做法，即后来所说的“愚孝”。

字里乾坤

天底下最难报答的莫过于父母的养育之恩，任何一个人倾其一生都报答不尽。当我们遇到困难时，能倾注所有的一切来帮助我们的人，是父母；当我们受到委屈时，能耐心听我们哭诉的人，是父母；当我们犯错误时，能毫不犹豫地原谅我们的人，是父母；当我们取得成功时，会衷心为我们庆祝，与我们分享喜悦的，还是父母……感恩父母，我们不需要做很多，平时一句关爱的话语，一个亲热的动作，或任何一点微小的进步，就可以表达我们对父母的爱与孝心。

▷“礼”尚往来，想要别人怎样待你就要怎样待人

字　源

禮，履也。所以事神致福也。从事，从豊，豊亦声。

——（东汉）许慎《说文解字》

汉字履历

中华民族向来被称为“礼仪之邦”，从周公握发吐哺，到孔子克己复礼，一直到现代的文明礼仪，中华民族的“礼”已经传承了几千年的时间，早在周朝时，便已形成了一套完整的“周礼”，但究竟什么是“礼”？

“礼”字早在甲骨文时期就已经出现了，许慎的《说文解字·示部》中说：“禮，履也。所以事神致福也。从事，从豊，豊亦声。”由此可以看出，“礼”最初是一种祭祀的形式，因此在甲骨文中，“礼”字便是一个行礼时的器皿的形状，以一个祭祀的器皿来代表祭祀的整个过程，这也是汉字造字的一个典型方式。到了金文时期，“礼”字开始

线条化，但仍然可以明显地看出器皿的形状。发展到小篆时，在这个器皿的左边加入了一个代表祭祀的偏旁“示”，将其祭祀的含义表现得更加明确了。在小篆的基础上，逐渐楷书化，演变成了繁体字中的“禮”字。但因其相对复杂，经过长期的发展之后，最终变成了现代楷书中的“礼”字，到此时，除了“礻”还能看得出一点祭祀的影子之外，那个原本表示行礼的器皿已经消失得无影无踪了。

中国古代有三部最著名的礼典：《周礼》、《仪礼》和《礼记》，总称“三礼”，是关于各种礼制的百科全书。其中《周礼》偏重政治制度，《仪礼》偏重行为规范，而《礼记》则偏重对礼的各个分支做出符合统治阶级需要的理论说明。这“三礼”所涉及的各种礼制的总和，也就是礼的全部内涵。作为观念形态，孟子把“礼”作为基本的道德规范之一，使其成为评判人德行的一个标准。在长期的历史发展中，“礼”作为中国封建社会的道德规范和生活准则，对中华民族精神素质的修养起了重要作用；同时，随着社会的变革和发展，特别是在封建社会的后期，它越来越成为束缚人们思想、行为的绳索，影响了社会的进步和发展。

字里乾坤

如今的“礼”，是人们日常生活中必须遵守的道德规范和行为规范，是维系良好社会风气的准则。中国自古就是礼仪之邦，所谓“礼仪三千，威仪三百”，中国的“礼”之发达，没有任何其他国家能够超过。通过阅读《礼记》、《周礼》、《仪礼》等古籍，可以发现“礼”渗透进了中国人日常生活的方方面面：婚娶、纳聘、祭祀、丧葬、饮食……礼的重要性竟达到了这种程度。礼的存在，让人行事得体，言行合适。待人以礼一方面是尊重别人，另一方面也能得到别人的尊重。在当今社会，我们作为中华文明古国的一分子，有责任重振礼仪之邦的古风，让国家焕发出文明的光彩，让自己展现出文明的深度。

▷ 见利思“义”，人要有原则有底线

字　源

义，己之威仪也。

——（东汉）许慎《说文解字》

汉字履历

“义”是中国古代一种含义极广的道德范畴，本指公正、合理而应当做的。孔子最早提出了“义”，孟子进一步对其进行了阐释。

“义”是一个形声兼会意字，从甲骨文开始，经过金文、小篆，一直到繁体字，“义”的结构基本相同，都是由“羊”和“我”组成。《释名·释言语》：“义，宜也。裁制事物使合宜也。”所谓“义”就是“道理”、“原则”。做任何事情必须使自己的行为合乎道理。可见，“义”的本义就是“道义”。

《说文解字·我部》认为，“義”从“我”从“羊”。古人把“羊”作为和善的象征。“我”本来就是指一只有棱有角，还具有锯齿状的刀刃的“矛”字，是象形字。“我”用作第一人称的代词，指自己。有的学者认为，由“羊”和“我”构成的“義”的意思是像羊一样与人为善，一切好事、善事应从“我”做起。因此，把一个人对另一个人做好事、肯牺牲的精神称为“義”。这是“義”的引申义。对于“义”的含义，还有另外不同的解释，《说文解字·我部》：“义，己之威仪也。”在此基础上，有人认为“义”就是“仪”，可作“威仪”之“仪”，也可作“仪礼”之“仪”。

字里乾坤

孟子曾经说过：“生，亦我所欲也；义，亦我所欲也。二者不可得兼，舍生而取义者也。”在孟子看来，生命固然非常重要，但仁义更加重要，当必须在二者之间做出一个抉择的时候，为了仁义而舍弃生命是理所当然的。每个人的心中，都会有一片自己推崇的“圣地”，都有自己人生的原则，而“义”便是衡量行为的标准。在日常生活中，我们难免会面对金钱、权力、荣誉等东西，如何选择，如何对待，这时就需要“义”作为参考的标准，它能像夜空的北斗星、海岸的灯塔一样，指引人沿着正确的方向前进。金钱、权力、荣誉，并不是不好，只要是正当的，符合“义”的标准而得到的，固然应该赞许，但如果违背了“义”，则应该放弃。毕竟，能坚守人生的原则，是大智慧。

“仁”者爱人，让爱温暖传递

字 源

仁，亲也。从人，从二。会意字。

——（东汉）许慎《说文解字》

汉字履历

“仁”是儒家学说的核心，对中华文化和社会的发展产生了重大影响。“仁”始见于儒家经典《尚书·金縢》：“予仁若考。”孔子把“仁”作为儒家最高道德规范，提出以“仁”为核心的一套学说。“仁”的内容包含甚广，其核心是爱人。儒家把“仁”的学说施之于政治，形成“仁政”说，这在中国政治思想发展史上产生了重要影响。

在中国最早的文字甲骨文中，还没有“仁”字的身影，到目前为止，人们一致认为，仁字最早产生于金文时期。

金文和小篆中的“仁”字形体相近，左边均为一个“人”形，右边均为“二”，正如《说文解字·人部》中所说：“仁，亲也。从人，从二。会意字。”“二”为数之偶。偶，人偶也。“偶”与“耦”同，所以段玉裁注曰：“耦，犹言尔我亲密之词。独则无耦，耦则相亲。故其字从人、二。”根据许慎和段玉裁的解释，“仁”字的结构体现的是一种文明的人际关系，即人与人之间不分贵贱、不分种族，彼此亲密无间。

“仁”的思想，远远早于“仁”字的诞生，早在殷商时代，中华民族便已产生了这种美好的思想。此后的西周统治者已经开始倡导“仁”。如《诗经·郑风·叔于田》：“不如叔也，洵美且仁。”其意思是都不如打猎高手阿叔，不仅确实美，而且确实做到了仁。

儒家的经典著作中，均提到了“仁”，尤其强调了“仁”对“人”的重要性：“仁者，人也。”即群体中人与人必须亲密无间，互相关心，互相爱护。这一时期，不仅儒家倡导“仁”，其他各家也提倡“仁”。《墨子·经说下》：“仁，仁爱也。”即仁者爱人，完善了“仁”的内容。法家的集大成者韩非子也大力提倡“仁”：“仁者，谓其心中欣然爱人也。其喜人之有福，而恶人之有祸也。”意思是：“仁”就是心中很高兴地去爱别人，并且更喜别人有福，而讨厌别人有祸。

字里乾坤

人是万物之灵长，而“仁”则是人对于自己所生存的社会的一种美好期望。“仁”的创造，体现了我们的先人提出要建立一个充满爱的温情脉脉的理想社会的思想。同时，“仁”也是祖先倡导的美德，实现“仁”，即建立一个和平、文明、幸福的新世界，是我们华夏子孙义不容辞的责任。作为社会的一分子，我们一方面从家庭、朋友、社会中得到爱，另一方面也需要自己奉献出仁爱之心，只有奉献仁爱与获取仁爱能够平衡的时候，这个世界才会和谐、美好，才会被仁爱那暖人心脾的光辉所笼罩。

言而有“信”，办事才会顺利

字　源

信，诚也。从人，从言。会意。

——（东汉）许慎《说文解字》

汉字履历

信是做人的根本，是兴业之道、治世之道。守信用、讲诚信是中华民族公认的价值标准和基本美德，故而《老子》中有：“信言不美，美言不信。”意思是：诚实的话，其言辞并不华美，而华美的言辞并不一定可信。孔子也曾说：“言必信，行必果。”强调人说话一定要守信用，说到做到。

“信”字最早出现在金文中，金文中的“信”字从“人”从“口”。“口”是讲话的，而“信”在金文中的意思是“诚实”，因此我们可以将从“人”从“口”的“信”字理解为“人讲话要诚实”。“信”字发展到小篆阶段，从“口”变为从“言”，其意思并未发生改变。《说文解字・言部》：“信，诚也。从人，从言。会意。”用人口所言会真实之意。本义为言语真实。造字者把讲真话、实话看成做人的必要条件，言外之意，不讲真话就不能算人。“信”字经过后来的隶变，演变成了今天楷书中的“信”字。

“信”从“人”从“言”，从字面上说就是“人言为信”。在儒家倡导的“仁、义、礼、智、信”五常里面，“信”是重要的道德原则。孔子说：“人而无信，不知其可也。”他认为“信”是“士”最起码的道德要求，认为人有诚实的品德才会得到别人的信任，讲究信用，办事才会顺利。

字里乾坤

在中国传统道德中，“信”是做人的根本，是维护社会秩序的基础。作为一个人，必须言而有信，即讲信用，所以有“一言九鼎”、“一言既出，驷马难追”这些说法。

在中国几千年的文明史中，人们不但为诚实守信的美德大唱赞歌，而且努力地身体力行。诚信对一个人、一个企业都是无形的财富，是一笔巨大的无形资产。一个人、一个企业坚持走正直诚实的道路，必定会实现良好的愿景。如果一个人言而无信，失去了别人对自己的信任，就如同失去了比千金还宝贵的东西。

第二十二章　身体不是臭皮囊，学着关爱它

▷ 有“口”亦要有心，说话要留有余地

字　源

口，人所以言食也，象形。

——（东汉）许慎《说文解字》

汉字履历

美丽的笑容可以减少争端，这是毋庸置疑的。人的一张“嘴”巴，可以带来祸患，例如“祸从口出”。古人造“口”字，看起来就像一个人张大嘴巴哈哈大笑的模样，很显然它是象形字，生动地将人的嘴的形状描绘了出来。

“口”字从甲骨文到小篆，字形没有太大的改变。到了今日，“口”仍然是四四方方，只不过少了嘴边的两个“笑窝”而已。《说文解字·口部》中有云：“口，人所以言食也，象形。”意思是说，“口”是人们用来进食和讲话的器官，故有口为出纳官的说法。人们吃东西要用“口”，说话也要用“口”，如果这“口”字出了问题，可真是“有口难言”、“食不下咽”了。后来，人们凡是造与“口”有关的字，皆有“口”字旁，如吃、喝、喊、叫、唱等。除此之外，古人和今人都喜欢问一句：“您家有几口人?”这么问的原因在于一人只有一张嘴，一口当然就是一个人，所以“口”被作为量词出现在人们的生活当中。

关于“口”字还有一系列非常有意思的谜语：两个口、三个口、四个口、五个口、六个口、七个口、八个口、九个口、十个口皆能组成一个字，你猜猜看？两个口自然是“吕”或者“回”，三个口是“品”，四个口是“田”，这三个比较容易猜出来。至于五个口，则是“吾”字；六个口是“晶”；七口为“叱”；八口为“叭”；九口是“八”“十”（加）“丿”等于‘九’，再在旁边写一个口，即为“和”字；十

口当然就是“叶”了。

一个“口”字生出如此多的字，字字皆与生活有关，不能不说人的一张嘴，真是“道”出了无穷的智慧。

字里乾坤

俗语有云：啄木鸟治树，全靠一张嘴。会生活、会处世的人，只要开口说上一说，笑上一笑，就可以解决很多生活难题。有时候我们不必为了生活的一点小事斤斤计较，心胸开阔一点儿，嘴上“得饶人处且饶人”，一笑置之，生活自然能变得和谐而幸福。就像毛泽东同志曾说的：“牢骚太盛防肠断，风物长宜放眼量。”

▷ 相由心生，“眉”“目”可传情

字　源

目，人眼，象形。

眉，目上毛也。

——（东汉）许慎《说文解字》

汉字履历

幼时猜谜常遇到的问题之一就是：“上边毛，下边毛，中间有颗黑葡萄。”这个谜语生动地描述了人的眼睛。眼睛是心灵之窗，在人的五官中，眼睛是一个人精神的门户，同时也是洞察世间一切真相的工具。古人根据眼睛的外形创造了“目”字。

“目”为象形字，甲骨文、金文中“目”字的写法基本一样，是一只横置的眼睛的形状。直到小篆才变为竖起来的眼睛。“目”字的隶变与以后的变化都不大，基本定型。

人们在提“目”字时，必然提“眉”，正所谓“眉目”，眉清目秀。由于眉目是面貌上的点睛之笔，首先被人注意，所以后来人们在形容做事情有可行性时，就说一句“有了眉目”。古人造“眉”字，也是采用了象形法。

人的脸因眼睛而生动，古人造“面”字中间必然加一个眼睛，这从“面”的甲骨文中可以看出。而“眉”使一个人的眼睛徒增一番情，它成了脸上不可缺少的一笔。

字里乾坤

脸是一个人的门面，眼让人灵动，眉让人变得生机勃勃，失去二者，人就会变得失色很多。不过，人即使失去了眉目，只要心存良善，一样心清目明；但若是存心不良，即便艳若桃李、目若流星，一样金玉其外败絮其中。好面相不过是外表，人的好与坏，主要看其本质和内涵，品德是决定人美与不美的重要标准之一。

“鼻”字观清明，看清自己更明智

字　源

鼻，主臭者也。

——（东汉）许慎《说文解字》

汉字履历

弗洛伊德对于人格结构进行分析时，提出了本我、自我和超我的概念。关于本我和自我的关系，弗洛伊德有这样一个比喻：本我是马，自我是马车夫。马是驱动力，马车夫给马指方向。自我要驾驭本我，但马可能不听话，二者就会僵持不下，直到一方屈服。本我是人的原始欲望，而自我则是人的理性。正因为很少有人能够完全认识自我，所以常常会被身体的本能驱使。

自我的“自”字，人们都知道。它的甲骨文看起来就像人的鼻子。没错，它上面一竖是人高高的鼻梁，最下面是鼻孔，中间还用一横把两旁的鼻翼描绘出来。“自”的金文大体有两种写法，但均对鼻子的描绘更加相像，直到演化为小篆，才与现代字体相符。也许人们没有注意到，当你在指自己的时候，习惯地指向鼻子的方向，或者干脆把手指点到鼻尖上，似乎是这种巧合赋予鼻子“我”的意思。在古代，“自”字既是“鼻子”又是“自己”，这样当然不方便。所以古人便另创了一个以“自”表意、以“畀”发音的形声字“鼻”，把“自”、“鼻”二字区别开来。

字里乾坤

人脸上的鼻子成了人本体的代言。鼻气通，人的头脑就清明；鼻气淤塞，人自然也就容易糊涂。老子云："知人者智，自知者明。"看清自我，人就会变得明智，在做任何事情时都能轻松应对，游刃有余，但是如果不能控制自我，让人格被各种欲望所支配，人就会变得腐朽。

▷ 唇"齿"相依，抛弃其一等于自寻死路

字　源

象上下相错之形。牲齿也。

——（东汉）许慎《说文解字》

汉字履历

牙齿是人体消化系统的第一道关口，没有它，整个消化系统就会出现紊乱。牙齿不但与身体健康有关，当人们讲话、微笑时，一口整齐洁白的牙齿，也成了人的门面，彰显人的健康和美丽。

"牙"字的出现较晚，其金文像牙齿交错的形状，小篆的"牙"字从金文衍生而出，经过隶变之后，成了现今我们所看到的样子。但是，在商代以前，牙、齿都称作"齿"。

甲骨文的"齿"就好像人的上下两排门牙，而"齿"的意思就是指门牙，很显然，它是个象形字。可是"齿"字的金文和小篆已经不再具有象形的意味。牙、齿在古代的意思虽然有区别，但是到了现代，作为一个意象的代言词语，意义已经不分家了。

"牙"的引申义就比较多了。例如，"牙口"是指牲口的年龄，又指人牙齿的咀嚼能力；"爪牙"比喻随从、差役，含有贬义。旧时还把以介绍人口买卖为业而从中取利的妇女称为牙婆，管那些不做正经生意的商贩叫做牙侩。关于"齿"字，名词意义除了表示"牙"意外，多表示年纪，所以年龄的"龄"字以"齿"做偏旁。

字里乾坤

讲到牙齿，就不得不说唇，所谓“唇齿相依”就是这个道理。没有了牙齿的嘴巴，就会干瘪凹陷。它们就像互相依靠的两股势力，任何一方受难，另一方也跟着遭殃。“牙”、“齿”二字及其本义阐述了一个深刻的道理：每个人都有生理和心理保护，倘若一个人自拆门墙，撤掉自己的身心保护层，无异于自寻死路。

▷“头”即首，群龙不能无首

字　源

“头”字，即首也。

——（东汉）许慎《说文解字》

汉字履历

俗话说：蛇无头不行，鸟无头不飞。无论对于动物还是对于人来说，头自然是最重要的。没有了脑袋就等于没有支配身体一切行动的器官，正像一个组织没有首领就无法运行一样。

《说文解字》中解释“头”字，即首也。“头”是形声字，繁体作“頭”，发豆声，从页部，“页”就是人头的意思。“头”字出现较晚，只有金文，而“首”字则出现得比较早。

“首”字是象形文字，与头相比，它当然更像人的头部。“首”字的甲骨文看起来像一个人的侧脸，上面还有一只眼睛，等到演化为金文就变成了人的头发和眼睛的形象，小篆明显是金文的继承体，但是在字形上几乎与现代汉语的“首”字非常相像。

干宝在《搜神记》里讲干将、莫邪夫妇为楚王造剑，共有雌雄两把。楚王因干将拖的时间太久，又见他只奉上雌剑，便将其杀害。干将、莫邪的儿子赤长大后，从母亲那里得知父亲的死因，立志报仇，但是却遭到楚王追杀。赤闻讯逃进山林，悲唱不能报仇的歌曲。一个游侠遇见赤，准备帮他报仇，但要见楚王就必须要割下赤的头颅，拿着他的剑，才能看到楚王。赤马上就自杀，割下头，将头和剑送到游侠面前，身躯直立不倒。游侠说：“我不会辜负你。”

游侠拿着赤的头去见楚王，楚王非常高兴。游侠说：“这是勇士的头，应当在滚烫的镬中把它煮烂。”楚王就按他的话来煮头，煮了三日三夜还没煮烂。楚王到镬旁看情状。游侠趁机砍下楚王的头，其头随着剑势掉入沸水中。游侠也将自己的头砍下，坠入沸水中。三头共煮，最后烂成一团。

字里乾坤

头颅相当重要，所以在古代打仗或者悬赏时，都要求看到对方的“首级”。楚王就是因为看到了干将之子的头，才对游侠失去戒心。所以，人们通常把最重视的东西都叫作“首个……”、“首位……”。当然，首字的意思还有很多。头脑是人体最重要的部位，皆因其能思考，懂得感情，如果一个人麻木不仁，即便生了脑袋，也与痴人无异。

▷ 人生就在“手”中，苦乐都可以放开

字　源

手，拳也。

——（东汉）许慎《说文解字》

汉字履历

自从人类开始直立行走之后，双手就已经不再作为奔跑的工具，而成为制造工具的智慧之手。“心灵手巧”，就是用来形容人有一双可以制造许多事物的巧手，而我们如今的美好生活，也是人们用双手创造出来的。

“手”字是个象形字，金文的“手”字，正像一只人手的形状，上面的分支代表五个手指，下面则是手臂。后来小篆的写法仍旧延续了金文的象形意味，隶变后，“手”字已经演变成现在的模样。

《说文解字》里说：“手，拳也。”手和拳是互训的意义，可以互相指代。手的本义是人体上肢腕以下能够持物的部分，多用作名词。像是“手刃”一词，就将作为名词的手动用。而手的引申义很多，例如“手

下”，指所属的人；“手册”指记事小本；人们还把专司某事或擅长某种技艺的人称为“××手”，例如“能手”、“选手”等。“手”与“口”字一样可做偏旁，在汉字中，凡从手的字都与手的动作有关，如打、拍、扶等。

“手”的意义繁多，它不仅仅是人体上的某部分而已。《诗经·邶风·击鼓》中有一句“执子之手，与子偕老”，成为千古传唱的佳句。因为只有感情深厚的人，才会“执手”同行，而“手”此时成了传递感情的媒介。正像艺术家的手是灵巧和充满艺术细胞的手；建筑师的手可以为人们建起高楼大厦、桥梁公路；农民的手粗糙厚实，为我们耕种出许多有营养的粮食；刽子手的手长满了老茧，看起来凶狠有力；母亲的手温柔而细腻，充满了抚慰的意味；父亲的手宽厚且大，给予子女力量。

字里乾坤

“手”的出现是人类智慧的象征，在以后的变化中，则有了承担人们情感的媒介作用。也许我们在生活中有很多快乐，也会经历一些痛苦，没有必要一个人独自承受，只要我们肯伸出手，与朋友、家人、爱人相握，同悲同愁，自己也能获得快乐。

▷“力”可挽狂澜，但强弓易折

字　源

力，筋也。象人筋之形。

——（东汉）许慎《说文解字》

汉字履历

“力拔山兮气盖世。”西楚霸王项羽在进行必死战斗的前夕作下此首绝命诗，其中有多少豪迈气概，又有多少心酸悲凉，纵有千斤之力，却无法力挽狂澜。此时的“力”不免越发显得虚弱。

甲骨文的“力”字像农耕工具“耒”的形状，有柄有尖，用以翻地。因为用耒耕作需要耗费很多力气，“力”字就由这个意思产生出来。不过东汉许慎在《说文解字》中对“力”的解释却是另一种：“力，筋也。像人筋之形。”关于“力”字到底像什么，不同学者有不同的看法，不过它始终是象形字，而且在造字时充满了动感和压力。故“力”字引申为力量、力气，又引申为能力、威力、权力等。而“力”也是汉字部首之一，例如动、勤等。

字里乾坤

人类在崇尚至高无上的权力时，希冀以力服人。但同时也应该认识到，力的作用往往是相互的。当你向别人施加各种压力时，自己也受着同样的“伤”，只不过这种“伤口”是不可见的或是隐形的。所谓“强弓易折”就是这个道理。人们在行动和思考之时，不能做得或想得太过决绝，只有留出足够的余地，方便自己腾挪，才不会因过于强势而物极必反，使自己受到伤害。

▷ 凡事“见”贤思齐，善于学习和借鉴

字　源

见，视也。从儿，从目。

——（东汉）许慎《说文解字》

汉字履历

《见龙卸甲》是一部著名的影片，讲述三国名将赵子龙未解甲归田前的故事。所谓“见龙”，大多数人认为取义于《易经》里的“见龙在田”，“见”字为表现的意思。那么，“见”字的本义又是什么呢？古人又是如何把它造出来的呢？

甲骨文的“见”上面是个横着的眼睛，下面是个朝右跪着的人。造字者描画了人的眼睛，其目的就是要突出“看见”的意思，所以“见”属于会意字。金文的“见”继承了甲骨文的造字手法。“见”字发展到小篆后，横“目”转动了一下，便成了竖“目”，其下部仍然是一“人”字。

《说文解字·见部》解释：“见，视也。从儿，从目。”段玉裁注：“用目之人也，会意。”在古文当中，“见”是“现”的通假字，所以

见、现二字自然有意义相同的地方，一个是看的意思，一个是表现出、被看的意思。“见龙在田”中的“见”与“现”之间，意思就发生了交融。

字里乾坤

所谓见者看也，看到了就不能忽视，而能做到孔子所说的“见利思义”、“见危授命”，则更加难能可贵。我们生了一双明目，在一切可允许的情况下，看到的一切东西都值得学习和借鉴，见贤者则思齐，见不贤则自省，这是培养一个人品德、智慧、能力的方式。

▷ 用“心”待人，换位思考

字　源

心，人心也。在身之中，象形。

——（东汉）许慎《说文解字》

汉字履历

相传晚唐诗人皮日休和陆龟蒙相邀于清明节漫步郊游，最后在村头临江小酒店落座。皮日休见细雨霏霏，他临风一酹，指着江中小舟，随口吟出五绝一首：“细雨洒轻舟，一点落舟前，一点落舟中，一点落舟后。”吟罢，他让陆龟蒙猜此诗所表达的汉字。

自幼享有盛才之誉的陆龟蒙，当即领会，但并未直言相答，笑着说：“请仁兄也听我赋一联句：‘月伴三里如弯镰，浪花点点过船舷。’”皮日休一听，连连点头抚掌，当即奉菜敬酒。原来，两人的谜底都是一个“心”字。

古人把“心”作为传达情感的工具，“心神荡漾”、“心潮澎湃”，皆表达人的一种情绪。《诗经・小雅・杕杜》中有一句：“日月阳止，女心伤止。”意为：日子又到十月头，满心忧伤想我郎。它表达了女子思念远征夫郎的情意。从生理学角度来看，心脏是人体的重要器官，是人体青春和活力的标志，人如果没有了心，就会死亡。古人也很早就意识到心脏的重要性，不仅如此，还将其认为是人的思维器官，把思想、感情等都说成由“心”而来。

“心”是古老的象形字，甲骨文的“心”字就是心脏的形状，而金文的“心”字多了一层包围，小篆的外包围分成左右两个心房。“心”字本义是指人的心脏，由于其代表着人体的中心，所以“心”就有了中间、中央的引申义。如核心、掌心、心腹等词，皆带有中央直属的意思。古人造字，凡从心的字，大都与人的思想、意念和感情有关，如志、忠、惧、怕、恭等。

字里乾坤

许慎在《说文解字》中曾解释：“心，人心也。在身之中，象形。”心在人身之中，它虽然不是真正的思考工具，却是人思想情感的代表。人的喜怒哀乐、贪嗔痴恨，皆喜欢用心表达。对于无心之人来说，他不但丧失了自我，也丧失了一切亲情、友情和爱情。人世间最值得人们去珍惜的不是财物和权力，而是围绕在身边的各种情意，不要因为过分追求物质，而使得自己失去这最珍贵的东西。

“人”中有道，融入集体才能生存

字　源

人，天地之性最贵者也。此籀文象臂胫之形。

——（东汉）许慎《说文解字》

汉字履历

我国古人将人与天、地并列，称为“三才”。所以才有“天不言，地不语，天地借人把道宣”、“人乃万物之灵”之说。就连英国戏剧家莎士比亚也说：“人类乃宇宙的精华，万物的灵长。”古人习惯于把自己看成天地的代言人，所以纵使造字的时候，也非要体现这样的观点不可。

“人”字从甲骨文至现今的楷书均为象形字。几千年来，它由最早的图形化经过线条化变为今天的一撇一捺相交接。甲骨文中的第一个“人”字像一个平伸双手、以小腿和脚跟垫着屁股而虚坐的人；第二个“人”像一个有手有脚站着的人；而第三个“人”则像一个面朝左侧面站立的人。造型看似简单，其实它们已把人的头、臂、身子和脚形象地画了出来，仿佛人的侧面剪影。

到了周代晚期，出现的金文“人”字也是以第三个甲骨文为基础而造出的。到了秦代小篆时期，“人”字的小篆写法用笔通常圆润优美，且为了方便在竹板上刻画，所以写起来转了很多圈。后来，象形文字的意义减弱许多，直到发展至隶书阶段，“人”字形体才由纯线条化演变成笔画，就此定型为今日人们所书写的汉字。

根据达尔文的进化论，“人”是由类人猿进化而来，能够制造并使用工具且进行劳动的高等动物。所以我国古人在造“人”字时特别强调手和脚，并且表示直立行走。看来古人已有意识地把自己区别于其他动物，充满了道德感与荣辱观。

字里乾坤

人们曾用“人”字造了许多谜语。其中一个“人对人”，便是个字谜，谜底就是“从”。其实这个谜面和谜底大有深意。人和人相处久了，不管是敌对还是友好，时间长了都会走到一块儿，追随彼此。人类是社会性的动物，没有人能够独立生活在世上，必然要融入一个集体当中，才能够生活下来。前人造“人”字，把人的本性展现出来，同时也是告诉后人：人生于天地之间，参透万物的构成“玄机”，即是“道”。不仅如此，许多人还将这些“道”广为宣传。大家共同遵循“道”而生活，方可成为万物之灵长。

▷ 有容乃“大”，敞开心胸达观处世

字　源

大，天大地大人亦大，故大象人形。

——（东汉）许慎《说文解字》

汉字履历

电视剧《大长今》曾受到广泛的欢迎，自强不息的徐长今几经波折，饱受苦难，终于通过正当的手段将残害自己父母和老师的恶人送进了监狱，并且治愈了皇帝的顽疾，被赐予“大长今”的美称。皇帝为

什么要在长今的名字前加一个“大”呢？大就是对人的尊称，例如“大人”，表示伟大、广大的意思。中国古人造“大”字，即是为了此意。

“大”的甲骨文，就像一个人的正面形象，有手有脚，双臂张开，双腿劈开。从字形上来看，很显然，“大”是一个象形字。它的金文和小篆形状几乎没有什么变化，与如今的简体汉字也几乎一模一样，只不过少了些圆润，多了一种“风骨”在其中。

庄子在《秋水》一文中曾讽刺河伯。秋季到来，百川归河，致使河水径流巨大。河伯便自以为天下间的美景皆在他的河岸，自己无比伟大，一时沾沾自喜。可当他顺流东行，到了北海，才发现大海浩浩荡荡，不见彼端，忍不住望洋兴叹：“有人说‘听过许多道理，就以为没有比自己强的人’，说的就是我啊。我过去不相信孔子的学问，也轻视伯夷的道义。今天看到门前这无穷无尽的浩瀚汪洋，我真是‘见笑于大方之家’。”河伯这句话中的“大方之家”，指的正是有才有德的伟大之人。河伯目光鄙陋，与德才兼备者相比，当然看起来渺小了。

字里乾坤

从古到今，“大”字的含义多指体积、面积、数量、力量、规模、程度等方面超过一般或超过所比较的对象。前人造这个象形字的时候，在形体上已经赋予了它“博大”的含义：一个人，敞开双臂，打开心胸，无所不能包容，无事不能看开，上可承天，下可稳地，这样的人怎么能不伟大呢？也许我们的才德不能与古代的“大方之家”相比，但是只要我们敞开心胸，达观地看待一切，包容一切，自然会受到他人的尊重。

第二十三章　生死有命，但你可以选择怎么看待

▷ 乐“生”哀死，给生命以礼遇

字　源

生，进也。像草木生出土上。

——（东汉）许慎《说文解字》

汉字履历

甲骨文中的“生”，下部的“一”像地平面，一横之上的“丫”像一棵草木的幼芽，中间是小草的茎，茎两边是小枝叶。其意思是地上刚刚长出一棵小草，一副小草新芽破土而出、生机勃勃的样子。芽苗冒出了地面，就是“生长”的“生”，其本义是“草木生长”。

“生”字到了西周时期，已发展为金文，与甲骨文稍有不同，“芽苗”之下，原来的甲骨文里表示地面的“一”上又添了一道短横或椭圆点，表示芽苗长在地上，是往上长的，本义还是“草木生长”。此时，“生”字已基本定型，小篆的“生”字便是循此时的“生”字发展而来的。但这字隶变以后，草木的芽苗形变成了“十”，逐渐发展成了现代楷书中的“生”字。

《说文解字·生部》：“生，进也。像草木生出土上。”所谓“进”，就是“生长”、“长出”的意思，即植物生长的意思。“生”字除了其本义之外，还引申出了许多其他的含义。“生”引申为后人，有了“生育”、“出生”的意思，如“生孩子”。《史记·秦始皇本纪》：“（秦始皇）以（在）秦昭王四十八年正月生于邯郸。”生育产生了新的生命，因此有了“生命”的意思。如《荀子·王制》：“水火有气而无生，草木有生而无知。”有“生命”则引申出“活着”的意思，由此又引申出“生活”的意思等。“生”，除了是个独体字外，也用作“姓”、“性”、“牲”、“笙”等字的声旁。

字里乾坤

“生”字无论是在造字上还是在本义上，都被赋予了一种勃发的意味。儒家讲“乐生哀死”，意味着对生的尊重和对死的悲哀。生命是人类最宝贵的东西。阿根廷诗人博尔赫斯在他的诗歌《愧对一切死亡》中这样唱道：“死者不是一位死者：那是死亡。”

欢“喜”离合，去经历而不是奢求

字　源

喜，乐也。从壴从口。凡喜之属皆从喜。

——（东汉）许慎《说文解字》

汉字履历

人生有四喜：“久旱逢甘霖，他乡遇故知。洞房花烛夜，金榜题名时。”大旱时期遇到大雨；远赴他乡的时候突然碰到了以前的朋友；经过甜蜜的恋情终于步入婚姻的殿堂；苦修多年学术终于得到赏识。这四种情况任何人遇到，都会欣喜若狂。那么究竟人们为什么要把内心的愉悦称为“喜”呢？

“喜”在甲骨文中上部像一把“鼓”，下半部分是“口”，整个字像笑得合不拢嘴的人以击鼓的方式表达心中的愉悦。“喜”的本义是高兴、快乐，它是一个会意字，由它的本义引申为喜爱、喜欢。“喜”字还与人们的生活息息相关，常指喜庆的事。例如结婚的时候，人们习惯把“喜”字贴在大门、窗子、车辆上面。不过，结婚时用的“喜”不是本字，而是“囍”。相传这个“囍”字是王安石发明的。

王安石年轻时上京赶考，路过马家镇时，看见马员外家门外的走马灯上写着这样一句上联：“走马灯，灯走马，灯熄马停步。”王安石拍手叫好，却因赶考而不能停留下来细想下联如何对。到了京城考完试后，主考官面试考生，轮到王安石时，主考官指着厅前的飞虎旗念道：“飞虎旗，旗飞虎，旗卷虎藏身。”他要求王安石对出下联。王安石立刻想到之前看到的对联，便说了出来，主考官听罢拍手叫好。王安石回程时经过马员外家，以主考官出的上联来对马员外的对联。马员外大喜，当即将女儿许配给王安石，原来那走马灯上的对联是马员外女儿的选婚联。王安石新婚加金榜题名，双喜临门，所以就做了一个“囍”字，表示喜上加喜。

字里乾坤

人生在世，当然希望快快乐乐、欢欢喜喜，很少有人生平就不喜欢喜庆。可是，人有悲欢离合，月有阴晴圆缺，喜从天降固然美好，但与此相对，愁也会接踵而来。所以人们面对喜，不要如痴如狂，只须好好享受那快乐和幸福的时光。遇到不痛快的事情时，不要过于烦恼，敞开心胸，坦然面对生活。酸甜苦辣是生活的调剂品，失去了任何一种，生活都会变得索然无味。

▷“死”有轻重，不可轻言

字　源

死，民之卒事也。

——（东汉）许慎《说文解字》

汉字履历

“生死有命，富贵在天”、“人生自古谁无死，留取丹心照汗青”，古人对于生死的问题，有时会表现出这种达观的心态。生和死是相对的概念，有生必有死，有死才会有新生。生对人来说无比重要，死自然也是。

甲骨文“死”字右边看起来是一个垂首跪地的人形，左边的“歹”表示死人枯骨，整个字像活人跪拜于死人朽骨旁默默吊祭的样子，传达出死亡的信息，因此“死”字即是死亡、生命结束之义。“死”字演化为金文和小篆之后变化不大，经过隶变之后，才有今日之体。《说文解字》里解：“死，民之卒事也。”正是表达了“死”作为会意字的意思。

由于死去的东西不会动，所以僵硬的、不灵活的东西也称为“死”，如“死板”指不灵活、“死气沉沉”形容气氛不活跃或精神消沉不振作；“死”字还引申为坚决之义，如“死心塌地”是形容打定主意，绝不改变。

字里乾坤

西汉史学家司马迁在遭受宫刑之后，本想结束残生，后来想到史书没有完成，便于《报任安书》中鼓励自己："人固有一死，或重于泰山，或轻于鸿毛。"死亡乃是人生的大事，普通人纵使没有大作为，无法有英雄般的死法，但也不能轻言死字。生命是自然赐予一些生物的恩德，如若将死视若儿戏，这种人也必然无所作为。

▷"寿"终正寝乃自然之事，心灵富足才能生命丰盈

字　源

寿，久也。

——（东汉）许慎《说文解字》

汉字履历

古代给老人过生日，老人最喜欢听的一句话就是"寿比南山"，如今这句祝福的话也广为流传。年龄大而且健健康康，自然是让人艳羡的事情。那么，古人为什么要用"寿"字来形容人的长命百岁呢?

"寿"字出现相对较晚，只有金文，从"老"字，上半部分是"老"字甲骨文的上部，足见其与"老"字有着密切的联系，因为一般多是老人较讲究"寿"字。"老"字为象形字，"寿"的形体取自"老"，而其下半部分作为声部，所以"寿"即是形声字。"寿"的小篆变化不大，近代隶书是"寿"的繁体，经过转化成为现代简体字。

《说文解字》里诠释"寿"字是这样说的："寿，久也。"人活得长长久久，可不就是"寿"吗?活得久自然是好事，不过这祝别人长寿可就有说道了，若是"寿"没拜明白，就会闹笑话。

从前有个傻女婿，要到他岳父那儿拜寿。临走的时候，妻子嘱咐他说话时要多带"寿"字。于是，他到了岳父家，见了蜡烛叫"寿烛"，见了点心、桃子叫"寿糕"、"寿桃"，见了面条叫"寿面"。岳父见女婿说话处处带个"寿"字，十分高兴。

正吃着寿面，看见岳父头上有一只苍蝇，傻女婿连忙用手拍过去，一边拍一边还说："不要怕，我不会拍痛寿头，打伤寿脑的。"岳父听

了他这话，气得手直发抖，把碗里的面汤洒在了自己的新衣服上。傻女婿连忙用毛巾替岳父擦干净衣服，又说："好好的一件寿衣上浇了面汤，怪可惜的。"岳父气得半天说不出一句话来。

吃完了寿面，傻女婿摆弄着桌子上的一个红木匣子，当着岳父的面说："这寿木、寿材真够漂亮的。"岳父听了，气得昏死过去了。

原来，傻女婿不了解"寿"的含义和用法，不明白"寿"的感情色彩和使用场合。"寿面"、"寿桃"是"寿"的正面用法，是吉利的字眼；而"寿头"、"寿脑"在浙江方言里是"傻头"、"傻脑"的意思；"寿衣"、"寿木"、"寿材"则是指为人死后预备的衣服和棺材。"寿"字搭配的词语不同，好坏意义当然不一样了。看来这"寿"字不能乱用。

字里乾坤

人活一生无非想多福多寿、长长久久，此乃人之常情。但对于生命的长久过于追求，则没有太多的必要。生、老、病、死是生命的自然循环过程。太想长命百岁，反而会使自己的心灵受累。就比如古代帝王希望能永存万世而炼长生不老丹一样，到头来也得归于黄土。人不必为了某一事物而不惜一切代价地去追求，淡然视之，既能让自己的心灵得到解脱，又能活得潇洒有风度。

死"葬"也有讲究，不拘泥于过去

字 源

葬，臧也。

——（东汉）许慎《说文解字》

汉字履历

提"死"就不能不提"葬"。死亡是人生大事之一，而对于古人来说，生前身后事，哪一样都重要，死后的葬礼是马虎不得的。"葬"字的造字法，充分体现了古人对身后事的认识。

"葬"字本为会意字，甲骨文中，右边是一个死字，所以从"死"，左侧则是一堆杂草，表示人死了之后在"茻"（读 mǎng，意思为杂草）中。合起来就是人死后盖上草席埋藏在草丛中。"葬"字金文字形与甲骨文稍有不同，会意的意思没有改变。但是演化为小篆之后，“葬”字左边的草甸变成在死人的头顶和身下，字形初具今日的模样。“葬”经过隶变，成为今日我们看到的样子。《说文解字》云：“葬，臧也。”臧是藏的意思，就是把尸骨恭恭敬敬地埋藏于黄土之中。

我国古代的葬礼相当讲究，传统葬法大多为土葬，但早在商代，一些边远民族已有火葬习俗。据汉文史籍记载，古羌族是第一个行火葬的民族。在明朝前后，火葬曾一度风行，直到清代才被禁止，以土葬彻底取代。中国数千年历史中一直都是采取土葬、火葬并存方式，而各民族又有各自不同的葬法风俗。葬礼礼仪相当多，器具一应俱全，陪葬品更是显示死人的身份。不过，如今土葬方式已远离现代都市，而传统火葬方式也面临着与新生葬法的结合。追求标新立异的都市人，已不再满足于死后蜗居在一个小小的骨灰盒中接受后代的祭拜。随着科学技术的发展，现代人注重的是活着时的生活质量而不是死后的地府生活。于是，在火葬的基础上，花葬、海葬、太空葬等新奇的葬法逐渐占据了一定的地位。

字里乾坤

现代人对于身后事的态度和处理方法，明显地体现了人们思想的进步，以及环保和生态意识的提高。人的思想是不断进步的，如果总是拘泥于过去，沿袭过去的做法，没有任何创新，就始终都不会进步。

▷ 从“丧”字体悟忘我境界

字　源

丧，亡也。

——（东汉）许慎《说文解字》

汉字履历

按照《说文解字》中的释义，“亡”的本义是“逃走”，又由于“亡”与“无”字相通，所以“亡”就有人消失、没有的意思。因此，“丧”就是“人没了”，“人没了”也就是死。一个人的身后事无非死、丧、葬。有死即有丧，有丧必有葬，然而，“丧”字的意思却绝非简单的死亡而已，从它的造字法就可以看出。

“丧”字的甲骨文上半部分是几个“口”字，表示许多人张着嘴大哭，下面则是“亡”的甲骨文，表示人在隐蔽处，在这里指死人被隐藏起来。很显然，“丧”为会意字，表示生者正在哭死去的人。这个字带有极强的感情色彩，已经与“死”和“葬”大为不同。“丧”的金文是由甲骨文演化而来，其小篆体的下半部分能明显看出是“亡”字的小篆体。难怪《说文解字》以“亡”解释“丧”，二者的关系从其造字法上就可以看出。

“丧”字除了有死亡的意思，还可引申为失去、忘掉的意思，例如丧失、丧尽天良等。关于这个引申义，还有一个故事不得不提。《庄子·齐物论》中讲到，南郭子綦凭倚着茶几坐在那里，仰天长叹，模样看起来精神已经脱离了肉体。颜成子游看见老师这个样子，就对他说，人的形体可以形如槁木，但心灵不可以如死灰一样。子綦就说，这个问题说得好，“今者吾丧我”，意思是其实我已经把自己都忘记了。原来，子綦说自己达到忘我的境界了。

字里乾坤

“忘我”是修道之人所追求的境界，平常人不必修炼这种能力，但是却可以学习这种专注的精神。历来成大事者或是在某一方面有所建树的人，都能全身心地投入自己的工作，很少半途而废。在普通的生活中，每个人都有美好的愿望和目标，为了实现这些愿望和目标，就必须有类似于“忘我”的精神，这样才能有所收获。

第二十四章　以医者之心，礼遇生命

▷ “汤”饭相和，万物相依

字　源

汤，热水也。

——（东汉）许慎《说文解字》

汉字履历

现代人说起汤，脑海里浮现的当然是香气四溢、丝滑入口的美味汤汁，但是古人联想到的是浓黑、苦涩的汤药。中医在用药时，多是把中药熬成汤剂服用，这是我国传统医学中最常用的剂型，古称汤液。而古代食医在食疗中说的汤，是指用少量食物或适量中药，放较多量的水，烹制成的汤多料少的一类汤菜，相当于药膳。

“汤”字与“药”字出现的时间比较接近，属于形声字，其古体字中没有甲骨文。“汤”的金文字形左侧为“水”字的甲骨文，右侧为“昜”（古代同“阳”）的金文。显然，“汤”形体上从“水”，音从“昜”。“汤”字的小篆繁体字为“湯”，直到现代汉字进行了简化，才是如今我们看到的“汤”字。

《说文解字》有云：“汤，热水也。”滚烫的水就是所谓的汤了。这个解释揭示了汤某一方面的性质，所以后来人们也将泡澡的温泉称为“汤池”，用“汤池铁城”来形容城池坚固，难以攻克，也比喻人的言谈无懈可击。

中国从古到今对饮食的讲究程度闻名世界，历来在吃饭时，食物中的汤是必不可少的，而且可以用来下饭。古语讲：“饭犹舟也，羹犹水也；舟之在滩，非水不下，与饭之在喉，非汤不下，其势一也。”饭和汤的关系就像舟和水的关系一样，舟没有了水不能行进，吃饭没了汤就如鲠在喉，食不下咽。可见，饭与汤在中国饮食中是相辅相成的关系。

字里乾坤

人得了疾病需要汤药来治疗，饮食需要汤羹来佐饭。汤与人类生活的关系，揭示的是一个哲学理念：世间的事物都是相互联系、相互依托的，好比人做任何事情都需要其他事物的辅助；而日常生活中，人们需要相互扶持。世上没有任何物体、生命能够独立存在，这就要求人类必须看清生活中的每种事物，寻求与自然的和谐、与他人的和谐，共同发展。

▷ 不断自省，针“砭”自我

字　源

砭，以石刺病也。

——（东汉）许慎《说文解字》

汉字履历

针灸是我国中医学中最神奇的一种医疗方法，具有鲜明的中华民族文化与地域特征。远古时期，人们偶然被一些尖硬物体碰撞了身体表面的某个部位，会出现意料之外的疼痛减轻现象。于是，古人开始有意识地用一些尖利的石块来刺身体的某些部位或人为地刺破身体使之出血，以减轻疼痛。古书上多次提到原始的针灸工具石针，称之为砭石。砭石在当时还常用于外科化脓性感染的切开排脓。《山海经》上有：“有石如玉，可以为针。”这是关于石针的早期记载。

“砭”字出现较晚，没有甲骨文和金文，其隶变体为“砭”。“砭”字是形声字，本义指治病刺穴的石针，所以它的字形从“石”，声部为“乏”。《说文解字》中解释：“砭，以石刺病也。”指的就是砭的本义。提到“砭”就不得不说“针”字。“针”为会意字，形体从“金”，音从“十”。最早的针不是石头做的，而是竹子，写作“箴”，后来有了金属的针，才写作“鍼”（针）。它的本义是缝衣的用具。随着针灸技术的进步，人们发现金属的“针”比石头的“砭”更好用，因此“针”取代“砭”，成为针灸的主要用具。但是“针砭”一词却被人们留了下来。

成语“针砭时弊”广为人知，这里的“针砭”做动词，比喻指出现实生活中的各种不良倾向和错误行为、思想，以求改正。因为“针砭”的形状粗细分明，在针刺的时候带有指向性，所以出现了“针对”一词，而“针砭时弊”取的就是这个词的意思。

字里乾坤

观“针”、“砭”二字，可以深切体会，皮肤受到针刺，一则为了治病，二则也是对自己的一种刺激和磨炼。现代社会的优厚条件让太多的人和集体产生了骄纵的情绪，只有一方面自省，另一方面接受他人的批评，才能把自身的毛病一一去除，做出更好的成绩。

▷ 嫉妒是毒“药”，伤人伤己得不偿失

字　源

药，治病草也。

——（东汉）许慎《说文解字》

汉字履历

俗话说：“一病必有一主方，一方必有一主药。”有病就得吃药，这是自然之理，而每服药当然会有主要的一味，是用来对症而非辅助。关于药还有这样一个有趣的故事。

唐代著名诗人杜甫，一生颠沛流离，饱受凄苦。他曾惨遭奸相李林甫的打击和报复被赶出皇宫，为了糊口，不得不上山采药，进城卖药，聊度岁月。后来，他迁居沙头镇，开设了一间“百草堂”药铺，做生意货真价实，童叟无欺。一时生意兴隆，财源广进。

杜甫的生意一好，当地其他药店老板暗恨在心。一日“福寿堂”药铺的老板李芝宏听街面上的人议论：“‘百草堂’的药，比‘福寿堂’的药炮制得好，还便宜。”李芝宏回到家里既羞愧难当，又心怀不满，开了一剂药方交给了家人说：“你将这剂药方送给‘百草堂’，要他们照单抓药。如有则罢，没有你就砸烂他的牌匾和对联，叫他滚出本地。”

家人连忙来到“百草堂”，将药单往柜台上一甩，大声说：“这是我家老板急需的药，赶快照单发药。”伙计接过药单一看，愣住了。上面写着：

行运早 行运迟

正行运 不行运

伙计知道有人存心闹事，忙把此事告知杜甫。杜甫看了药单付之一笑，不慌不忙地拿出四味草药，摆在柜台上，原来是一片萝卜干，一块带芽生姜，一个鲜李子，一块干桃僵。李芝宏的家人一看不知所措，问道："你这算什么药?"

杜甫道："萝卜干是'甘罗'之义，甘罗 12 岁就当了宰相，你说他是否'行运早'？生姜芽是'姜子牙'之义，姜子牙 83 岁遇文王，是否'行运迟'呢？你看这红皮李子，虽然酸不溜的，却正是目前市场上的俏货，可说是'正行运'吧。隔年的桃子，经过雪打霜冻算不得鲜果，只能入药，所以说'不行运'了。"家人连连点头，无言对答，只说："是，是，是。"杜甫接着说道："这红皮李子好比你家老爷'正行运'，这桃僵好比我已'不行运'了。当今朝廷重用奸佞，嫉贤妒能，正如俗话所说'李代桃僵'，难道不是真的吗?"

经杜甫这么点评，李芝宏的家人恍然大悟，指着杜甫的鼻子说道："你竟敢辱骂我家老爷，管叫你吃不了兜着走……"他们气冲冲地回到李府，将杜甫给的四味草药交予李芝宏，将其一席话当面禀明，李芝宏自知理亏，只气得吹胡子瞪眼睛。

那么，"药"字究竟是怎样造出来的呢？其实，"药"字的出现相对较晚，小篆体明显衍生于金体字。"药"的繁体隶书为"藥"，与小篆体几乎一模一样，现代汉语将之简化，使其成为如今人们看到的字体模样。

"药"为形声字，从艸（即草），乐声。本义就是治病的物品。"药"字的金文体上面有两个倒过来的"小"字，其实是"草"字的甲骨文，因为传统中药多数是草本植物，所以从"药"自然从草字头。《说文解字》中记录："药，治病草也。"中国古代专门给人治病的医生通常以调剂五味、五谷、五药来治病，所谓的五药指草、木、虫、石、谷，其中有三味是植物，不仅如此，三味中有两味是草本，所以人们习惯把大多数的药物称为"本草"。

字里乾坤

药通常是治病救人的，但有时也会成为伤人害己的事物。心灵的贪婪、嫉妒、小气，对人来说就是一种毒药，在这种毒药的驱使下，人往往会做出伤害他人的事情，而自己也同样会受伤害。因此，人不妨放宽心，平常心对人来说就是一味可保身心舒坦的好药。

▷ 防微杜渐，避免“病”入膏肓

字　源

病，疾加也。

——（东汉）许慎《说文解字》

汉字履历

春秋时期，晋景公得了重病，听说秦国有一个医术高明的医生，便专程派人去请。医生还没到，晋景公就恍惚地做了个梦。他梦见两个小孩正在他身旁说话。其中一个说：“那个高明的医生马上就要来了，我看我们这回难逃了，躲到什么地方去呢?”另一个小孩说道：“没什么可怕的，我们躲到肓的上面和膏的下面，无论他怎样用药，都奈何不得。”

不久，秦国的名医到了，立刻被请进了晋景公的卧室，给晋景公治病。诊断后，那医生对晋景公说：“这病已没办法治了。疾病在肓之上，膏之下，用灸法不行，扎针又达不到，汤药的效力也达不到。这病实在是没法子治啦。”晋景公听了，心想医生所说果然与梦中两个孩子所说的一样，便说：“你的医术真高明。”说毕，叫人送了一份厚礼给医生，让他回秦国去了。

成语“病入膏肓”即是由这个故事而来。病是人的性命的一大杀手，小病磨人，大病害人，不管是古代人还是现代人，没有人不惧怕病魔侵袭。“病”字出现很晚，大约在先秦时期。“病”乃形声字，从疒形，从丙声，古时通常都指重病，而小病则称为“疾”，所谓疾病就是小病和大病的意思。

字里乾坤

大凡疾病，如果是小疾还好治，如果是大病，往往不容易痊愈。这就像是在做一件事情，如果一开始出了问题，就尽快解决，将问题扼杀在萌芽状态，事情还可以顺利进行；倘若听之任之或是忽略隐患，小问题就可能会变成大问题，直到无法挽回。

▷ 由“巫”到“医”，由蒙昧无知到探寻真知

字 源

巫，祝也。女能事无形，以舞降神者也。

医，治病工也。殹，恶姿也。医之性然，得酒而使。

——（东汉）许慎《说文解字》

汉字履历

几千年前，巫与医二者是不分的，而巫出现的历史相当久远，甚至早于医的出现。在原始社会时，由于人类所掌握的知识比较少，对这个社会中出现的某些状况不了解，将自然界的打雷、闪电、地震、海啸等现象误认为是某个神仙在发怒，诚惶诚恐，认为疾病是天神降临的，所以原始人类就把某些东西用来参拜，因为他们觉得这些东西是神的化身，神是由这些东西演变而成的。崇拜需要祭祀，通过祭祀行为人们向神表达自己的虔诚之心和愿望，祭奠仪式得有组织的人，通常组织者就被称为“巫”。巫不但权力极大，而且在古代还从事医生这种职业，巫、医二者不分家。这一点从医的繁体字“毉”就可以看出，它的下面是个巫字。

讲人的病痛和医疗，就必须讲到“医”字，然而“医”字出现于周代，因为这时候巫、医才分家，所以医只有小篆体，因此讲“医”就要从讲“巫”开始。

根据“巫”字的甲骨文字形来看，一些学者推测是古代女巫所使用的祭祀道具。“巫”的金文与甲骨文几乎相同，字形并没有变化，但是其小篆体看起来像是女巫两袖舞形，所以巫的本义为能以舞降神的人。不管怎么说，“巫”字为象形字是毋庸置疑的。

字里乾坤

《论语》中有载：“子不语怪、力、乱、神。”孔子认为，怪、力、乱、神的言论在社会衰乱之际特别多，一个人也只有达到了智慧的境界，懂得了人生的真理，才能免除这些似是而非的言论，而归于真实平淡。以科学角度来看，“巫”

属于怪、力、乱、神，而“医”却步入了自然科学领域，虽然后者源于前者，却与前者有着本质的区别。从“巫”字到“医”字的转变过程可以清晰地看出，人类的思想是在不断进步的，由最初对鬼神崇拜的蒙昧到对自然的清晰认识。同时也说明，人们在做任何事情的时候，都需要一段时间的探索和研究，方可认清事物的真谛，不可以被一些不切实际的想法和各种现象迷惑，要亲身实践，才能领悟其中的道理。

第八篇

词渊拾零知荣辱：汉字与民间信仰

第二十五章　自然崇拜是原始的宗教信仰

▷ 敬人如“宾”，尊重与爱护是人际和谐的前提

字　源

宾，所敬也。

——（东汉）许慎《说文解字》

汉字履历

在原始先民的心目中，自然产生的东西本身都具有一种神秘感，尤其是离他们十分遥远，且永远无法企及的天体。太阳是其中最惹人注目的，因此，先民们在很早的时候便已经产生了对太阳的崇拜。《尚书·尧典》有“迎宾出日”、“迎饯纳日”的记载，对初日行“宾”祀，对没日行“饯”祀（深知是留不住的），一迎一送，殷勤之至。

甲骨文中的“宾”字有两种字形，一种由两个部分构成：上半部为“宀”，即房屋，下半部为“人”字，整个字合起来的意思是：有一个人从外面走进屋子里，这个人自然是客人。另一种字形由三个部分构成：上面为“宀”；中间为“人”；下面为“止”，即脚；合起来的意思是：有一个人迈步进到了屋子里，也是客人的意思。金文中的“宾”字，上面仍然是房屋的形状，中间部分仍然为人形，下面却由“止”讹变成了“贝”，即财物或金钱。这时的“宾”字由象形字演变成了会意字。王国维《观堂林集》说：“（甲骨文的‘宾’字）上从屋，下从人、从止，象人至屋下，其义为宾。”又云：“古者宾客至，必有物以赠之……故其（金文的“宾”字）从贝。”发展到小篆阶段，“宾”字已由金文的图形逐渐开始线条化。以小篆为基础，发展出了繁体字中的“賓”字。为了便于书写，“賓”字进一步简化，形成了现代楷书中的“宾”字。

字里乾坤

对“宾”人们总是会表现出自己的尊敬，但尊敬不应仅限于对外来之人，对自己身边之人，尊敬也必不可少。幸福的婚姻缘自相互尊重。俗话说：“相见好，同住难。”和一个原本与自己生活习性相差甚远的人生活在一起，本身就需要一种勇气，更需要一种相互的体谅与尊重。如果没有了这种尊重，就会形成一种不健康的家庭状态。以对待“宾”客的态度尊重与自己相伴一生的人，才能实现人们梦寐以求的白头偕老。

▷ 物极必反，要学会巧用“阴”“阳”

字　源

阴，闇也。山之北，水之南也。从阜，从侌。

阳，同本义阳，高明也。

——（东汉）许慎《说文解字》

汉字履历

中国大多数山川是东西走向，先民们总是看到太阳照在南面的山坡上，北面很少能接受到阳光的照耀，因而，山的南面叫“阳”，北面叫“阴”。如果参照河流，在峡谷中人们总是看见太阳照在河的北岸，南岸却见不到阳光，因此，河的北岸叫“阳”，南岸叫“阴”。

金文和小篆中的“阴”字，左边的符号是“山”，右边表示的是乌云蔽日造成阴暗无光的状况。“阴”的本义就是指山的北面或水的南面，是一个表示方位的概念。“阴”由此引申为“背阳的部分”、“不见阳光的地方”，又泛指“背面”。“阴”还有“寒冷”、“潮湿”、“不外露的”、“秘密的”、“不光明的”等义。“阴”又引申为“凹下”，如“阴文”是印章或其他器物上铸刻的凹下的文字或花纹。此外，“阴”还指死后之事，如“阴间”。

从甲骨文、金文到小篆时期，“阳”的字形基本一致，左部的符号是“山”，右部的符号是“昜”，表示太阳和阳光，整个字形的意思是：太阳照在山的南面，这就是“阳”的本义。“阳”从其本义还引申指

"太阳"、"日光"，又引申为"凸出的"、"表面的"、"外露的"等义。

字里乾坤

"阴"和"阳"是一组相对的古代哲学概念。"阴""阳"的最初含义表示阳光的向背，后来引申为气候的寒暖，方位的上下、左右、内外，运动状态的躁动和宁静等。古人认为，任何事物都包含两个方面，就用"阴"、"阳"来解释自然界两种相互对立和消长的趋势，天和地、男和女等自然现象和社会现象都可以用"阴"和"阳"来比附。柔软的、黑暗的东西叫作"阴"；阳刚的、正直的东西叫作"阳"。在这个世界中，最能代表"阳"的就是日光，而月亮在古时也叫太"阴"。"阴""阳"不但相伴产生，而且相互转化，彼此消长。

现实生活中，也有许多这样的例子。人们总是习惯说一个事物是"双刃剑"，它在带给人们好处的同时，也会向人们发起挑战。唯有将这种"阴""阳"相生相克的理论贯彻到日常生活中，才不致被表面的现象所迷惑。

万物"共"生，和谐"共"处

字　源

共，同也。从廿、廾。

——（东汉）许慎《说文解字》

汉字履历

原始社会的先民们对于很多的现象都无法理解，他们认为人的灵魂可以离开躯体而存在，祭祀便是这种灵魂观念的派生物。最初的祭祀活动比较简单，人们用竹木或泥土塑造神灵偶像，或在石岩上画出日月星辰、野兽等神灵形象，然后在偶像面前陈列食物和其他礼物。后来，随着生产力的发展和社会的进步，祭祀活动也越来越讲究，并有了一定的规范，其中的一种便是要在供奉物品时用双手捧举，根据这一活动的特征，先民们创造了"共"字。

甲骨文和金文的"共"字，像一个人双手捧着一块玉璧之类的东西。玉璧等贵重之物，常用来作为宗庙祭祀的供奉之物。也有的学者认为"共"字上部的"口"不是单指玉，而是器具的代表。小篆中的

“共”字，是将甲骨文和金文中的字形进行了线条化，但其双手捧起器具的形象仍然很明显。发展到后来的楷书阶段，上部的器具讹变，下部的双手变成了两点，其双手捧持器具的形象已很难看得出来了。

《说文解字·共部》中，许慎认为“廿”是众多的意思，“共”为众手齐举的意思。这很明显是“共”的引申义，从“共”字起源来看，其本义为双手捧起器具供奉于前，后来引申为环抱、拱卫和供给等义。因两手同捧一物，又引申为共同、在一起、一齐等义。

字里乾坤

人生于世，永远都不可能是一座孤岛，总是有许许多多的事物与自身相关联。无论是面对困境还是顺境，人们都需要一种休戚与“共”的观念，需要一种“众人拾柴火焰高”的意识，才能保障共同的利益，达成共同的目标，实现共同的愿望。

▷ 虹：气贯长“虹”的力量令人动容

字　源

虹，䗖蝀也。状似虫，工声。

——（东汉）许慎《说文解字》

汉字履历

红、橙、黄、绿、青、蓝、紫，七色的彩虹是很多人小时候心中最美丽的梦，那时总是盼望着下雨，等待着雨过天晴后彩虹的出现。彩虹的尽头是什么？这个问题成了儿时的“十万个为什么”之一，却从来没有找出过真正的答案。彩虹在人们的心中是那么美妙、神秘。而“虹”字最初却从一种动物而来。

甲骨文的“虹”字，是由两条龙构成的。《山海经·海外东经》：“蚕蚕在其北，各有两首”，即虹的异体字。其中的“虹”指一种两首之物，是完全的象形字。到了小篆时期，“虹”已经不再是象形字，而成了形声字，“工”描绘的是上下两根绳线或两块木板、石板之类的东西，在中间使用一条线将其贯穿起来，原意指贯穿。可以理解为“虹”

（蝃蝀）是一种横穿天空的巨形之物。以小篆为基础发展成了后来楷书中的“虹”字。

商人认为“虹”是天帝有意创造的，是一种有生命的东西，并且是一种神物的化身，它的出现向人们显示一种征兆，预示着某种吉凶的产生。因此，“虹”也是人们对天体崇拜的一个例证。战国以后，人们认为“虹”不仅是有生命的东西，而且还是有性别之物。雄性的叫“虹”，也叫“正虹”；雌性的叫“霓”，也叫“副虹”；合称“虹霓”。

如今所说的“虹”是一种自然现象，即雨后放晴，天空中阳光穿过雨雾中的小水珠发生折射和内部反射而形成的弧形彩带。横亘空中的“虹”，好像飞越在广袤天空中的桥梁一样，因此“虹”引申出“桥”的意思。所以，我们今天将横亘在大江大河上的雄伟壮丽的大桥称为彩虹。

字里乾坤

“虹”是美妙的、壮丽的，能够气贯长虹的力量必定可以震慑天地，如此令人动容的精神与力量往往来自于那些英雄。

万众瞩目的世界奥林匹克运动会让人们见证了运动的精神。在古代，每一个竞技者都将参加奥运会比赛视为自己一生中重要的经历，而那些参与者们以他们无与伦比的勇气和精湛的技艺，创造出了一个又一个奇迹。这样的精神在现实人生中也同样需要。

第二十六章　化干戈为玉帛，和平胜于战争

▷ 王：命运要靠自己掌握

字　源

王，天下所归往也。董仲舒曰："古之造文者，三画而连其中谓之王。三者，天、地、人也；而参通之者，王也。"

——（东汉）许慎《说文解字》

汉字履历

上古时期，斧子在先民的狩猎和采集生活中是一种重要的劳动工具，在部落之间的冲突或战争中也是一种武器。随着部落首领权力的不断扩大，他们所使用的斧钺逐渐演变成一种象征权威的兵器，因此，古人造字便以这大斧作为权力的象征并依照斧子形状造出了"王"字。

甲骨文"王"字是个斧头的形状，上端表示斧柄，下端表示斧头的刃。金文"王"字的形体和甲骨文基本一致，只是下端表示斧刃，笔画更粗，更像实物。到了小篆阶段，表示斧柄的两横还在斧头顶，但斧身和斧口却已经变形，在这个基础上发展到隶书和楷书中的"王"字，已经看不出斧头的形状。

字里乾坤

在中国古代，历来就有所谓的"王"、"霸"之分。"王"天下者，施行"仁政"，百姓心服口服，争先恐后地去投奔。霸天下者，众人心不服，但是"力不赡"，只好口服心不服。这样比较起来，应该是"王"天下者更胜一筹。但无论是"王"天下还是霸天下，都是为了一己的私利，所谓的"仁政"，不过是更为巧妙的统治方法而已。如今，天下为公，"王"霸雄图，尽归尘土，人们的命运掌握在自己的手中，只要有足够的勇气与毅力，便可以成就一番事业。

▷ 戈：反对暴力，以德服人

字 源

戈，平头戟也。从弋、一，横之象形。

——（东汉）许慎《说文解字》

汉字履历

“戈”的甲骨文ᚋ是个典型的象形字，它表明戈是一种勾啄兵器。中间的横画像戈头：其中的一侧是戈刃，用以啄勾敌人，另一侧是戈尾，用作戈头缚在戈柄上的支撑。竖画是戈柄，下端短横表示戈柄插在地上或戈柄的镦，上端的短横表示枝杈——古人选取戈柄时有意保留一段枝杈，以防止戈头脱落。这个字形象地向我们展示了“戈”的全貌，甚至比实物更传神，因为从出土的文物毕竟不能看到枝杈——戈柄是木质的，很难保存这么久。

“戈”在金文里与甲骨文相比，戈头上多了一个装饰物。在牧野之战中，商朝的军队“前徒倒戈”——在战场上起义，结果帮助周武王顺顺利利地攻打下了朝歌。《左传》里，重耳在齐国，姜氏劝说他离开，他不肯，于是姜氏和子犯谋划，将他灌醉，然后带出齐国。重耳酒醒之后，“以戈逐子犯”——很生气，拿着“戈”就去追逐子犯。

“戈”在殷周时代是最常用、最重要的武器。“戈”在那个时代的战争中扮演着重要的角色，人们在造字的时候就常常将其作为零部件。比如“臧”字，本意是成为奴隶的战俘。在甲骨文中是个会意字，从戈从臣，臣是奴隶的意思，于是整个字的意思就一目了然：用武力俘获战俘，强迫其劳动，将其变为奴隶。

字里乾坤

从“戈”字构成的一些文字来看，“戈”是私有制产生和发展的巨大印记：用武器去战斗、掠夺、强迫服从，这已经是人与人之间的关系，而不再是人类用来防御自然界的毒蛇猛兽了。用“戈”来对付同类，这说明“戈”字褪去了它的自然属性，而具有了社会属性，从此成为人类调节社会关系的一种工具。操戈相向，你死我活，这是一幅彼此残杀的血淋淋的场面。身处现代社会，还存在着比“戈”更可怕的武器，所以我们衷心祈愿“戈”能够永远废止不用。具体到平时的为人处世，也应该以和为贵，凡事可以好谈好说，应该以理服人，以德服人，而不应诉诸暴力。

武：珍惜和平，勿用武力解决争端

字　源

武，楚庄王曰：“夫武，定功戢兵，故止戈为武。”

——（东汉）许慎《说文解字》

汉字履历

“武”，甲骨文上部是“戈”，“戈”是古代作战时用的兵器，在这里指代交战用的武器。下部是“止”，在这里表示“行走”、“行动”之义。可见，作为一个会意字，“武”字的含义不言而喻：举着戈矛上战场，去跟敌人战斗。如于省吾先生在《释武》中说：“武从戈，从止，本义为征伐示威，征伐者必有行，‘止’即示行也。征伐者必以武器，‘戈’即武器也。”这也指“拿起武器去战斗”的意思。

而许慎却在《说文解字》里提出了截然相反的看法，他认为“武”字的含义便是“止戈为武”。他所引楚庄王的话的意思是：武，是为国家建立功业的重要行动，它可以止住兵戈不用，所以能够制止战争，就是“武”。但是毫无疑问，楚庄王并不是一个文字学家，他说这话，不过是借文字之酒杯，浇胸中之块垒，是为了表达一种反战的思想罢了。不错，春秋无义战，谁能在春秋战国时代用武力止住混战不休的局面，将老百姓从战争的水深火热之中解救出来，那确实可以称为“武”。但是这不一定是“武”字本身的意思。

“武”字后来引申为“武器”、“兵器”的意思，这是因为“武”中含有“戈”，而“戈”是作战用的兵器。又由于“武”中含有“止”字，在战场上，人总要在地上留有足迹，因此“武”又引申为“足迹”的意思。如《离骚》里有：“忽奔走以先后兮，及前王之踵武”。意思是：我匆匆忙忙前前后后地为你奔走效劳，目的是为了要追赶上先王并踏着他们的足迹前进。“武”字还用作姓。周平王的小儿子出生的时候手掌上有一种特殊的纹理，看上去就像一个“武”字，于是平王就给他取名叫姬武。姬武的子孙就有一支以“武”为氏的，武姓由此而生。

字里乾坤

“武”的最初含义是举着武器去跟人战斗，而在当今之世，人们更加愿意望文生义，取“止戈为武”的意思，因为人们渴望和平，憎恨战争。“战争也爱吃精美的食品，他带走好人，留下坏人”，这话未免有些偏激，但战争确实带走了无数人的生命，破坏了无数美满的家庭，造成了无数的人间惨剧。所以武力不能作为解决纷争的最佳办法，在和平之声中，运用灵活的头脑和美妙的语言，很多事情都可以迎刃而解。

▷ 弓：在弯曲中积聚张力

字　源

弓，兵也，所以发矢。

——（东汉）许慎《说文解字》

汉字履历

“弓”的甲骨文和金文字形类似，不同的是，在甲骨文里，“弓”字既有弓背又有弓弦，而在金文里“弓”字似乎只有个弓背，而没有弓弦。小篆的“弓”字比甲骨文和金文简化了些，但仍然是象形字。

弓箭具有悠久的历史，从考古学家在山西旧石器时代后期遗址里发现的石箭头来看，弓箭早在三万年前的旧石器时代就已经开始使用。所以传说中伏羲或皇帝制造了弓箭，又说是后羿发明了弓箭，这些说法都可以随着考古的发现而不攻自破。

最早的弓箭是异常简陋的，那时的“弓”也不是如今的模样，而只是一个半月形。古人将一根树枝或者竹子一弯，再配上弦（一般是藤条或者兽筋），就成了一张“弓”。不过弓体弯曲较大，因此发射力不强。后来有人加以改进，将弓体中央的部分凹了进去，这种反曲了的“弓”相对的弹力就大了很多。从甲骨文、金文关于“弓”的形状来看，这时的“弓”已经是反曲状，由此也证明弓的发明在“弓”字之前。

字里乾坤

弓箭的发明是人类智慧的一次跃升，它是以后的枪弹等现代武器的思想鼻祖。它由最初的粗陋逐步得到改进，而一个“弓”字，则记录了这个改进的过程。这也体现了文字的一个特征：描摹，以及记录。从“弓”字的形状，可以看出“弓”是弯曲的，它在弯曲中积聚张力，以便将箭射出去。为人处世也是一样的道理，“宁为玉碎，不为瓦全”是一种大无畏的精神，但从另一个角度来说，却不利于保全自身。人不能总是宁折不弯，在不涉及原则问题时，也应该能屈能伸，须知蹲下是为了跳得更高，躬身是为了跑得更快。

▷ 兵：善用手中的权势

字　源

兵，械也。

——（东汉）许慎《说文解字》

汉字履历

“兵”的甲骨文、金文和小篆都是会意字，上半部分是“斤”字形，斤是古代斧子一类的工具；下面一半是双手的形状。有的学者认为，这个“兵”字是双手挥着斧子之类的东西进行斫砍的意思。另外一些学者认为双手挥着的是兵器。不过学术界的通说是许慎的说法，也就是“兵”的本意是“兵器”。荀子有言：“兵不血刃，远迩来服。”这大概是在宣扬儒家的“仁政”思想，也就是能实行仁政者，不用动刀动枪，不用杀人流血，远近的人自然都会来归顺。

由“兵”具有的“武器”之意，逐渐引申为拿着武器的人，如“士兵”、“军队”。还由“军队”引申为指挥军队进行战斗的事，即“军事”。如《鬼谷子》说：“兵者，诡道也。”意思是，军事是一种诡诈的事。

字里乾坤

操着兵器的人，相比那些手无寸铁的人来说，就有着一种优势，于是旧社会的“兵”们就常常滥用这种优势，横行霸道，欺压人民，引起老百姓的极大愤慨，于是老百姓把“兵”字拆开来念，称为“丘八”。这种理解无疑是对“兵”字结构的一种误解，但是反映了人们对危害百姓的军队的愤怒。一个手中握有权势的人，若将权势用来作恶，必定产生很大的破坏力；而若将权势用来行善，则必定产生很大的影响力。善与恶只在一念之间，慎用手中的权势是很重要的。

▷ 军：先求不败之地，再求可乘之机

字　源

军，环围也，四千人为军。

——（东汉）许慎《说文解字》

汉字履历

由《说文解字》可知，“军”是一种编制单位，四千人为一“军”。在甲骨文里没有“军”字，西周以前最高的编制单位是“师”，“军”字应该是春秋以后才出现的编制单位。

“军”字为会意兼形声字，金文从军，从匀（环臂有所包），就是用车环绕之意。匀也兼表声。小篆则变为从勹。隶变后楷书写作“軍”。如今简化作“军”。上古时候，车不仅是普通的交通工具，还是重要的战具。古代车战时，休整的时候要把车围起来扎营，防止敌人侵袭。“军”的本义为“以车自围扎营”，即“驻军”。引申为“包围”之义，用作名词，指“营垒”、“士兵”、“军队”等。“军”，如今既可单用，也可作偏旁。凡从“军”取义的字皆与军事活动之义有关。

“军”是现代陆军的编制，由若干个师组成。“军”作为一个战略单位，一般用于完成特定战役中的军事或勤务任务，或者担负战略任务。在编制上通常由多个技术兵种混合编成。“军”的指挥官称为军长，军衔一般是中将或者少将。一般兵力在三至五万。如果编制兵力在十到三十万之间，就组成了“军”的另一种编制——集团军，在战时也有叫方面军的，如红军第四方面军。它的最高统帅也是军长（有时为司令）。

字里乾坤

从“军”的字源来看，这个字直接明了地陈述了一种战法：用兵车围住自己，以防敌人偷袭。这里体现的战争智慧暗合《孙子兵法》，孙子认为，军队作战，应该先为“不可胜”，再寻求“可胜”。也就是先让自己立于不败之地，然后再寻找可乘之机，消灭敌人。我们做事情也应该这样，应该先保证自己的安全，再寻求事情的解决，万不可冒险轻进，以致得不偿失。

▷ 师：师者，传道授业而解惑

字　源

师，教人以道者之称也。

——（东汉）许慎《说文解字》

汉字履历

《诗经》云：“我徒我御，我师我旅。”意思是：无论是步行或驾车，我的部队是成师又成旅。这里的“师”和“旅”，都是古代军队的编制单位。《说文解字》说：“旅，军之五百人为旅。”《说文解字》又说：“二千五百人为一师。”这是周朝军队的编制。可以看出来，在这种编制中，五旅为一师。

显而易见，这里的“师”字与“老师”之义不太一样，那么，“师”字的最初的意思是什么呢？

“师”是一个会意字，本义为古代军队编制的一级。也有学者认为，“师”为形声字，左边部分是声部，原读“堆”，又读“诗”；右边是形部，指代一幅丝帛，也是古代系在腰前“围裙”样的“佩巾”。后来，这种腰前佩巾成了有地位的高贵的人穿的“命服”的一部分。古代的老师很有地位，所以也要穿“命服”。不过这个解释有些牵强附会，身份高贵、可以穿命服的人很多，奈何专门指“师”？

“师”字最常用的意思是“老师”，许慎在《说文解字》中说：“师，教人以道者之称也。”意思就是说：“师”是一个名称，指的就是那些教人们懂得事物道理的人。教师一般指直接从事教育工作或其他传授知识、技术的人，也用来泛指在其他方面值得学习的人。先秦时期就有师傅、师长、先生等称谓，一直沿用至今。后来“老”与“师”合用，成为“老师”，就是对年辈最高的学者的称呼。比如，司马迁在《史记·孟子荀卿列传》中说：“齐襄王时，而荀卿最为老师……”意思是在齐襄王时，荀子是年辈最高的学者。但到了后来，人们习惯地把“老”和“师”并称，也不再专门指代年辈最高之人，凡是传道授业解惑者，一概称为“老师”。

古代有一种官职叫“太师”，“太师”有两种含义：其一，古代称太师、太傅、太保为“三公”，这是最高的官阶。后来演变为官衔，表示官阶高，或者表示恩宠，并没有实职，如宋代名臣赵普、文彦博等曾被加太师衔。其二，古代又称太子太师、太子太傅、太子太保为“东宫三师”，都是太子的老师，太师是太子太师的简称，后来也逐渐成为虚衔，多由在政治斗争中失败了的失意者来担任。

字里乾坤

从“师”的字源来看，它是一个“文武全才”的字，首先是“武”，作为军队编制，它有两千五百人的力量。其次是“文”，先是作为老师，后来作为文臣，地位逐级上升。“师”，是一个内涵异常丰富的字。但是作为教育意义上的“师”，并不一定是专业的教师。孔子说：“三人行，必有我师焉。”其实不一定是三个人，两人行也一定有我“师”。韩愈的《师说》中有：“师者，所以传道授业解惑也。”每一个可以给予我们教导和启发的人，都是我们的“师”。以程门立雪的态度，虚心地向他人学习，以他人为“师”，才能不断充实自我。

▷ 取：功名财富，取之有道

字　源

取，捕取也。

——（东汉）许慎《说文解字》

汉字履历

金庸的小说《神雕侠侣》里，杨过在郭襄过生日的时候送给她一个大皮袋子，作为生日礼物，郭襄打开一看，竟是满满一袋子人的耳朵。原来，杨过率领英雄们灭了蒙古军队的一个先锋队，将他们的耳朵割了下来。这看起来有些残忍，但却是古已有之的战争中的惯例。在《左传》里，郑国公子归生攻打宋国，结果宋军大败，郑军囚禁宋国的华元，俘虏了250人，割下了被打死敌人的100只耳朵。

为什么要割下耳朵？其实，这是古代统计战功的方法。先秦时，双方交战，获胜的一方常常割下敌人的左耳，以左耳的数量来衡量功绩。“取”字就记录了这种统计战功的做法。

“取”是一个会意字，描绘的是一个人用手割取另一个人的耳朵的情状。金文和小篆均与甲骨文“取”字的结构相同，只不过耳朵的形状已大大走样了。它的字形到小篆的时候并没有停止演变，直到隶书才基本固定。“取”的本义是捕获战俘，杀死敌人后割耳朵，是“获”意，所以后来便从这本义引申出“捕捉”、“擒拿”、“获得”、“接受”、“收取”（如“取之于民，用之于民”）、“选取”、“择定”（如“取景”、“取道”）、“拿”、“拿出”、“战胜”、“收复”等义。

字里乾坤

“取”字源于战争，是赤裸裸的“夺取”之意，不但夺取别人的财富，而且夺取别人的性命，还将耳朵割下，作为功劳的证明，充满血腥的味道。这种“取”的方式，无疑会遭到抵制。如今，人们奉行“君子爱财，取之有道”，无论是“取”什么，功名、利益，都应在正当的前提下取得。“为达目的不择手段”，早已成了一种为人们所唾弃的思想。阳关大道就在眼前，我们又何须去挤那危险的羊肠小道呢？

▷ 奇：出奇制胜才能抢占先机

字　源

奇，一曰不耦。

——（东汉）许慎《说文解字》

汉字履历

在古代，马由于在战争、交通、礼仪及耕垦曳引等方面具有重大作用，被称为“六畜”之首。因此历代政府都很重视养马，尤其是为了战备需要，常常设官管理。而马之为用，在民间也十分重要，人们养马以供耕田和代步。所以在中国畜牧业史中，以养马的历史最为悠久。而“奇”字的产生，与马大有关系。

甲骨文中，“奇”字像一个人跨在马背上的形状，其中的马形极其简略。奇的本义为骑马，后来多用为怪异、奇特之义，而其本义则为“骑”字所代替。“骑”除了表示人跨坐在牲畜或其他东西上，作动词使用外，还作名词用，如“铁骑”等，不过这时读“jì”，去声。古代也把一人一马称为“骑”，例如“一骑红尘妃子笑，无人知是荔枝来”。这是说杨贵妃的故事，她喜欢吃鲜荔枝，唐玄宗就专门设驿站给她运送荔枝。一人一马在尘土中飞奔，这是给杨贵妃送荔枝来的。

“奇”（读“jī”，平声），还指数目不成双的数，跟偶相对，如一、三、五、七、九等。

关于“奇”字有一个词语是“六出奇计”，原指陈平所出的六条妙计，后泛指出奇制胜的谋略。语出《史记·陈丞相世家》：“凡六出奇计，辄益邑，凡六益封。”故事的缘由是：楚汉战争中，陈平投奔刘邦不久，正好赶上刘邦先后被围荥阳城、晋阳平城白登山，韩信称王等棘手之事。陈平为刘邦连出了六条奇特绝妙的好计谋，使刘邦转危为安，化险为夷。而他本人也被增加了封邑，六出奇计，六次被封赏。

字里乾坤

人世间发生的事情是复杂多变的，应该因地制宜、因时制宜，推陈出新，以“奇”制胜，不要墨守成规。每一次的“奇”，都是一次主动权之争，无论什么时候，以最快的速度准备就绪，然后出其不意、攻其不备，便能在生活中凸显出自己的实力，便能在职场上抢占先机，比别人早一步迈上成功之路。

▷ 我：找到自我，找到颜色不一样的烟火

字　源

我，施身自谓也。

——（东汉）许慎《说文解字》

汉字履历

在电视剧《历史的天空》里，姜必达写了一个“我”字，说：“我”，就是“找戈”，什么时候找到“戈”了，那就是“我”了。这当然是在对汉字进行粗糙的拆解，其实“我”字的甲骨文像一种刃部有齿牙的长柄大斧，是用来行刑杀人或肢解牲口的。这种工具后世罕见，所以“我”字本义也不常用，后来就借用为第一人称代词，指“自己”、“自己的”。

说“我”是一种兵器，可以从出土的文物中得到佐证。1978 年，湖北省随州市曾侯乙墓中出土了一种类似三戈戟的兵器。现在的陕西博物馆还珍藏着一个西周时期的“我”，有的学者叫它多戈戟。学者们较一致地认为这种多戈戟就是“我”。

“我”是一种武器，武器是用来争夺攻占的。而互相争夺和互相抢掠，这是私有制产生以后才出现的现象。部族与部族之间、个人与个人之间，往往用“我”互相攻击，就是“为我”，就是为了维护和争夺“我”的利益。于是“我”字便引申出“私有的”、“我的”的意思。

字里乾坤

先民们拿着“我”，互相抢夺财富。如今，我们不需要这种武器了，但是仍然要找到“我”。这个“我”就是我们的理想和追求，就是我们最擅长的事情、我们的资源、我们的方法、我们的途径。只有找到了为自己打开一片天地的“武器”，或是知识，或是机遇，人生才会有奋斗方向，变得更有意义。

第二十七章　立法就像天平，人心就是秤砣

▷ 辜：执着求利，到头来为钱财负一生

字　源

辜，罪也。

——（东汉）许慎《说文解字》

汉字履历

“辜”字由“古”字和“辛”字两部分组成，因此在分析“辜”字之前，要先分析“古”字和“辛”字。

“古”，甲骨文是一个象形字，是将甲盾放在神座上，表示事故发生，大祸将临。金文则把甲盾由圆圈变为实心，小篆则又将甲盾由实心变成横画。慢慢地发展为后来的隶书和楷书。

“古”的本义是“事故”、“祸患”、“凶险”，在甲骨文里，它与“故”是同一个字。这个字充满了不幸的象征，用来作“辜”字的头，既表意，又表音。奴隶、囚犯、战俘即将受到磔杀（分裂肢体）之刑，这正是“事故发生，大祸将临”。不过，这种野蛮、残忍、黑暗的时代已经成为过去，作为这个时代的一部分的“古”字也成了历史，于是人们便把这个字引申为“过去的时代”的意思，又引申出“历时久远的”、“旧日的”、“原来的”等意思。

而“辜”字下面的“辛”字，原来是上古时代的一种用来行刑的刀的形状，而且是一种“凌迟”之罪的刑具。关于凌迟，古书有记载：“先断其肢，后抉其吭。”就是先将肢体斩断，再割断咽喉，极其惨烈。“辛”上加“古”，反映了当时对奴隶等施行酷刑的情况，让人触目惊心。既然是一种酷刑，便从这个字中引申出“罪”、“犯罪”的意思来。

字里乾坤

人们常常用“死有余辜”来形容一个人的罪大恶极，然而单就这个“辜”刑来说，它对人的折磨，反映了那个时代的统治者的残暴。那些被施以“辜”刑的人，很多是“无辜”的。幸而，这个文字已经超越了历史赋予它的原本意义。在部分现代人眼中，“利”总是先于其他的许多东西的，包括别人的帮助与支持，于是便出现了很多“辜”恩负义之徒。其实人不过是“赤条条来去，无牵挂”，想要带走再多的东西也始终无能为力，何不认真感受人间的真情，放弃那冰冷的“利”呢？

▷ 则：要成就方圆，先要立好规矩

字　源

则，等画物也。从刀，从贝。贝，古之物货也。

——（东汉）许慎《说文解字》

汉字履历

“则”字的意思从金文可以看出来，其左边是一只鼎，右边是一把刀，“则”就是刻字于鼎的意思。公元前536年，郑国的子产“铸刑书”，将刑法铸于鼎上，作为国家的常法。这在法制史上是一件具有历史意义的事件。随后，晋国的赵鞅又把范宣子所作的刑书铸在铁鼎上。这两件事，就是历史上著名的“铸刑鼎”事件。而“则”字的字形，就反映了这个事件。“宪令著于官府”，则天下百姓知道行为规则，就不会手足无措，动辄陷入法网之中，这样就大大限制了奴隶主贵族滥施刑罚的特权。

《史记》里有个很著名的故事，说汉文帝有一次外出，有一个百姓不慎惊动了皇帝的马，惹得汉文帝勃然大怒。廷尉张释之判该人违反了“戒严令”，当处罚款。汉文帝更加愤怒，认为处罚太轻，应该处死。但是张释之据法力争，认为法律是公布于天下的，老百姓都充分信任，如果这样有法不依，朝令夕改，就会让老百姓对国家的法律失去信任。于是，文帝也不得不承认张释之是正确的。

字里乾坤

从古人所铸的刑鼎中，就能看出刑法的法理来，比如法无明文规定不为罪，法无明文规定不处罚，就是“则”字所体现出来的内涵。俗话说，没有规矩，不成方圆。在现代社会，许多事情都应规范化进行，才能提高整体效率，并且有助于集体创新。例如，在一个正规的公司之中，唯有制订合理的规章制度，所有人共同遵守之，才能从整体上提高公司的效率，增强团队合作能力。而人与人在交往、生活中，也应当遵守一些必要的准则，自由无章地生活，只会让自己陷入糟糕的境地。

天：开阔视野，不做井底之蛙

字　源

天，颠也。颠者，人之顶也。以为凡高之称。

——（东汉）许慎《说文解字》

汉字履历

在说“天”之前，先看一下“黥”。“黥”在小篆里由“黑”和“刀”两部分组成。这两个部分表示了施刑的工具（刀和墨），而没有表明施刑的位置。这种刑罚曾经被称作“天”，这就表明了施刑的位置了。“天”在甲骨文中，下面的部分是正面直立的人形，上面是人的最高处，也即“颠”，人的额头。所以，“天”刑也被称作“凿颠”。它只不过是将“黥”的部位具体化，是“黥”的下位概念。但单就一个“天”来说，它也分为好几种，如果是最高的“天”刑，那么就是砍头，是生命刑。比如《山海经》中有“刑天舞干戚，猛志固常在”，它以双乳为眼睛，肚脐眼为嘴巴，挥舞着武器，勇猛战斗。这里的所谓“刑天”，就是杀头。如果轻罚，则又有各种等级。

从“天”字的字源来看，先民们发明“天”的时候，并没有觉得它有多么神圣、多么高不可攀，事实上它只是人身体的一个部位罢了。人们甚至还要对这个身体部位施以刑罚。后来人们顺着“天”再向上看，看到了天空的广阔无垠，产生了敬畏，这才把“天”的位置抬高。

随着生产力的发展以及认识水平的提高，人们逐渐消除了对“天”的神秘感，开始了解“天”，并与“天”和谐相处。

字里乾坤

王安石在变法的时候曾说：“天变不足畏，祖宗不足法，人言不足恤。”此话听起来虽然张狂，但是却说出人不应抱守过去、对一切采取保守的态度，而应求新求变。路出自于探索者的脚，没有探索，不曾施为，永远无法理解生活中接踵而来的新事物。试想，如果没有许多科学家、天文学家的不懈探索，人们仍然认为自己活在天圆地方当中，以为自己是宇宙的中心，不知天外有天。“天”字就产生于人体，他并不是不可捉摸，人应当在与它和谐共荣中，寻找比它更伟大的事物，看到比它更远的地方。

▷ 斩：将灾难扼杀在摇篮里

字　源

斩，截也。

——（东汉）许慎《说文解字》

汉字履历

说起“斩”字，有一个有趣的传说：北宋仁宗时，国舅鲁斋郎倚仗皇威作恶多端，老百姓都敢怒不敢言。包公下决心要为民除这一大害。但鲁斋郎与皇帝的关系非同一般，要杀掉他并不是一件容易的事儿，怎么办呢？包公思虑了很久，终于有了主意。他先给皇帝上了一个奏折，说有个叫“鱼齐即”的人，坑害百姓害了几条人命，该当何罪。皇帝看后，不假思索，立刻批了个“斩”字。包公拿着圣旨，回去就把鲁斋郎杀了。皇帝听闻此事，大惊失色，忙问包公是怎么回事，包公就把批文交了上去。皇帝看了，确实是自己的“御笔”所批，白纸黑字，丝毫不差。原来，包公在写“鱼齐即”的时候就留了心眼，等皇帝在批文上批了“斩”字，回到府里就在“鱼齐即”上各添了几笔，变成了“鲁斋郎”。

“斩”字的小篆字形是由“车”和“斤”组成。“斤”，在古代是斧，这里指代刀斧之类的杀人工具。许慎说："斩，截也，从车从斤，斩法车裂也。"也就是说，"斩"，是车裂之刑。什么是车裂之刑呢？车裂之刑，古人叫做"轘"，许慎说："轘，车裂人也。""轘"字当与环形有关。

《左传》中有这样的事："王遂杀子南于朝，轘观起于四竟。"也就是说在朝堂上杀了子南，将观起在国境"轘"了一下。有人理解"车裂"为，将一个人的头和四肢各拴在一辆马车上，然后驱赶马车同时朝五个方向奔走，就可以把这个人"五马分尸"了。但如果是这样，不可能将观起在国境多次地五马分尸，所以"轘"字应该有新的解释。

合理的解释是，将观起拖曳于一辆马车的后面，在楚国边境奔跑，让他的身体与地面摩擦碰撞，痛苦而死。这样既杀了观起，又对楚国的百姓起了震慑作用。所以杜预说："轘，车裂以徇。"就是这个意思。

字里乾坤

古人对罪犯施以"斩"刑，目的之一是发挥刑罚的威慑作用，警告人们不要犯同类的罪行。然而威慑从来不是最好的预防，最好的预防是平时的学习和教育。对于个人来说，应该做到古人所说："莫以善小而不为，莫以恶小而为之。"防微杜渐，谨言慎行，无论做什么事，都走积极健康的光明大道，这样就可以将违法犯罪的可能扼杀在摇篮之中。

▷ 岁：从"酷刑"到"时间"，我们在追求更好的生活

字　源

岁，木星也。

——（东汉）许慎《说文解字》

汉字履历

人们大概很难相信，"年年岁岁花相似"的"岁"字，"炮竹声中一岁除"的"岁"字，竟然是古代的"刖"字，也就是把人的两只脚生生砍掉的一种惨绝人寰的酷刑。然而事实就是如此。

"岁"字的甲骨文是将一把利戈放在两足之间，表示把两足砍掉的

情状。这种酷刑，就叫作“岁”，后世叫作“刖”。商周的统治者非常残暴，商纣王还发明了“炮烙”之刑，也就是把人绑在烧红的铜柱子上活活烤死。他们常常把人（包括罪犯、奴隶、战俘等）像牛羊一样，用来祭天祀地。在甲骨文里，常常可以看到“岁”字，如“岁卅羌”，就是肢解三十名俘虏（羌）作为祭牲。

“岁”在金文和小篆里，“戈”和“止”的形状渐渐发生了改变，两足已经移到戈柄左方了。但经过隶变，这个文字在先秦时代的结构完全遭到了破坏，并在隶书的基础上，渐渐产生了繁体字。由于繁杂难写，后来在宋元时代的民间，又产生了更为简便的“岁”字，成为我们今天使用的简化字的样子。

在夏商时代，一年一祭祀，每年祭祀时都要杀人做“牺牲”，于是由此意思，引申出“年”的意思。由杀人方法演变成时间概念，而且随着这个引申义的日渐流行，“岁”字本来的恐怖面目，渐渐地就被掩盖了。

字里乾坤

王安石有诗云：“爆竹声中一岁除，春风送暖入屠苏。”可是在古代，对于处境悲惨的奴隶来说，年底就是自己魂兮归去的时候。“岁”字所反映的历史，是酷刑大行其道的历史。如今，它恐怖的本来面目，已经一去不回了，人们只希望“岁”“岁”平安，继而追求更美好的生活，在未来的每一天都有新的进步、新的成果。

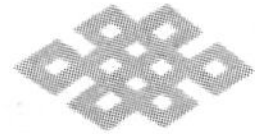

第九篇

文坛轶闻妙笔生：
汉字中的典史漫谈

第二十八章 姓氏，流淌在名字中的家族血脉

▷ 李："李"中有理，有理一切都能通

字源

李，李果也。

——（东汉）许慎《说文解字》

汉字履历

传说中，舜帝之所以能得天下，是因为有几个得力的助手，"禹"为"司空"；"契"为"司徒"；"皋陶"为"李"。"李"是法官、狱官，专门的司法官员。在甲骨文里，目前尚未发现"李"字。据现有的资料来看，最早的"李"字当推战国印里的古金文，是上"木"下"子"的结构。但是在战国时代的"李"字却是左"子"右"木"，不是今天的形体。"李"字在中国文化中简直可以称为一种姓氏文化现象。它在古人看来是由"十"、"八"和"子"构成，简称"十八子"，所以李唐王朝的皇帝有时候会被叫作"十八叶天子"。

"李"与"理"同音，在上古通用，据说老子的祖先因为做理官，所以便以官为氏，姓"理"了。至于"理"氏怎样改为"李"氏，流传有两种说法。其一，商纣时，皋陶的后裔理徵因直谏获罪，被纣王处死，其妻契和氏带着儿子利贞逃难，因食李子充饥，才得以活命。为感谢救命之恩，同时也为逃避追杀，遂改理姓为李氏。其二，老子为利贞的后裔，因祖上世代为理官，理、李两字古音相通，便以李为氏，叫作李耳。周之前没有李氏，自从老子改姓，这才有了李姓。按照这个说法，李氏是始于李耳的。

字里乾坤

"李"的前身是"理"，"李"从理来。俗话说："有理走遍天下，无理寸步

难行。”这里说的“理”，既指为人处世的道理，又指宇宙自然的规律。不但要在为人处世上通情达理，还要掌握一定的自然科学知识，了解事物运行的规律。掌握了这样两种“理”，无论做什么，都会无往不利。

▷ 秦：强“秦”覆灭，后人当以史为镜

字　源

秦，禾名。

——（东汉）许慎《说文解字》

汉字履历

古人有诗说：“人从宋后羞名桧，我到坟前愧姓秦。”这是说大奸臣秦桧。秦桧以一句“莫须有”害死了岳飞，几百年来人们对他恨之入骨，给他铸铁像，跪在岳飞的坟头。而自从秦桧以后，人们就不再用“桧”字命名，甚至有姓秦的人到了岳飞的坟前，也会因为自己的姓氏而愧疚了。因一人之罪而使天下同姓者垂头丧气，秦桧可谓“千古第一人”。

秦，是个会意字，由“午”“双手”“二禾”三部分组成，它的意思是有这样一块地方，很适合农作物生长。《说文解字》里说：“伯益之后，所封国地，宜禾。”说明在很早以前，秦川古地，农业就已经相当发达，以种植“禾”这种农作物为主。

作为姓氏，秦姓源自嬴姓。据说皋陶的后裔非子善于驯马，周孝王封其为秦地首领。后来，非子后裔秦庄公屡立大功，其子秦襄公又因讨伐西戎、保护周平王东迁洛邑有功，被封诸侯。到了襄公的时候，正式建立秦国。之后秦孝公任用商鞅变法，国力大增，一跃而成为“战国七雄”之一，并开始了对外扩张的道路。到了嬴政时，秦终于统一六国，建立秦朝。秦亡后，其王族子孙都以国名为姓。这是秦姓的最大一支。

据说，秦国的“秦”字原写作“栔”。秦始皇统一六国后，车同轨书同文，进行了一系列的改革。他甚至改革到自己的国号上，认为原来的国名很别扭，因此想造出一个独一无二的字来作为国名，就像后来的武则天那样。他问部下，自有生民以来，谁的功绩最大，大臣答曰：自开天辟地，古人的功过是非都记载在《春秋》一书里。秦始皇听后，认为自己德比三皇，功过五帝，于是称自己为“皇帝”；还认为自己是千古一帝，

就以“春”“秋”各一半定国号——新帝国便以“秦”字作为国号。

字里乾坤

秦始皇建国后，刑法苛酷，民怨沸腾，结果二世而亡。将秦朝推翻的项羽，仍然崇尚武力，不施行仁政，又很快灭亡。杜牧针对这一事件进行了总结：“秦人不暇自哀而后人哀之，后人哀之而不鉴之，又使后人而复哀后人也。”以一句“当局者迷，旁观者清”来解释，便是身处其中的人们，很容易重蹈覆辙，重犯前人犯过的错误。这要求我们多了解历史，多总结历史经验教训，避免重演前人的悲剧。

吴：正确处理“人”与“天”的关系

字　源

吴，姓也，亦郡也。一曰吴，大言也。

——（东汉）许慎《说文解字》

汉字履历

据学者说，金文里的“吴”字，左边是“大”字，也就是“人”的意思，右边的部分很像陶器，整个字像一个人肩扛着陶器的形状，表示制作陶器的意思。“吴”字的小篆是承金文而来。按照许慎的观点，“吴”是姓氏，但又有“大言”的意思。所谓“大言”，就是一个人在那里大声喧哗。《诗经》里有“不吴不扬”的句子，意思是不喧哗不傲慢。

关于吴姓的起源，有说是以吴国为姓，出自姬姓，是黄帝轩辕氏的直系后裔。黄帝的12世孙古公亶父带领族人迁徙，到了周原，建立了周部落，他就被称为周太王。太王有三个儿子，“谢公最小偏怜女”，太王也一样，偏爱小儿子季历，非常想将位子传给他。他的两个大儿太伯和仲雍知道了他的心思，就决定让贤，并一同南下荆楚。他们给当时还比较落后的江南带去了先进的文化，受到当地人民的爱戴，被推为君长，号称句吴。周武王灭商后，仲雍的三世孙周章为诸侯，国号改称为吴。此后一路发展，到吴王梦寿时，后裔分化为两支，一支继续有志于当世，出现了不少有名的国君；另一支布在草野，子嗣繁盛，构成了吴姓人的绝大部分。后来越王勾践卧薪尝胆，灭掉了吴国，周太王的子孙们便以吴为姓。

“吴”字作为一个姓氏，是一部“字史”，记录了从黄帝到吴国灭亡的历史。不过是由于偶然的机缘，太伯和仲雍从中原南下荆楚，将黄帝的血脉传播到了南方。华夏民族就像蒲公英一般，飘落何处，就地开花。谁能想到，在中原的一些公子王孙，与南方的诸多庶人平民，拥有共同的血脉呢？偶然的因素，有时在历史中竟然有这么大的作用。

字里乾坤

“吴”字的本意是口出狂言，将嘴巴搁置在“天”之上，这是一种不折不扣的狂妄。人类可以认识自然、顺应自然、在某种程度上利用自然，但是试图呼风唤雨，对自然发号施令，却是不合情理的。人要正确处理与“天”的关系，不是逆来顺受地接受自然的压迫，也不是狂妄自大地以“口”灭“天”，而是要与自然交流，与自然和谐相处。

刘：“文”艺之心与“刀”剑之勇，缺一不可

字　源

刘，刀也。

——（东汉）许慎《说文解字》

汉字履历

“刘”字出现得比较晚，甲骨文里未曾见，金文里的“刘”字大概是一种古代的兵器。《说文解字》里以“金”为意，以“留”为音，本来的意思是斧钺一类的兵器，“刘，刀也”，由此派生出“杀”、“征服”、“凋残”等意思。

这个形声字以后不断演化，到了西汉初期，其右边已经从最初的“又”变为立刀旁了。到了东汉，“刘”字以“卯”、“金”、“刀”三个部件组合成了繁体的“刘”字。但是笔画繁复，书写不方便，所以宋代以后民间出现了简体的“刘”字，为今天的简化汉字所采用。

刘姓主要有两支，一支是陕西刘姓，一支是河南刘姓。陕西的一支是来自祁姓，相传祁姓是黄帝的后裔所分得的姓氏之一，后来被分到刘国，其后代的子孙便以国为氏，史称刘氏正宗，这就是陕西刘氏。河南刘

氏出自姬姓，为周太后的后裔，相传周武王去世后，周成王继位，封王季的儿子于刘邑，其后裔以邑为氏，世代相传姓刘，这就是河南刘氏。

“刘”字的演化过程体现了两个特点。一是汉字演化的共同特点——向“简约而不简单”的方向进化。所以，“刘”字由最初的非常繁复的结构，逐渐简化，成为如今的“刘”字。第二个特点是“刘”字本身独有的演化特点。它的构成里本来含有“金”“刀”，本是一种兵器，充满杀伐之气，演化成简体的“刘”后，虽然还有个立刀，但一个“文”字却将其杀伐之气冲淡许多。

字里乾坤

“文武双全”，文者可如诸葛孔明舌战群儒，武者可如关羽温酒斩华雄，这是无数人心中的梦想与追求。想要在自己的人生舞台上，成为一颗耀眼的明星，人须“文武双全”，既有文人的文心，又有战士的剑气。唯有这样的人才能成就大业，将自己的人生活得精彩纷呈。

▷ 郑：“郑”人买履，不变则不通

字　源

郑，京兆县。周厉王子友所封。从邑奠声。

——（东汉）许慎《说文解字》

汉字履历

汉朝时有一位大学者，他家里的奴婢都读书。有一次，一个婢女犯了错，惹得大学者发怒，大学者便训斥了她几句。但是她为自己辩解，惹得大学者更加愤怒，就把她拖到了泥中。这时另外一个婢女走了过来，看见这一幕，就问泥中婢女：“胡为乎泥中？”答曰：“薄言往诉，逢彼之怒。”这位大学者就是郑玄。郑玄可称为郑姓中最大的学问家。

因为这个含有“耳朵”的姓，还有了一个笑话。说有个文书，写字时常混淆结构，把字写错。有一次把陈字的“阝”写在右边，被长官打了二十大板。于是文书误以为凡是“阝”都应当在左边，书写郑字时就将“阝”放在左边，不料又被责打二十大板。后来，有个姓聂

（聂）的人托他写张状词，文书大声叫苦："我因写两个'耳'字（偏旁'阝'），一连被打了四十大板，你有三个耳，若是给你写状词，岂不要送掉我的性命？"

"郑"作为姓氏，其来源据说是出于姬姓。周宣王姬静封他的弟弟姬友于"郑"，建立了三等诸侯国。姬友即是郑桓公。郑桓公在"犬戎之难"中被杀害，他的儿子郑武公在周平王东迁之后，帮助其巩固了东周政权，因此被封赏了一块新的土地，建立了新的郑国。从此，郑氏子孙便在这里发展繁衍起来，世袭郑公称号。后来郑国被韩国所灭，郑国遗族散落在河南诸地，为了纪念故国，纷纷改姓为郑。

字里乾坤

郑人买履这个成语，讲的是一个郑人买到的鞋太小，于是就把自己的脚削小。故事让人忍俊不禁，却也让人看到了一个死板的人。《易经》曰："穷则变，变则通，通则久。"人生必须要有一定的灵活性，突破定式思维，才能让一切都变得更容易、更简单。林肯说过："我从来不为自己确定永远适用的政策。我只是在每一具体时刻争取做最合乎情况的事情。"从那个已经约定俗成的"框架"中跳出来，别让那个已经量好的"尺码"，成为前进路上最大的绊脚石。

▷ 朱：善待生命是最大的爱

字　源

朱，赤心木，松柏属。从木，一在其中。

——（东汉）许慎《说文解字》

汉字履历

《说文解字》对"朱"的解释是说，朱字的本来意义并非红色，而是一种树心为红色的树木，即赤心木。据古文字学家解释，有一种"合体指事"的文字，兼有象形和指物的特点。从朱字的构成中可以看到，朱字由一个"一"字和一个"木"字组成，"木"是象形，像树木；而"一"则是象征树心。

在图腾崇拜时代，先民中的一支曾把赤心木作为氏族的象征，他们把自己的氏族叫做“朱”氏族，并得到了后代的继承以及周围氏族的承认，于是“朱”姓就此产生。

据考证，古代的朱人把自己生活的地方称为“朱”，或者“朱方”，由于我国盛产赤心木的地方是华北地区，所以有人推测，最早的朱氏应该在我国的华北地区。根据后来的一些史料，如《路史·后纪》、《续汉书·郡国志》，以及甲骨文的一些材料，可以推知远古朱人直至商代有一部分居住在河南境内，于是朱姓在河南便成为一大郡望。

“朱”，原本是一种红心的木头，大概后来那颗“红心”越来越被关注，所以“朱”字就衍生出“红色”的意思。由于古代的朱砂一类的颜料很贵重，一般人家不准使用，所以叫富贵之门为“朱门”，比如杜甫的“朱门酒肉臭，路有冻死骨”。这个字到了明朝，就达到了无比尊荣的地步，“朱”字成为国姓，成为“天下第一姓”。

字里乾坤

最初的“朱”字指“赤心木”。因为这种红心树木在人们的生活中有着十分重要的影响，所以人们就以这种树木的名字作为自己的姓氏，反映了人和自然的和谐关系。植物是人类的好朋友，人类完全可以也十分有必要与之建立起“和睦相处”的关系，如古书所说“斧斤以时入山林”。不滥砍滥伐，合理利用森林资源，关爱身边的一草一木，起码别让它们在我们的眼前失去生命。

季：百两黄金不如“季”布一诺

字　源

季，少称也。从子，从稚省，稚亦声。

——（东汉）许慎《说文解字》

汉字履历

传说中季姓本来自李姓，说是不知道何年何月，一个姓李的人在朝廷上得罪了皇帝，皇帝要将天下李姓满门抄斩。当一队官兵来到一个李姓乡村，将全村的男女老少都集中起来，准备斩尽杀绝的时候，一个人突然说：“这个村子里的人不姓李，是姓季，你们杀错了，我们要告你们。”

那些官兵半信半疑，于是挨家挨户去看各家的祖宗牌位，上面果然都写着“季”字，他们只好释放了这个村子里的人，全部撤走了。这是怎么回事呢？原来这里的人听说皇帝要抄斩天下姓李的人，就在头天晚上将所有的祖宗牌位上的“李”字上加一撇，“李”姓就成了“季”姓。“季”字和“李”字长得太像了，所以后人才编造出了这样的故事。

“季”在古代，有一个排序的功能，就是以伯、仲、叔、季指兄弟之间的排行，其中“伯仲”指排行在前的，“叔季”指排行在后的，而“季”又是指排行第四或年纪最小的、最年轻的。如《诗·召南》：“其谁尸之？有齐季女。”其意思是：祭祀由谁来主持呢？是一个美丽的少女。

“季”字最早出现在甲骨文中是一个会意字，上部是“禾”，指禾苗，下部是“子”，本指婴儿，这里是幼小的意思。“季”由“禾”和“子”两字构成，本义是幼禾，即幼嫩的禾苗。《说文解字》认为：“季，少称也。从子，从稚省，稚亦声。”这里的“少称”就是年纪最小者的称呼，自然不是本义，而是引申义。

字里乾坤

古语有云：“得黄金千两，不如得季布一诺。”一句话，让我们看到了诚信的价值。在中国几千年的文明史中，人们不但为诚实守信的美德大唱颂歌，而且努力地身体力行。诚实守信、信守诺言是一种美德，更是为人处世之本。如果一个人言而无信，失去了别人对自己的信任，就如同失去了比千金还宝贵的东西。

▷ 尹：治病与治国可以融会贯通

字　源

治也。从又丿，握事者也。

——（东汉）许慎《说文解字》

汉字履历

相传，远古帝王少昊金天氏有子名殷，担任工正官（掌管百工和经营手工业的官），被封于尹城（今山西隰县东北）。后来，殷的子孙便以封邑名称为姓氏，姓尹。

关于“尹”这个字的含义，可以说是众说纷纭，莫衷一是。一说甲骨文的“尹”由手和一竖组成，这一竖表示“事情”，手与事结合便是“掌握事情”，表示“治理”的意思。一说“尹”字左边的竖是一管笔，以手（又）拿笔表示以文治事，还是“治理”之意。又一说“尹”边的一竖是上古用来作针刺疗法的“针”字，“尹”便是用手拿针作刺疗的形状。由于是治病，于是引申出“治疗”、“管理”之意，而用针者就成为后来的治理者——“尹”。

上面三种说法，虽然有些差异，但都以“治理”为基本含义，所以古籍上说：“周公尹天下者，治天下也。”古代对官统称为“尹”，商周时代辅助君王的官叫“尹”，春秋时楚国的长官多叫“尹”，汉代也称“尹”，元朝的州县官也称“尹”，就连辛亥革命后，北洋军阀统治时期还有“道尹”这种官呢。

字里乾坤

古代读书人大多有个追求：不为良臣，就为良医。总之目的都在一个“治”字，要么谋划庙堂，为治世之能臣；要么悬壶济世，为救人之良医。司马迁认为，人穷则返本，如果在仕途上穷途末路，就“眼前无路想回头”，还是返回到“治病”的“本”上来。中国的文化讲究系统、全面地看待问题，治国与治病有很多相通之处，因此古代很多学识渊博的儒士同时也是名医。表面上看，治病与治国，完全是风马牛不相及的两件事，但古人却能够找到相通之处，以“望、闻、问、切”的手法来治理国家。善于触类旁通，是高深的智慧的体现，也是我们修炼的目标。

沈：祭神祈福，不如自己打造美好生活

字 源

陵上滈水也。从水冘声。

——（东汉）许慎《说文解文》

汉字履历

史载，明太祖朱元璋定都南京后，准备修城门，这时有一个富商来

拍马屁，声称愿意助修城墙。皇帝准奏后，此富商便修筑了南京城墙的三分之一。修好后，此富商提出，因为自己助修了三分之一的城墙，所以作为荣耀，希望可以由自己犒劳三军。没想到朱元璋却动了怒，说："此人匹夫一个，竟敢犒劳天下军民，杀。"幸亏马皇后求情，富商才免于一死，被远远地发配到云南。这个人就是明初巨富沈万三，他应该是沈姓名人中最富有的一个。

"沈"字的甲骨文是个象形字，左右两边是河道，中间是戴着枷锁的人，还有水花，意思是将戴着枷锁的人扔到河里。做什么呢？沉水祭神。这个字在甲骨文里有一番演化，河道中间先是牛，后来变成羊，最后成了人。这个字形的演化也反映了历史的演变。这个字中戴着枷锁的人，后来便演变成"沈"字的右半部分，"沈"字由此产生。

作为一个姓，沈姓来源于姬姓。西周初期，大行封建，分封的诸侯国中有沈国，最初受封的国君是周文王的孙子季载。其后世子孙便以国为氏，产生了沈氏。

字里乾坤

一个"沈"字，形象地表现了中国历史上曾经存在的一个历史阶段——将人当作祭品，扔到河里去祭神。不尊重生命，不重视人的价值，视人命如草芥，视杀人如儿戏。这个历史阶段，已经渐行渐远了。生命是最宝贵的，如果没有生命，一切都会丧失意义。我们不但要尊重别人的生命，也要尊重自己的生命，积极生活，热爱生命，努力在为社会做贡献的过程中体现生命的价值。

▷ 吕："吕"武操莽，知世论人才能更客观

字　源

吕，脊骨也。象形。昔大岳为禹心吕之臣，故封吕侯。

——（东汉）许慎《说文解字》

汉字履历

战国末期，吕不韦是个非常成功的商人，经商而至巨富，并且慧眼识人，一见秦异人而留下千古名言：奇货可居。后来做了秦朝宰相，在

政治上又爬到顶峰。不仅如此，他门下有食客三千，他集合他们的力量编成《吕氏春秋》一书，在文化上又做出巨大贡献。但他又是一个失败的人，最终被赐死，不得善终。

“吕”字的甲骨文是由两个方块形的“口”组成，表示人或动物的脊椎骨一块接一块地连成一串。金文则由甲骨文的方块变成了准圆形，这样一变更像脊椎骨的形体。小篆是在甲骨文和金文的两块脊骨之间加上一条短竖线，使一块一块的脊骨紧密相连，看上去更像一串脊椎骨。

许慎根据小篆的形体，认为“吕”的本意是一串脊椎骨，脊椎骨贯穿脊背，是身体的“顶梁柱”，所以说太岳是大禹的“心吕之臣”，因而被封为吕侯，其子孙也以吕为氏，世代繁衍下来。另有一些学者认为，“吕”字的意思来源于一种图腾信仰，其图腾物就是一种黑羊，在魏晋的时候被称为“山驴”，在先秦时被称为“闾”或“闾侯”。

字里乾坤

中国历史上，载入史册的吕姓人物为数不少，有吕布、吕洞宾、吕留良等，能与之齐名的女性中，不得不提吕雉。

一个“吕武操莽”，将中国历史上的四个人概括其中：吕雉、武则天、曹操、王莽。他们被指为窃取政权的国贼，但在历史的洪流之中，我们对他们的评价应该更客观、更全面一些，也要看到他们的历史功绩。从个人好恶中跳出来，知世才能论人，而不要像那些摸象的盲人一般，只道出其中的一部分。

唐：让理想照进现实，不要抱着白日梦荒“唐”度日

字源

唐，大言也。

——（东汉）许慎《说文解字》

汉字履历

甲骨文的“唐”，是个会意字，上面是“庚”，是扬谷出糠的风柜，下面是“口”，是放在庚下承接谷米的盛器。这个字，古音读“汤”，商代的甲骨文卜辞里，多用来作地名，也用作商代的先王“成汤”的

“汤”。商代之前有夏代，夏代之前的新石器时代，有尧舜之世。这个字，被汉朝的儒生们赋以“大言”的意思，也就是“吹牛皮”。为什么“唐”会成了“吹牛皮”呢？大概是由于“唐”是扬风吹糠的意思，由此引申出“吹”意。

唐这个姓，据说是出自祁姓，以国名为氏。据《通志·氏族略·以国为氏》所载，唐氏，祁姓，亦曰伊祁，尧初陶唐之后。

李世民辅佐父亲李渊建立了唐朝，自己当上皇帝之后，文治武功，无与伦比，至今仍为人称道。所以海外华人常常把自己叫作“唐人”，华人聚居之处叫作“唐人街”，穿的衣服叫作“唐装”。一个“唐”字，几乎成了中华民族的“姓氏”。

字里乾坤

这个让所有华人引以为傲的“唐”字，也有令人不敢苟同的另一面，诸如荒唐。人世间总是会有些令人啼笑皆非的荒唐之事，如古人相信有长生不老之术，历尽千辛万苦想要得偿所愿，到最后还是一场空。这些无稽之谈多数来自人的美好愿望，当这种愿望成为一种强烈的要求时，人们便相信可以梦想成真，于是便有了一些荒唐的举动。从荒唐美梦中醒来，正视现实，认真地生活，才能让有限的人生更充实。

第二十九章　名字：称呼背后的缘起由来

▷ 寿：劳作与休息结合，才能得以长寿

字　源

畴，耕治之田也，从田，象耕屈之形。

——（东汉）许慎《说文解字》

汉字履历

对于甲骨文的最初的“寿”字，有人认为是一个古“畴”字，《说文解字》说：“畴，耕治之田也，从田，象耕屈之形。”更有人直截了当地认为，“寿”在甲骨文里就是更重要的土地。为何最初的“寿”字与“畴”字十分形似，且与土地大有关系呢？有人推测，可能这体现了我们的祖先最早的“生命在于运动”的理念，即认为只有在耕种中，人们才能长寿。还有人认为，这可能体现了土地对于人类的重要性，所谓“民以食为天”，有了土地才有了生存下去的保障，才有可能长寿。

“寿”字的金文与甲骨文相比，在形体上发生了较大的变化，其中含有了“老”字的意符。古人说，“七十曰老”，“人生七十古来稀”，可见“老”字是有长寿之意的。“寿”字的小篆有人认为是手举酒杯向人敬酒的意思。总之，“寿”具有“长久”、“长寿”之意，还由“长寿”之义引申为“敬酒祝人长寿”的意思。如古人有云：“阖不起为寡人寿乎？”意思是何不起身举起酒杯祝我长寿呢。

字里乾坤

自古至今，一个“寿”字是人们孜孜追求的永恒目标之一。秦始皇为了追求长生不老，派遣方士徐福带领童男童女到海外寻找仙人。后世皇帝为追求长生不老，大炼丹药，耗费人力财力，有的还因为吃丹药中毒而死。不管怎么样，“寿比南山不老松”几乎是全人类的美好愿望。其实长寿的秘诀，还在于先民造

字时的智慧：劳动、运动。生命在于运动。所谓“流水不腐，户枢不蠹”，只有多劳动、多运动，才能使筋骨强壮、抵抗力强，百病不侵，健康长寿。

▷ 圣：耳聪目明心敏锐，精通学问或技艺

字　源

圣，通也。从耳，呈声。

——（东汉）许慎《说文解字》

汉字履历

金人瑞，字圣叹，以批点才子书闻名。顺治十八年，顺治驾崩，有诏到达吴县，要求哭灵三日。而当时的吴县县令任维初，私取公粮三千余石，又逮捕交不出补仓粮的老百姓，金圣叹看不过去，就联合一些文人，到哭灵处哭灵抗议，结果被官府定为“惊动先帝，倡民作乱”，杀头之罪。古代帝王被称为“圣上”，他本是去“哭圣”，没想到因此而死，真可为之一声长叹。

“圣”的甲骨文和小篆结构大致相同，均由“耳”、“口”、“人”三字组成。而且在两种字体中，“耳”字特别突出，好像在圣人的脸上，耳朵盘踞三分之二有多。其中的“口”字，表明圣人会说话，善言谈。其中还有个“人”字。所以这个字是会意字，意思是听觉灵敏、口才便给的人。

李孝定《甲骨文字集释》中说：“‘圣’字的甲骨文像人上着大耳，从口，会意。圣之初意为官能之敏锐，故引申训通。”这就是说，这个“圣”字刚造出来的时候，所表示的意义既没有宗教成分，也没有政治色彩，所谓圣人，也就是用耳朵了解情况，用嘴巴陈说道理的人。这种人，显然是普通人。

许慎在《说文解字》中说：“圣，通也。从耳，呈声。”所谓“通”，即无所不通的意思。这是讲的引申义，由“圣”的听觉聪敏以及口齿伶俐引申出来。可见，最初的圣人其实很普通，与后来的圣人大异其趣。后来的圣人乃是超凡入圣之人，无论在道德上、功业上，常人都难以望其项背。比如儒家认为的圣人，也不过是尧、舜、禹、商汤、文王、周公、孔子、孟子几个人而已。

字里乾坤

最初的圣人，人们对他的要求并不高，只不过希望他能够耳聪目明，能够倾听人民的需要和呼声，然后采取人们所需要的行动，或者能用言语告诉人们应该怎么做，这就是圣人了。当今的社会中，无论在怎样的团体里，领导者都应该及时地了解各方面的情况，善于倾听大家的困难和要求，并根据不同的情况，提出不同的解决方法，这样才能促进事情的发展，而领导者自身才能做到先民们所向往的“圣”的境界。

道：要想往前走，先要找到合适的道路

字　源

道，所行道也。

——（东汉）许慎《说文解字》

汉字履历

冯道，字可道，五代人。关于他的名字，还流传着一个“避讳”的笑话。因为“道”是冯道的名，“可道”是冯道的字，他的学生不敢直接叫老师的名字，所以碰到“道”和“可道”，就念成“不敢说”，而把《老子》的“道可道，非常道。”念成了：“不敢说，不敢说，非常不敢说。”冯道听后哭笑不得。

“道”字在已知的甲骨文里不曾得见，最早的“道”字是在金文里，是个会意字，字形里含有“道路”和“人”的意思，意思是人走在道路上。如《说文解字》里就说：“道，所行道也。”

在古代，官方对道路的规格有明确的规定，即道路要“能容二轨”。所谓“轨”是指一辆车的两个轮子之间的距离，即一车宽。“二轨”自然就是两车宽了，“能容二轨”就是说道路的宽度能让两辆马车并行不悖。

对于金文的“道”字，有人进行了截然不同的解释，认为其中含有“行”的元素，还有“首”字的元素，是人或兽类的头部形象。这个解释与“人在路上走”完全不同。有人认为，雌性生殖器是胎儿出生时所必经的唯一通道，而要想顺利地分娩，就应该是胎儿的头部先出

来。于是这里的“道”不再是人在路上走，而是一幅活生生的胎儿分娩图。这个“道”字就包含了两方面的意思：一为动词，就是“导引”的意思；一为名词，就是女性和雌性动物的生殖器。所以老子说：“道生一，一生二，二生三，三生万物。”这里的“道”，既有名词的意思，也有动词的意思。“道”字就是“玄牝之门”，也就是“天地根”，“道”就是天地万物的源头。

字里乾坤

“道”字的第一种意义——人走在路上，可以引申出“水流的途径”，即“水道”、“河道”。人走道必须遵循一定的路线途径进行，办任何事情也要遵循一定的规律，才能把事情办好，因此，“道”就引申为“道理”、“学说”等。俗话说：“误人者多方，而成功之道只有一条”，所以要办好事情，找到那一条正确的“道”是非常重要的。如果行不由“道”，则有可能南辕北辙，越努力，越失败。

在老子那里，“道”既是天地之根，又是为人处世的方法，也就是柔弱处下，不与人争。在孔子那里，“道”是一种达到“仁”的路径，也就是“义”。一个“道”字，具有文化上和哲理上的深厚内涵。我们应该寻找人生的康庄大道，坚定不移地走下去，而不要误入歧途，走上歪门邪道。

▷ 永：爱惜生命之源，才能永续发展

字　源

永，水长也。象水巠理之长。

——（东汉）许慎《说文解字》

汉字履历

北宋著名书法家米芾年少的时候，书法并不是很好。他在私塾里学书法，学了三年也没有成就。后来听说有一位书法很好的秀才路过他的家乡，他就前去请求指点。秀才看了米芾写的字，有心指点，就对他说，学自己的字要买自己的纸，五两银子一张。

米芾被这个天价吓得目瞪口呆，但为了学习书法，还是忍痛买了秀才的纸。将纸买回去之后，他舍不得用，而只是用心研究法帖，在桌子

上画来画去。等第三天秀才前来查看的时候，他已经将书法的精髓完全体会到了。他在纸上写了一个“永”字，秀才一看，完全是绝妙好字。秀才问他为什么三年没有学好，这三天却学好了。米芾说因为纸贵，舍不得用，所以用心研究法帖，就领会到了书法的真谛。

秀才哈哈大笑，在米芾所写的“永”字上加了两句“永志不忘，纹银五两”，就把五两银子还给了米芾，进京赶考去了。米芾牢记秀才的教诲，终于成为一代书法家。

关于“永”这个字，有人认为它的形状很像一条河，这条河有主流和支流，说明这条河很长，所以“永”字的本意是长长的流水。也有人认为，“永”字的字形是由一个人和一条河构成，整个的意思是人在水里游泳，所以“永”的本意是“泳”。

字里乾坤

“永”，与水有关。生命起源于水，人类是由大海中最简单的单细胞生物进化而来。水是生命之源，只有有水，生命才能延续，才能长久。可是如今，人们为了短期利益，将大量的污水倾倒入河流里，水源污染严重，整个地球的水源已经亮起了红灯。或许我们的力量过于弱小，但只要在日常的生活中，注意节约每一滴水，也算是为自己的后世子孙尽了一点儿微薄之力。

▷ 休：劳逸结合，从休息中感悟生活的美好

字　源

休，息止也。

——（东汉）许慎《说文解字》

汉字履历

“休”字的甲骨文左边是一个人，右边是一棵树，这是个象形字，意思是背靠着一棵树乘凉休息。无论金文还是小篆，“休”都是古人根据人们为躲避烈日晒烤而在树下憩息的事实造出来的。休字的产生，说明了树木与人们生活的密切关系。它不但能给人制造氧气，净化空气，提供食物，而且能给人们提供荫凉——别忘了，人类最早就是住在树上

的。《说文解字》在解释这个“休”字时说：“休，息止也。”累了，热了，就在一棵大树的荫凉下休息一会儿，美何如之。于是“休”引申为“美”“美好”“喜悦”等，就是自然而然的了。《尔雅·释诂》说：“休，喜也。”又说：“休，美也。”成语“休戚相关”中的“休”就是“喜”、“高兴”的意思，戚，就是悲哀的意思。

关于“休”，有一句“一不做二不休”的典故。说的是唐德宗时的将领张光晟，先是跟随另一个叛将朱泚叛变，后来心生悔意，决定向朝廷投诚。负责平叛的将领李晟接受了他的投诚，但是唐德宗认为张光晟罪不可赦，还是决定将其处斩。张光晟临死时说：“传话后人，第一莫做，第二莫休。”意思就是：要么不做，做了就索性做到底。

字里乾坤

“休”的最初来源是人倚靠在树上休息，含有停止、止息的意思。后来休字引申为“美好”意，“止息”的意思就包含在了其中。曹雪芹在《红楼梦》里有一首著名的《好了歌》，说好便是了，了便是好，若要好，便须了，若得了，便是好。刨去它的悲观消极的成分，在某些意义上，“休”便是“美好”。比如工作太累，神经绷得太紧，这时候“休”一下，便很好。在“一不做二不休”里，关键在于“不做”，而不是“不休”。人生就如皮筋一般，不能绷得太紧，否则就有断掉的可能。与其到最后担心什么时候会绷断，还不如在适当的时候，选择放松一下，才能以更好的状态投入到下一阶段的工作和生活中去。

▷ 玉：温良如玉，给自己寻找高雅的生活情趣

字　源

玉，石美有五德者。润泽以温，仁之方也；䚡理自外，可以知中，义之方也；其声舒扬，专以远闻，智之方也；不桡而折，勇之方也；锐廉而不技，絜之方也。象三玉之连。丨，其贯也。

——（东汉）许慎《说文解字》

汉字履历

甲骨文中的“玉”，是一根绳子上穿着几块玉的形状，一竖表示中

间的绳子，三横或四横表示三块或四块玉，两端的绳子露在外面。到了金文和小篆中，外露的绳子不再出现，字形与“王”字相似。但实际上还是有区别的，“玉”字三横间的距离是相等的，而“王”字三横间的距离不等，上小下大。到了隶书阶段，为了方便区分便加了一点，后来的楷书也是此字形。

《说文解字·玉部》云：“玉，石之美有五德者。”“玉”的早期不过是漂亮的石头而已，只是一种小小的装饰品。春秋战国以后，人们渐渐把“玉”看成是大自然的精灵，相信它具有一种超自然的力量，人们只要佩戴玉器，便可以驱灾避祸。《红楼梦》中的贾宝玉便是衔着“通灵宝玉”而生，这块宝玉又伴着他消灾化疾。“玉”引申出“精美”、“贵重”之义，如历史上记载的和氏璧便是一块价值连城的美玉。此外，《五经通义》：“玉有五德：温润而泽有似于智；锐而不害有似于仁；抑而不挠有似于义；有暇必见于外有似于信；垂之如坠有似于礼。”古人把玉看作品德的象征。

字里乾坤

著名作家金庸在《书剑恩仇录》里有一句话：“谦谦君子，温润如玉。”就是将人的品德比为“玉”。在中国的成语里也有“怀瑾握瑜”用来形容人的品德纯洁高尚，“瑾”和“瑜”都是玉，还是以玉来比喻人的品德。在曹雪芹的《红楼梦》里，也有“玉是精神难比洁”的句子，将玉作为纯洁精神的象征。可见用玉来象征人的品格，是中华民族的文化传统。“玉”字所包含的传统的道德价值在当今仍然有意义，我们仍然要追求“玉”一样的品格，做一个高尚的人。

▷ 飞：志向决定你是鸿鹄还是燕雀

字 源

飞，鸟翥也。象张翼之形。

——（东汉）许慎《说文解字》

汉字履历

从出土楚陶中的篆文异文中可以看出来，“飞”这个字的字形很像一种鸟，有冠毛，有躯体，有双翼，还有尾巴，惟妙惟肖。战国以后，小篆中的“飞”是鸟儿向上振翅奋飞的形象。经过隶变和楷化，字的形体便从圆转的线条变成由固定的基本的笔画构成，逐渐失去鸟鼓翼翱翔的姿态了。如今，根据局部删除法把鸟的头、体、尾、左翼都删去，只剩下右边一个展开的翅膀，便成了一个简化的“飞”字。所以说，“飞”字就是一只翅膀。

据说岳飞出生的时候，“有大禽若鹄，飞鸣室上，因以为名”。他字鹏举，取大鹏远翥而高飞之意。后来在民间，人们附会说，岳飞的前世是一只金翅大鹏鸟。这种附会符合岳飞的“飞”字，又符合他字里的“鹏”。

字里乾坤

《庄子·逍遥游》形容大鹏的飞翔：“抟扶摇而上者九万里。”后来李白又有诗云：“大鹏一日同风起，扶摇直上九万里”，后人又有成语云：鹏程万里，将“飞”字彻底理想化了。大概“飞”字之中寄托着人们超尘出世的理想，又包含着人们意欲一日千里、尽快尽好地做好事情，以及做好事情、出人头地的愿望。这样的愿望是良好的愿望。要想飞得高，应该具有鸿鹄之志，而不应只满足于做一只“贴地争飞”的燕雀。

▷ 疾：不要争斗，把心情养得平静

字　源

疾，病也。

——（东汉）许慎《说文解字》

汉字履历

辛弃疾，字幼安。去除疾病，自然安康，在“安”前加个“幼”字，可能是辛弃疾的长辈希望他幼年安康之意。

“疾”字的甲骨文和金文中有一个两臂张开的人的形状，还有一个“矢”的形状，所以这是个会意字。意思是一支箭刚好射中了一个人的腋下，即一个人被箭射伤的情形。于是有人认为古人是用箭伤来指代疾病，因此“疾”的本意就是“病”。从这个字的产生来看，古代的战争中弓箭具有非常重要的作用，人们经常在作战中受箭伤，所以干脆用箭伤来指代“疾”，后来才引申为“病，疾病”。

“疾”字的小篆形体结构与甲骨文和金文发生了很大的改变，文字学家段玉裁为《说文解字》作注时说：“矢能伤人，矢之去也甚速，故从矢会意。”也就是说，小篆的“疾”字仍然是会意字。字中的病字旁，很像一个人病后躺在床上的形状，于是学者们认为，疾，就是由箭伤而产生的疾病。

由这个意思，又引申出其他的意思，比如人受箭伤是一件十分痛苦的事情，所以“疾”字又引申出“痛苦”的意思。再由于“疾”字中含有“矢”字，箭离弦后，给人以迅速、飞速的感觉，所以“疾”就引申出“快”、“急速”的意思。“疾”是一件不好的事情，由此引申出“憎恨”之意。如清代梁绍壬《两般秋雨庵随笔·蔡木龛》：“嫉恶如仇，有所白眼者，出一语必刺入骨。”意思是痛恨恶人如痛恨仇人那样，见到讨厌的人，说一句话必然能伤人至骨。

字里乾坤

由“疾”的产生和演化过程可以看出来，除了由箭的飞行引申出“快速”的意思，“疾”基本上都是不好的意思。所以由战争产生弓箭，由弓箭产生“疾”，战争之为物，可谓流毒无穷。单单分析一个“疾”字，就应该反对战争。

当今之世，和平与发展已经成为时代主题，一切争端，都应该用和平的方式加以解决，人们应该一心一意谋发展，而不应该处心积虑地互相争斗。和平，不应只是一句口头上的呼吁，而应成为一种行动中的指导，让我们的生活中少一些尔虞我诈。将身外之物看淡些，自然就可以省去很多的争端，生活也就多了一分安宁。

▷ 岳：处事要稳如泰山

字　源

岳，从山，狱声。岳，古文象高形。

——（东汉）许慎《说文解字》

汉字履历

潘岳，字安仁，中国历史上著名的美男子。后世的男人能得一句“貌比潘安”，便是获得了极高的赞美。岳由“丘”和“山”两部分组成。“丘”的甲骨文看上去像并峙的山峰，即“两丘突兀之形”。其本义就是指“小土山”或“小土堆”。“山”的甲骨文是截取群峰的部分而成。“岳”字是“山”上加“丘”，会意字，山上有峰，比山和丘都大。事实上，“岳”在古代所指的山不仅又高又大，还要有名。中国有“五岳”，就是东南西北中五个方位的五座高峻的山峰，分别是东岳泰山，南岳衡山，西岳华山，北岳恒山，中岳嵩山。《论语·雍也》有“仁者乐山”的说法。《里仁》曰：“仁者安仁。”岳即山，乐山者为仁者，仁者安仁，所以潘岳，字安仁，其来有自。

上古时候有“四岳”，但是关于四岳是一个人还是多个人，自古争讼不已。《尚书·尧典》记载：“帝曰：‘咨四岳……’”有人认为四岳指羲和四子，而有人认为四岳是指一个人。其下文叙述尧与四岳对话，用“佥”字，与《史记》“四岳咸荐虞舜”（《五帝本纪》），“舜问四岳曰……皆曰……”（《夏本纪》）一样，都用了表示多数的词（“咸”、“皆”），是说四岳不止一人。后世继续争论，至今没有定论，可以说，这是一笔历史文化的糊涂账。

古人把妻子的父亲称为“岳父”，母亲称为“岳母”，后来又把岳父叫作“泰山”。这里有一个有趣的故事。唐明皇李隆基要封禅泰山，命宰相张说为封禅使，张说的女婿郑镒本是九品官。按照老规矩，封禅以后，自三公以下都能迁升一级。但是郑镒靠了丈人，连跳几级，一下子升到五品官，又赐了绯服。李隆基看到郑镒一下子升了几级，又穿了绯服走来走去，感到很奇怪，就询问原因，郑镒一时无话可答。这时一个叫黄幡绰的人调侃道：“此泰山之力也。”泰山是东岳，而张说又是郑镒的岳父，黄幡绰的调侃，可谓一语双关。这个故事流传开来，人们就把岳父叫作“泰山”了。

字里乾坤

在古代，科技发展水平不高，封建迷信大行其道，人们讲究“天人感应”，尤其是封建统治者，将自己的位置看成是上天所授，动辄就要祭祷上天以示感谢。山顶被认为是离“天”最近的地方，“五岳”被认为是最高的几座山，于是在“岳”（尤其是东岳）上封禅，就成了皇帝的一件大事，而“五岳”也就成了一种独特的地理人文现象。

其实国家的根基与人生的根基一样，都不是通过求神问卜、祈求上天便可以稳固的，最重要的还在于自身，时刻保持一种敬畏的心情，对自己关注的事情，以一种如履薄冰的态度去面对，才有可能长久地发展下去。

第三十章　典出史籍，说文解字寻掌故

偏袒："偏向"会招致怨恨

字　源

偏，颇也。从人扁声。
袒，衣缝解也。从衣旦声。

——（东汉）许慎《说文解字》

汉字故事

所谓偏袒，就指偏向、袒护。

相传，周勃是汉高祖刘邦手下的一员勇将，此人在军中威望极高。刘邦担心有人篡位夺取刘氏天下，因而对周勃厚爱有加，曾对人说道："安刘氏者，必勃也！"

刘邦死后，吕氏专权，大封吕姓子侄为王，大力培植吕姓的势力。想到高祖刘邦的重托，周勃决心夺过吕氏的兵权，恢复刘氏的帝业。

经过周密策划，一天，周勃把士兵们召集在一起，提出了自己诛吕扶汉的主张。他对士兵们说："凡是拥护吕氏的，就脱掉袖子，露出右臂；凡是拥护刘氏的，就露出左臂！"周勃的话音刚落，兵士们都齐刷刷地露出了左臂，表示拥护刘氏，听他的指挥。经过周勃等人的努力，很快，吕氏就垮台了。

偏袒的偏是偏向一方的意思，袒是裸露的意思。现在使用这个词，当然不是"露出左臂"的含义了，而是在它的原意基础上，引申出"偏向"的意义。

字里乾坤

"偏向"这种行为并不值得提倡，它只会加深人与人之间的怨恨。其实，对任何事情都保持公平公正的态度，不仅是一种品格，还是一种优势。对一切都“一视同仁”并非是非不分，而是在客观态度的基础上，识别一切事物的优劣。一个人能保持这种品格和优势，那么无论在生活上，还是在职场中，都能树立起自己的威严和格调，容易获得他人的信任和尊重。

▷ 圈阅：删繁就简，不做无用功

字 源

圈，养畜之闲也。
阅，具数于门中也。

——（东汉）许慎《说文解字》

汉字故事

“圈阅”一词现在已很常用，它给人们的印象是文件已经领导审查，意味着权威。自三国起，我国就有在文件和契约上签字署名的做法，以表示某人的身份，史书上称为“押”。唐宋时期，改变了过去署全名的做法，臣僚们在进呈公文或传阅书牍时，只书写上自己的字，表示“阅过”之意。

公元1069年，王安石任参知政事，每天都要接触大量的公文、呈文。按照惯例，每次阅过文牍后，王安石都要写上一个“石”字。由于文牍多，他的性子又比较急，且不太注意书写规范，因此，这个“石”字在写了一横一撇以后，干脆把剩余的“口”字画成了圆圈。据史书记载，“他作圈多不圆，往往窝扁，又多带过”，因此，给别人造成了很多麻烦。为了方便和明显，在一次议政会之前，王安石将“阅毕”文牍的符号告诉了大家，即一横一撇后加一个圆圈。事隔不久，他又索性把横、撇去掉了，仅仅将那个圆圈保留，时间一长，其他同僚纷纷仿效，久而久之便演变成了“阅毕”文件的特殊符号。

时至今日，有些单位仍然流行这种“圈阅”的格式，有人在文件上签上自己的姓名，然后在上面画个圈，表示他已经阅过。

字里乾坤

王安石阅卷，仅以一圈表达自己所有的意思，不失为一个减少时间资源浪费的好方法。有些事情处理起来，如果能用最简单的方法解决，就不要走弯路，以免浪费不必要的力气。古代行文讲究“删繁就简”，这在生活中也能应用。在处理问题之前，对解决方法和过程进行良好的统筹规划，就能够避免做无用功。

▷ 牺牲：不做无谓的牺牲，退让以避锋芒

字　源

牺，宗庙之牲也。

牲，牛完全也。从牛，生声。

——（东汉）许慎《说文解字》

汉字履历

牺牲是指为了正义或者其他的利益而舍弃自己的利益甚至生命。在古代，牺牲是指祭祀仪式上的牲畜。

“牺”是指宗庙祭祀所用的纯色的家畜，为祭牲之专名。“牺牛”就是纯色的牛。《礼记·曲礼下》：“诸侯以肥牛，天子以牺牛。”这是说，古代礼制，祭祀诸侯用肥壮的牛，祭祀天子则要用纯色的牛。“牲”指供祭祀的家畜，体全的牛、羊、猪叫作“牲”。对于祭祀祖先的飨宴，不仅要毛色纯（牺），而且要整只的（牲）。从这里可以看出古人对于祖先的飨宴，是非常隆重而讲究的。牲畜，指人饲养的动物，如“家畜”、“农畜”，含义较广泛。古时有所谓“三牲六畜”。“三牲”指猪、牛、羊，而“六畜”，包括鸡、犬、猪、牛、马、羊。古时常用“五谷丰登，六畜兴旺”形容农之丰年。据郑玄注：“始养之曰畜，半用之曰牲。”这就是说，刚开始饲养的牲口叫“畜”，养大而可宰的叫“牲”。

由此可见，“牺牲”的现代义在古汉语中是没有的，这个现代义是根据古代宰杀牛羊猪以供祭祀这一事引申出来的。

字里乾坤

为了正义的事业而牺牲的人有很多。生命固然宝贵，但为了伟大的目标毅然抛弃生命、成就他人的人值得他人永远怀念。不过，人也不能做一些无谓的牺

牲，正所谓“留得青山在，不怕没柴烧”，如果做人行事得不偿失，就需要退让以避其锋芒，他日方可卷土重来，反之，莽撞行事只会害了自己。

▷ 瓦解：提防外敌，也不要自毁门墙

字 源

瓦，土器已烧之总名。

解，判也，从刀，判牛角。

——（东汉）许慎《说文解字》

汉字故事

战国末期，群雄并起，秦王嬴政叱咤风云，兼并六国，一统天下，建立了中国历史上第一个封建王朝，自称秦始皇。

秦始皇刚死，他的小儿子胡亥就与赵高、李斯狼狈为奸，逼死了长兄扶苏，夺取了帝位，史称秦二世。秦二世没有秦始皇的雄才大略，在残忍暴虐方面却有过之而无不及。他一上台，就大肆诛杀和他意见不同的人。全国人民生活在水深火热之中。

很快，朝廷的暴政引发了百姓的反抗。陈胜、吴广揭竿起义，举起反秦的旗帜，天下群起响应。诸侯背叛，将领倒戈，秦军主力在前线节节败退。起义军中刘邦、项羽的兵马直逼都城咸阳。在秦王朝风雨交加、摇摇欲坠的时候，朝廷在后方又发生了内讧，丞相赵高诛杀了秦二世，立二世的侄儿子婴为王。子婴在举行登位大典之前又诛杀了赵高。子婴只当了四十多天皇帝，刘邦和项羽就打进了咸阳城，子婴被项羽所杀，秦王朝就此灭亡了。

后来，司马迁在记叙这段历史时，用了“瓦解”这一极其形象的比喻，形容秦王朝的迅速崩溃。此后，人们便用“瓦解”来比喻事物的崩溃、分裂或分解。

字里乾坤

事物的瓦解有时候是因为外力的作用，有时候却根源于其自身。一个国家即使没有外患，祸起萧墙也会导致其分裂；一个组织没有敌人，内部钩心斗角足可

使其分崩离析；一个人不知提升自己的能力，在工作岗位上当一天和尚撞一天钟，得过且过，不知上进，最终只会成为社会的寄生虫。一个人担心别人挖自己的墙角之前，应先一步反省自己，不要自毁门墙。

媒人：良好的沟通需要优美的言辞

字　源

媒，谋也。谋合二姓。

——（东汉）许慎《说文解字》

汉字故事

媒人，最早写作“霉人”。

很久以前，在山的两边有两个村庄，一个叫南庄，一个叫北庄，这两个村庄相距很远，所以很少来往。

南庄有一个青年叫赵景，朴实能干。北庄有一个姑娘叫阿彩，聪明美丽。

有一年，这两人在一位好心老汉的撮合下认识了，后来相爱结了婚。

婚后，赵景和阿彩恩恩爱爱，日子过得十分美满。夫妻俩非常感激这位老汉，总想找机会报答他，可是这位老汉去了远方，他们怎么也找不着。夫妻俩商量之后，决定由心灵手巧的阿彩动手，用米粉为老人塑一尊像作为纪念。

塑像放在哪里比较安全呢？他们想来想去，最终决定将这尊塑像藏在一个柜子里，每到他们结婚纪念日时，就取出来跪拜一番。

谁知，到了他们结婚纪念日那天，打开柜子一看，这尊用米粉塑的像已经发霉变质了，成了一个霉人。于是，夫妻俩亲切地称呼这座塑像为“霉人”。

村里人很快知道了这件事，一传十、十传百，人们便将男女婚姻的介绍人称为“霉人”。后来，人们觉得“霉”字不雅，也不吉利，就把“霉人”改为“媒人”，取“媒”字为“媒介”的意思，流传下来。

字里乾坤

古往今来，媒人靠一张善巧言、进美言的嘴，促成了无数姻缘。足可见良好的语言沟通能力有多么大的作用。法国思想家蒙田曾说：“我把言谈的优美与雅致看得比话题的分量与深度更重。”一个人在表达观点的过程中，如果不能使用明晰而优美的语言，即便自己的思想再优秀、内涵再深刻，在别人听来也是枯燥无味的。美国著名黑人民权领袖马丁·路德·金不仅有聪明的头脑，而且非常擅长演讲，他以生动而感人的语言，感染了民众，为种族平等的事业而奋斗。人们应当注重培养自己的沟通能力，这是人生中必须上好的一门课。

▷ 捉刀：凡事依赖他人者无法成事

字　源

捉，搤也。

刀，兵也。象形。

——（东汉）许慎《说文解字》

汉字故事

“捉刀”是指请人代笔作文，关于它的由来，有一段历史故事。

三国时，曹操统一北方后，各少数民族部落纷纷归附。

有一次，匈奴派来的使者要见曹操。曹操考虑到自己身材矮小，相貌不佳，就叫仪表堂堂的武官崔琰冒充他代为接见，为的是使匈奴使者见而敬畏。接见时，崔琰穿戴了魏王的衣帽，比平时更有精神。曹操自己却佩着刀，毕恭毕敬地站在崔琰的座位旁，装作侍卫的样子，从旁边观察匈奴使者的态度。

接见过后，曹操还想知道匈奴使者的反应，便派人去打听。

派去的人听见使者对身边的人说：“魏王仪表固然出众，可是座旁捉刀之人，看来才是一位了不起的英雄！”

后来，人们称代人作文为“捉刀”。例如请人代写文章，就叫“请人捉刀”；替人作文的人，就叫“捉刀人”。现在流行把替考人叫作“枪手”，把请人代考叫作“请枪手”，与“捉刀”的意思差不多。

字里乾坤

能假他人之手为自己成事，借力打力，减少自己的内耗，不失为一个成事的好办法。不过有些事情必须要亲力亲为，例如身心修养、生活经验等，只有自己经历了、锻炼了，才能提高自身素质，成就一番事业。若凡事依靠他人，就会变得懈怠，成为一只寄生的米虫，待宰待割。

炼：真金不怕火炼，有才能的人经得住任何考验

字　源

炼，铄治金也。从火柬声。

——（东汉）许慎《说文解字》

汉字故事

相传南北朝时，佛教兴起，统治阶级和上层贵族都尊崇佛教，并大兴土木，建造寺院。后来唐朝诗人杜牧曾诗云："南朝四百八十寺，多少楼台烟雨中。"他形象地描述了当时的盛况。

道教见佛教发展如此之快，恐其蔓延开来影响道教发展，就起来反对，佛道一时争斗不休，两家决定要真正较量一番，比个高低。出家人都不愿意动武，恐伤及性命。最后决定，把两家的经卷放在火里烧，看谁家的烧不坏，谁就算胜。到了比赛的那一刻，佛道两家各摆好火盆，将佛家的《金刚经》和道家的《道德经》都扔了进去，两家的经书瞬时都烧成了灰。正在这时，《金刚经》突然变成了一座青底金字的石碑，上面刻着金光闪闪的经文。大家正在惊奇，忽见《道德经》也变成了两丈多长的织锦长幅，白底黑字，十分夺目。双方难分高下，只好请魏宣武帝来裁决，魏宣武帝说："真经不怕火炼，两家各传自家信徒吧。"

后来"真经不怕火炼"这句话流传了下来，传来传去，"经"被传成了"金"。现在人们用这句话来形容货真价实的东西能经得住任何考验。

字里乾坤

是金子总会发光，即使是埋于地下，也有被挖掘出来显露其价值的一天。真正有实力的人，不会惧怕任何考验。古语曰："天将降大任于斯人也，必先苦其心志，劳其筋骨"，然后才发起于市井，崛起于民间。人们应当着重培养自己的实力，选择能够充分展示自己优势的舞台，拼搏上进，终有苦尽甘来之时。

▷ 人心不足蛇吞"象"："贪"得无厌等于自取灭亡

字　源

象，长鼻牙，南越大兽，三季一乳，像耳牙四足之形。

贪，欲物也。从贝今声。

——（东汉）许慎《说文解字》

汉字故事

从前有个书生，见路边有条快要冻死的小蛇，便带回家悉心照料。开春后，书生将蛇放回山里，正要回家，忽听蛇张口说话了："谢相公救了我的命，我别无报答，只保佑今年科考相公高中状元。"

书生果然中了状元，衣锦还乡。他来到放蛇之处跪倒在地，口中念念有词："多谢蛇仙相助。"忽然，眼前出现一条大蟒，对书生说："救命之恩，永世难忘，相公若想当个一品大官，可将我的眼珠拿去献给皇上，定可如愿。"书生一听，心中暗喜，口中却道："万万不可，万万不可如此行事。"蛇仙说："若不是相公救我，哪有我的今天，快拿去吧。"推辞再三，书生还是动手挖了蛇眼，原来是颗夜明珠。

书生把夜明珠献给皇上，皇上大喜，马上封他为一品宰相。不久太后得病，久治不愈。皇上下诏："谁能治愈太后，官封九千岁。"宰相心里一动："若找蛇仙帮忙，定能治愈太后，到时我就是一人之下、万人之上的九千岁了。"

宰相又找到蛇仙，说明来意。蛇仙见此人如此贪婪，无可奈何地说："太后的病只有我的心上肉能治，你来取一点儿吧。"说完张开大嘴，等宰相进去。宰相一听狂喜，赶紧钻入蛇嘴，竟欲割下大蟒全部心肝。大蟒疼痛难忍，用力把口一闭，宰相就此葬身蛇腹。

“人心不足蛇吞相”这句俗语就由这个传说而来。它告诉人们，贪心不足没有好下场。这里的“相”本来是宰相的“相”，后来被人们传成了大象的“象”，这种说法更加形象，是说人的贪心之大，就像是小蛇要吞掉大象一般。

字里乾坤

利欲熏心，贪得无厌，往往会给自己招来祸患。在物欲面前，少有人能够适可而止。人们不是不知道财富会给自己带来祸害，但财富的吸引力是巨大的，人在财富面前就像中了魔法，不能自已。不过俗话说：“君子爱财，取之有道。”孟子说过，对于钱财，可以取也可以不取，取和不取的分界，在于会不会损害自己为人处世的原则。越是大利在前，越应该小心谨慎，因为大利背后可能隐藏着巨大的陷阱，一不留神，就会上当受骗，而贪得无厌的结果必然是自取灭亡。

第三十一章 妙语荟萃，咬文嚼字辨真义

▷《论语》无“此”：想要悟道，就要学会低头

字 源

此，止也，从止从匕。匕，想比次也。

——（东汉）许慎《说文解字》

汉字故事

相传乾隆皇帝一次下江南私访，遇到一个孩童。乾隆问道：“读过《论语》吗?”答曰：“读过。”乾隆意欲考考这个孩童，当即指着墙上“此巷不通”四个大字问道：“你认识这些字吗?”孩童说：“只认识三个字。”“哪三个呢?”“‘巷——不——通’，头一个字不认识。”

乾隆颇觉意外，进而问道：“既念过《论语》，怎么不认识头一个字呢?”孩童沉思片刻，满怀信心地说：“《论语》里‘不’字有好多个，‘通’字只一个，‘巷’有两个，就是不见头一个字。”随后，孩子将《论语》中含这三个字的句子流利地背了一遍。乾隆见孩童背诵得如此流利，深为诧异。

回京后，乾隆找来《论语》，认真地查阅了数遍，“不”字随处可见，“通”字确实只有一个，“巷”也只出现两次，“此”则杳无形迹。

次日上朝，乾隆面对满朝文武，问道：“众位爱卿，你们说《论语》中有没有‘此’字?”大臣们异口同声：“哪会没有‘此’字呢?这是个极为普通的字啊!”乾隆显出不悦的神色说：“大家都回去查查，谁若在《论语》中找出‘此’字，官升三级!”大臣们煞费苦心，谁也未能查出。

字里乾坤

闻道有先后，术业有专攻。孔子说：“三人行，必有我师”，只要挑好的榜

样学，遇到坏的人和事就比照自己，看自己有没有，没有则罢，有则改之。孔子从未强调师长的年龄问题。故事中的孩童，对《论语》甚至比朝廷满腹经纶的大臣更熟悉，他的认真的精神，叫人不得不佩服。

诗僧布袋和尚曾曰："低头方见水中天。"意思是低下头来便能看到倒映在水田里的天空。日本有一位禅师说："宇宙有多大多高？宇宙只不过五尺高而已。而我们这具昂昂六尺之躯，想生存于宇宙之间，只有低下头来。"成熟的稻子，总是低垂着头，人也一样，要想认识真理，就要谦虚，把头低下来。

林则徐改对联：谦虚谨慎终成事业

字　源

况，寒水也。

——（东汉）许慎《说文解字》

汉字故事

林则徐的女婿沈葆桢是道光年间进士，颇有才华，做过监察御史、知府等。后来加入湘军幕府，做了江西巡抚。他年轻有为、仕途顺利，因此有些恃才傲物、目中无人。他曾写过一副咏月对联：

一钩已足明天下，何必清辉满十分。

联意是说，一钩弯月已足以照亮大地，不再需要明月满辉。后来，这副对联让林则徐看到了，就将下联中的"必"改为"况"，成为"一钩已足明天下，何况清辉满十分。"

只改一字，更有深意，将自高自大的口吻转变成了凌云壮志。沈葆桢明白了岳父的苦心，心中十分愧疚，立誓痛改前非，谦虚谨慎，最终成就了一番事业。

字里乾坤

恃才傲物、自以为天下无敌的人，只会看到自己的长处，从来不会注意别人。天下之大，能力超过自己的人比比皆是。一个人纵有天才的头脑和能力，在许多事情上也不一定做得比他人好。须知骄傲自满使人落后，谦虚谨慎则可以帮助一个人低下头来，学习更多的东西，能力提高得更快，为成就一番事业做准备。

▷ 梁启超巧用词语：以彼之道还施彼身

字　源

是以君子将有为也。

——《周易·系辞上》

汉字故事

清朝末年，维新派领袖康有为过生日。维新派为了宣传新政，扩大影响，在北京举行隆重的祝寿仪式，各界人士赠送的寿联不少。其中有这样的一副：“国家将亡必有，老而不死是为。”上下联的最后一个字各是“有”和“为”，恰是康有为的名字。这是顽固派故意引用《四书》中“国家将亡必有妖孽”、“老而不死是为贼”两句，以此暗指康有为是妖孽和贼。

维新派人士看后非常生气。当时康有为的弟子梁启超不声不响挥笔题字，分别添在上下联的下面，原来的寿联遂变为：“国家将亡必有忠烈，老而不死是为人瑞。”意思、境界大改，众人读罢，称赞不已。

字里乾坤

梁启超巧用词语，以顽固派之矛，攻顽固派之盾，当真巧妙。其实任何策略都是为对付别人制订的，策略要想起到作用，就必须抓住对方的要害。而利用“以彼之道，还施彼身”的方法，既可以省力，又可以制他人于无形，为自己趋利避害。

▷ “虚字眼”的笑话：传授知识应选择好的形式

字　源

虚，太丘也。昆仑丘谓之昆仑虚、古者九夫为井，四井为邑，四邑为丘。丘谓之虚。

——（东汉）许慎《说文解字》

词之句语，有二字、三字、四字至六字、七八字者，若堆叠实字，读且不通，况付之雪儿乎？合用虚字呼唤。

——（南宋）张炎《词源》

汉字故事

古时候，一位教书先生给学生讲《论语·学而》篇。当讲到“子曰：‘学而时习之，不亦说乎。’”这句时，教书先生逐字解释道：“子，孔子；曰，说；学，学习；而，虚字眼；时，时常；习，温习；之，虚字眼；不，虚字眼；亦，虚字眼；说，高兴；乎，虚字眼。”

教书先生讲完，随即问道：“这几句很简单，你们听懂了吗？”

“听懂了——听懂了——”学生拉长声音回答。

老师听后，满脸笑容，随意指点一个学生说：“你将这些词连起来讲一遍。”

这个学生站起来，摇着身子，晃着脑袋，一本正经地讲道：“孔子说，学习虚字眼，时时温习虚字眼，虚字眼，虚字眼，虚字眼，高兴的虚字眼。”

字里乾坤

用民间的俗语来形容这位解《论语》的学生，就是“听三不听四”。学习最忌讳的是不认真、不分黑白、不辨对错，最终只会不知所云，什么都学不到。反过来再说教书先生，师者传道授业解惑，作为老师，非但没有把学生教明白，反而使其更加糊涂。身处教育岗位的人，应当消除自我中心的意识，将心比心地体会他人的感受，以他人能够接受的形式传授知识和经验。

▷ 添“者”加“而”：集思广益会收获新的启发

字 源

者，别事词也。

而，颊毛也。

——（东汉）许慎《说文解字》

汉字故事

宋代的范镇，曾与著名文学家宋祁同赋《长啸却边骑》。范镇诗成后，宋祁见他破题为“制动以静，善胜不争”，惊叹其妙，但是，宋祁还是提出了一点意见：“你写的赋好极了，只是破题两句缺少顿挫的功效，每句内各添一个‘者’字怎么样？”

范镇高兴地接受这个建议，于是将破题两句改成：“制动者以静，善胜者不争”。

北宋重臣韩琦，官至宰相，名重一时。神宗即位后，韩出判相州，建“昼锦堂”，欧阳修为之作赋，开头一句说：“仕宦至将相，富贵归故乡。”韩公喜得此记，十分欣赏。

过了几天，欧阳修派人另外拿来一篇《昼锦堂记》，说：“前篇有不妥的地方，可换这篇。”韩公再三玩味，觉得新篇和原篇没有什么不同的地方，只是在“仕宦”和“富贵”的后面各添了一个“而”字，使得文字更为流畅。

字里乾坤

两个故事里提到的句子，经过修改，产生了绝佳的效果，使文章变得更加完美。其实平时在生活中，人们常有思绪堵塞、头脑混沌的情况，与其在那里闭门造车，大门不出、二门不迈地想破头，不如到外面走走，多听听别人的意见，虚心请教他人，这样就会使自己获得许多新的启示。成功的一个重要条件是虚心。

▷ 将军改对联：“掩耳盗铃”只会欲盖弥彰

字　源

掩，敛也。小上曰掩。从手奄声。

——（东汉）许慎《说文解字》

百姓有得钟者，欲负而走，则钟大不可负。以椎毁之，钟况然有声。恐人闻之而夺己也，遽掩其耳。

——《吕氏春秋·自知》

汉字故事

1894年中日甲午战争中，清军大败。为了掩人耳目，清政府把“逃跑将军”陆军统帅卫达三押回北京，在菜市口砍了脑袋。

当时驻守榆关（山海关）的刘坤一，虽有10多万人马，却假装生病，躲在城里，不去增援。其实，他对战争失败也有责任。北京有个读书人知道事情真相后，写了一副对联：

卫达三呼冤赴菜市

刘坤一托病卧榆关

刘坤一知道了，又气又怕：这要是传进宫里，让皇上、太后知道了，脑袋还不得搬家吗？于是，找来心腹幕僚商议。这幕僚眼珠一转，有了主意。

第二天，这幕僚把对联改了三个字，呈上让刘坤一过目：

卫达三呼冤赴菜市

刘坤一拼命出榆关

刘坤一看了十分满意，让人刻印几万份，带到北京，四处散发，刘坤一一下从怕死将军变成了拼命英雄。其实，这不过是掩耳盗铃罢了。

字里乾坤

世界上没有不透风的墙。做贼的人，欺骗得了自己，欺骗不了别人。一个人做事时只从自己的立场出发，什么都不顾，甚至损害他人的利益，非但不知悔改，还欲盖弥彰，早晚有一天会被人发现。行得正、坐得直、光明正大的人，不但对待任何事情都能处变不惊，而且会受命于危，即便没有干出一番大事业，其人格的高尚也会受人敬佩。

▷ 用“大厦”换“厦大”：关心教育事业也是爱国

字 源

厦，屋也。从广夏声。

——（东汉）许慎《说文解字》

大厦之材，非一丘之木；太平之功，非一人之略也。

——（汉）王褒《四子讲德论》

汉字故事

陈嘉庚是近代中国杰出的华侨领袖，是一位著名的大实业家。他将一生积累的资产都用在兴办学校上。他不仅在国内创办了享誉海内外的集美学村和远近闻名的厦门大学，创办和资助了近百所学校，还在海外创办并赞助了许多学校，培养了大批人才。

20 世纪 30 年代初，爆发了世界性的经济危机，陈嘉庚先生在南洋的生意也大受影响，但他对厦门大学的援助有增无减。为此，他卖掉了自己心爱的三座大楼。当时人们称赞陈先生是：“宁可变卖大厦，也要支持厦大。”从“大厦”与“厦大”词序的颠倒和两者的取舍，可以看出人们对这位爱国华侨的高度赞美。改用别的词句，恐怕难以达到这样的效果。此外，我们也可以体会到汉语、汉字的魅力。

字里乾坤

古人曾言：“位卑未敢忘忧国。”一个人的爱国之情，与其地位、身份无关。陈嘉庚作为华侨，关心祖国的教育事业。人一生不能只追求功成名就，更要追求高尚的人格精神，这是人获得尊严的最根本途径。

▷ 禽兽不如：阮籍暗讽弑母之子

字　源

禽，走兽总名。从厹，象形，今声。

兽，守备者。从兽从犬。

——（东汉）许慎《说文解字》

杀父，禽兽之类也。杀母，禽兽之不若。

——《晋书·阮籍传》

汉字故事

魏晋时期的思想家、文学家阮籍与嵇康、向秀等七人合称为“竹林七贤”。

在他担任步兵校尉的时候，一次，朝廷接到一件凶杀案的奏报，说是一个大逆不道的儿子把自己的母亲杀了。

“哎。把父亲杀了还可以，怎么能够杀死母亲呢?”阮籍禁不住大发感慨。

此语一出，朝中大臣非常惊诧，魏文帝也很纳闷，不解地问：“杀死父亲是十恶不赦的大罪，你怎么说可以呢?”

“禽兽只知道母亲而不知道父亲，杀死父亲，就如同禽兽一般。杀死母亲则连禽兽也不如呀。”阮籍答道。

字里乾坤

现在用“禽兽不如”来形容一个人，表示这个人连最普通的情感都没有。人言草木知秋，花花草草为春生秋败而感慨，人如果毫无情感可言，就连草木也比不上了。人的社会性决定了人是情感动物。无论亲情、友情、爱情，都是人们应该加倍珍惜的，它们共同铸成人类生存的坚强后盾。失去它们，人就孤若无依，无法快乐的生活。

▷ 先生对秀才：骄傲自大终会受辱

字 源

斗，十升也。象形，有柄。

车，舆轮之总名。夏后时奚仲所造，象形。

——（东汉）许慎《说文解字》

宋江听罢，扯定两个公人说道：“却是苦也！正是‘福无双至，祸不单行’。”

——（明）施耐庵《水浒传》

文章多，谓之八斗之才。

——（南朝·宋）无名氏《释常谈·斗之才》

惠施多方，其书五车，其道舛驳，其言也不中。

——《庄子·天下篇》

汉字故事

从前，一个村子里有一位能诗善文的秀才，很有名气。一天，村子里的学堂新来了一位先生，自命不凡，决心要和秀才比个高低。

大年初一，秀才刚拉开门，就看见有人在他的门口贴了一副红纸对联。上联写着“福无双至”，下联写着“祸不单行”，横批是“倒霉一年”。秀才想了想，知道是学堂里那位先生送给他的礼物，当下就取出笔墨，在上下联和横批后分别加了几个字，就高高兴兴地拜年去了。

那位先生假装给村里一些有名望的人拜年，顺路看秀才的笑话。他路过秀才家门口时，留神一看，大吃一惊。原来秀才一共加了十个字，就改变了对联的全部内容。上联成了“福无双至今晨至”，下联成了“祸不单行昨夜行”，横批成了“倒霉一年享乐终生”。那位先生气得直喘粗气，一声不响地走开了。

正月十六，学堂开学了。先生刚醒来，就听见门外有几个学生在念对联，不时发出笑声。他心中一惊，急忙披衣起床，走出门来一看，不知是谁把他大年初一贴的对联，全改了。他原来的上联是“才高八斗”，下联是“学富五车”，横批是“为人师表”。现在被改成了“才高八斗斗斗不满，学富五车车车皆空”，横批成了“为人师表表里不一”。先生知道是秀才回敬自己的，心中惊服不已，自思不是秀才的对手，当下就提上酒壶，到秀才家里给秀才赔礼道歉。此后，两个人成了好朋友。

字里乾坤

嘲笑别人的时候，先要审视自己。学堂先生自命不凡，要小聪明讽刺别人，结果反辱自己，可谓偷鸡不成蚀把米，赔了夫人又折兵。道家学者葛洪曾言：“劳谦虚己，则附之者众；骄慢倨傲，则去之者多。”谦虚不但能让人不断在学习上受益，还能够收拢人心；而骄傲自满的人，很少有人愿意去依附，甚至因为骄傲自大而使自己受辱。足见谦虚是人生中不可少的品德。

“而”、“了”滥用：局限视野必做井底之蛙

字 源

了，尥也。从子无臂。象形。

而，颊毛也。

——（东汉）许慎《说文解字》

汉字故事

从前，一个考生的试卷上用了很多“而”字，多有不妥之处。考官便批示道：“当‘而’而不‘而’，不当‘而’而‘而’，而今而后，已‘而’已‘而’。”意思是：“应当用‘而’的地方却不用‘而’，不当用‘而’的地方却又用了‘而’，从今以后，停止乱用‘而’，停止乱用‘而’。”

旧时有个私塾先生，虽饱读诗书，却不太通事理，是个迂夫子。他的门生中，有个人写文章时爱用“了”字，塾师每读其文，总嫌啰唆。有一次，这学生撰写一文，虽然不长，却用了五十多个“了”字。塾师一边批改，一边摇头。改毕，难以心静，于是写了一个批语：“你用的‘了’太多了！‘了’快被你用光了。为了不把‘了’用了，今后不要用‘了’了！”

后来，一位游学先生见了，又写了一个总批：“师用‘了’，生用‘了’，‘了’多的毛病怎改了？别改了，别改了，反正‘了’字用不了。”

字里乾坤

一个字用得好，可以成为一篇文章的画龙点睛之笔，但用得烂了，就成了文章最大的败笔了。一个方法在特定情况下巧妙施为，能将事情很好地解决，但要是每次都用同一个办法，必然会犯教条主义错误，其失败实属自然。所以人们要懂得求实创新，不能总是局限于一定的视野，坐井观天，以免贻笑大方。与此同时，第二个故事也表明了一个道理，在挑剔别人错误时，首先要审视自己是否犯了同样的错误。

▷ 徐文长讽吝啬鬼：临财不苟得

字　源

海，天池也，以纳百川者。从水，每声。

衡，牛触，横大木其角。

——（东汉）许慎《说文解字》

汉字故事

从前，有个鱼行老板，为人贪婪吝啬，整天想着占人家的便宜。所以人们给他取了个绰号，叫“蜡烛头”。

鱼行老板自己没有读过书，却羡慕读书人。他让儿子去读书应试，希望儿子有朝一日也做个大官。这样，他就不用开鱼行，可以在家做老太爷，享一辈子清福了。

后来，他的儿子果然考中了秀才，他高兴得一夜睡不着觉。第二天一早，他特地跑到徐文长家里，硬缠着徐文长给他题一个雅号，给儿子的书房定个室名。徐文长没法拒绝，思索了一会儿，就给他题名“海山先生”，给他儿子的书房题名“衡玉山房”。鱼行老板拿了这两幅字，兴冲冲地走了。

大家看到鱼行老板的雅号和他儿子书房的室名，个个都说这两个名字取得文雅极了。不久，徐文长的几位好朋友，特地跑到徐文长那里去质问：“文长兄，你又不是不知道鱼行老板的为人，为什么把他的外号和他儿子书房的名称取得这般体面呢？”

徐文长回答道：“那外号和书房的名称，取得并不体面呀。”

朋友们诧异地问道：“那你为什么要用‘海山’、‘衡玉’这些字眼呢？”徐文长笑着回答：“我替他题的‘海山’两个字，其实是不难理解的。你们只要看祝寿的那两支蜡烛上写的金字就会明白，一支是‘福如东海’，一支是‘寿比南山’。人们做寿点寿烛，点到后来，只剩了蜡烛头的时候，岂不是一边只剩下一个‘海’字，一边只剩下一个‘山’字了吗？至于那‘衡玉山房’，也并不见得有什么雅，你们不妨把‘衡玉’两字拆开来看看。”

那几位朋友听了徐文长的话，想了一想，把“衡玉”两字拆开来，原来就是“鱼行主”三个字。再把上面的意思连贯起来，就成为“蜡烛头鱼行主”。大家一会意，都笑痛了肚皮。

字里乾坤

成由勤俭败由奢，勤俭节约是一种美德，但是过分省吃俭用，就是吝啬了。鱼行老板“蜡烛头”非但吝啬，还爱附庸风雅，难怪会被人讽刺。贪婪吝啬是蚕食人心的毒虫，长期抱着这种心态，只会变得越发卑劣，毫无人格可言，因此，人应该保持一颗平常心，临财不苟得，取财有道。

▷ 酸秀才言“之乎”：长篇大论不如一语中的

字　源

之，出也。象艸过屮，枝茎益大，有所之，一者地也。

（太祖）上指门额问普曰：“何不只书朱雀门，须著之字安用?”普对曰：“语助”。太祖笑曰：“之乎者也助得甚事?

——（宋）文莹《湘山野录》

汉字故事

从前，有个秀才自命不凡，爱在众人面前卖弄学问，说起话来，总是“之乎者也”不离口。

有一次，秀才的母亲对他说：“你舅舅病得严重，快去看望一下!”秀才满口答应，并立即起程前往。

不多时，秀才就到了舅舅家，他来到床前，看了看说：“舅舅有病我才知之。”

舅舅躺在床上，听后感到十分刺耳，不加理睬。

秀才见舅舅默不作声，怕他没听清楚，便提高嗓音说：“舅舅，进粥乎？进水乎?”

舅舅又懒于回答，也不看他，干脆闭目养神。

秀才见此情景，弯下腰来仔细盯着舅舅，叹息道：“声色不动，莫非是要死者?”

舅舅一听，火冒三丈，顺手抄起枕头，向秀才扔去，呵斥道：“混账，你来干什么？莫非要卖弄斯文气死我不成？赶快滚出去！”

秀才抱头而逃，边跑边喊：“哎呀呀，一枕飞来好险也！”

字里乾坤

达芬奇曾说：“人有很强的说话能力，但是他的大部分话是空洞的，骗人的。”语言上的修饰固然赋予言辞以优美的形式，但是言辞本身毫无用处的话，也不过是废话而已，让人听起来反感。真有特殊见解的三言两语，比起不痛不痒的长篇大论，实在可贵多了。

参考文献

[1]（汉）许慎．说文解字［M］．北京：中华书局，2013.

[2] 许长荣，石颖川．最美丽的民俗与中国文化［M］．北京：新世界出版社，2008.

[3]（清）刘树屏．澄衷蒙学堂字课图说［M］．北京：中国文史出版社，2014.

[4] 南怀瑾．历史的经验［M］．上海：复旦大学出版社，2012.

[5] 林语堂．吾国与吾民［M］．南京：江苏文艺出版社，2010.

[6] 李逸安．三字经 百家姓 千字文 弟子规［M］．北京：中华书局，2009.

[7] 范曾．国学开讲［M］．北京：中信出版社，2014.

[8] 启功．启功谈中国名画［M］．北京：中华书局，2012.

[9] 陈静．燕泥，图说中国文化［M］．长春：吉林人民出版社，2009.

[10]（清）李渔．觉世名言［M］．西安：三秦出版社，2012.

[11] 王涵．名人名言录［M］．上海：上海人民出版社，2009.

[12] 鲁美．名人名言录——青少年成长智慧书［M］．济南：山东美术出版社，2009.

[13] 沈秀涛．国学名句故事会：庄子、老子、论语、孟子［M］．成都：天地出版，2009.

[14] 吴礼权．中国经典名句鉴赏［M］．长春：吉林教育出版社，2010.

[15] 雅瑟，青萍．中华词源［M］．北京：新世界出版社，2011.

[16] 邵珠磊．中华上下五千年［M］．北京：童趣出版有限公司，2014.

[17] 赵荣波．古代兵法名句赏析［M］．武汉：湖北辞书出版社，2007.

[18] 魏强．诸子百家名句赏析［M］．武汉：崇文书局，2007.

[19] 国学典藏书系丛书编委会，国学典藏书系：成语故事［M］．长春：吉林出版集团有限责任公司，2010.

[20] 孙文华．中华成语千句文［M］．南昌：二十一世纪出版社，2013.